权威·前沿·原创

皮书系列为
"十二五""十三五"国家重点图书出版规划项目

BLUE BOOK

智 库 成 果 出 版 与 传 播 平 台

文化蓝皮书

BLUE BOOK OF
CHINA'S CULTURE

中国公共文化投入增长测评报告（2020）

ANNUAL EVALUATION REPORT ON THE GROWTH OF
CHINA'S PUBLIC CULTURE EXPENDITURE (2020)

主　　编／王亚南
联合主编／向　勇　祁述裕　张晓明
副 主 编／方　彧　刘　婷　魏海燕

社会科学文献出版社
SOCIAL SCIENCES ACADEMIC PRESS (CHINA)

图书在版编目（CIP）数据

中国公共文化投入增长测评报告. 2020 / 王亚南主
编. —— 北京：社会科学文献出版社，2020.6
（文化蓝皮书）
ISBN 978 - 7 - 5201 - 6534 - 1

Ⅰ. ①中…　Ⅱ. ①王…　Ⅲ. ①公共管理 - 文化工作 -
资金投入 - 研究报告 - 中国 - 2020　Ⅳ. ①G123

中国版本图书馆 CIP 数据核字（2020）第 059575 号

文化蓝皮书
中国公共文化投入增长测评报告（2020）

主　　编 / 王亚南
联合主编 / 向　勇　祁述裕　张晓明
副 主 编 / 方　彧　刘　婷　魏海燕

出 版 人 / 谢寿光
责任编辑 / 张　超

出　　版 / 社会科学文献出版社·皮书出版分社（010）59367127
　　　　　 地址：北京市北三环中路甲 29 号院华龙大厦　邮编：100029
　　　　　 网址：www.ssap.com.cn
发　　行 / 市场营销中心（010）59367081　59367083
印　　装 / 天津千鹤文化传播有限公司

规　　格 / 开　本：787mm × 1092mm　1/16
　　　　　 印　张：22　字　数：331 千字
版　　次 / 2020 年 6 月第 1 版　2020 年 6 月第 1 次印刷
书　　号 / ISBN 978 - 7 - 5201 - 6534 - 1
定　　价 / 128.00 元

本书如有印装质量问题，请与读者服务中心（010 - 59367028）联系

本项研究获得以下机构及其项目支持

　　云南省社会科学院特别委托项目（云财教字文立项）

　　云南省社会科学院中国人文发展研究与评价重点实验室

发 布 机 制　中国人文发展研究与评价实验室

主 编 单 位　云南省社会科学院文化发展研究中心

合 作 单 位　中国社会科学院中国文化研究中心

　　　　　　　中共中央党校（国家行政学院）文史部创新工程

　　　　　　　北京大学文化产业研究院

　　　　　　　社会科学文献出版社

　　　　　　　光明日报文化产业研究中心

联 盟 单 位　上海交通大学国家文化产业创新与发展研究基地

　　　　　　　武汉大学国家文化创新研究中心

　　　　　　　中国传媒大学文化产业研究院

顾　　　问　王伟光　周文彰　赵　金

首席科学家　王亚南　张晓明　祁述裕　向　勇

学术委员会　（以姓氏笔画为序）

主要编撰者简介

王亚南 云南省社会科学院研究员，文化发展研究中心主任，中国人文发展研究与评价实验室首席科学家，云南省中青年社会科学工作者协会会长。主要研究方向为民俗学、民族学及文化理论、文化战略和文化产业，主要学术贡献有：①1985年首次界定"口承文化"概念，随后完成系统研究，提出口承文化传统为人类社会的文明渊薮，成文史并非文明史起点；②1988年解析人生仪礼中"亲长身份晋升仪式"，指出中国传统"政亲合一"社会结构体制和"天赋亲权"社会权力观念；③1996年开始从事文化战略和文化产业研究，提出"高文化含量"的"人文经济"论述，概括出中心城市以外文化产业发展的"云南模式"；④1999年提出"现代中华民族是56个国内民族平等组成的国民共同体"和"中国是国内多民族的统一国家"论点，完成国家社会科学基金项目"中华统一国民共同体论"；⑤2006年以来致力于人文发展量化分析检测评价体系研创，相继主编撰著连年出版《中国文化消费需求景气评价报告》（2011年起）、《中国文化产业供需协调检测报告》（2013年起）、《中国公共文化投入增长测评报告》（2015年起）、《中国人民生活发展指数检测报告》（2016年起）、《中国民生消费需求景气评价报告》（2018年起）、《中国健康消费与公共卫生投入双检报告》（2018年起），新增《中国经济发展结构优化检测报告》（2019年起）、《中国社会建设均衡发展检测报告》（2019年起）。

方　彧 中国老龄科学研究中心副研究员，中国社会科学院博士。主要研究方向为口头传统、老龄文化和文化产业。全程参与研创"中国人文发展量化分析检测评价系列"，合作发表《中国文化产业新十年路向——基于文化需求和共享的考量》《中国文化产业发展空间：4 万亿消费需求透析》《深化文化体制改革机制创新的若干现实问题透析》等论文和研究报告，参与组织撰著"中国人文发展量化分析检测评价系列"年度报告，负责文稿统改及英译审校。

刘　婷　云南省社会科学院科研处处长、研究员，"民族文化保护与发展"研究创新团队首席专家，博士，美国威斯康星大学访问学者，云南省中青年学术与技术带头人后备人才，云南省社会科学院文化发展研究中心秘书长，云南省中青年社会科学工作者协会秘书长，中国西南民族研究学会灾害研究专业委员会秘书长。主要研究方向为文化人类学，代表作《民俗休闲文化论》（专著）、《休闲民俗与文化传承》（专著）、《中国西部民族文化通志·礼仪卷》（主编主撰），主持国家社会科学基金一般项目"韧性理论视角下的哈尼族异地搬迁与社区重构研究"、西部项目"云南少数民族民俗文化保护的新思路"，在《民族文学研究》、《西南民族大学学报》、《云南社会科学》、*International Journal of Business Anthropology* 等报刊发表论文数十篇。全程参与研创"中国人文发展量化分析检测评价系列"，合作发表《面向协调增长的中国文化消费需求——"十五"以来分析与"十二五"测算》《中国文化产业未来十年发展空间——以扩大文化消费需求与共享为目标》《各省域文化产业未来十年增长空间——基于需求与共享的测算排行》等论文和研究报告，参与组织撰著"中国人文发展量化分析检测评价系列"年度报告，负责人员组织和撰稿统筹。

赵　娟　云南省社会科学院民族文学研究所副研究员，《云南文化发展蓝皮书》副主编，云南省中青年社会科学工作者协会秘书处主任。主要研究方向为古典文学、民族文化和文化产业，合著出版《经典阅读与现代生活》。全程参与研创"中国人文发展量化分析检测评价系列"，合作发表《以国家统计标准分析各地文化产业发展成效》《中国文化产业未来十年发展空间——以扩大文化消费需求与共享为目标》《各省域文化产业未来十年增长空间——基于需求与共享的测算排行》等论文和研究报告，参与组织撰著"中国人文发展量化分析检测评价系列"年度报告，负责文稿统改。

摘　要

2000～2018 年，全国文化投入总量由 300.29 亿元增至 3537.86 亿元，年均增长 14.69%。文化投入增长较明显高于产值增长，但略微低于财政收入增长，也较明显低于财政支出增长；同时较明显低于教育投入增长，更显著低于科技、卫生投入增长。全国文化投入人均值地区差扩大 13.02%。文化投入占财政收入比略微低于消费占居民收入比，占财政支出比更较明显低于消费占居民支出比，公共文化投入增长滞后于居民文化消费需求变动态势。

同期，全国 16 个省域文化投入总量年均增长超过 15%，其中 1 个省域总量年均增长超过 20%，海南、北京、青海、西藏、陕西处于总量增长及份额提升前 5 位；11 个省域文化投入人均值年均增长超过 15%，海南、青海、西藏、北京、陕西处于人均值增长前 5 位。各省域文化投入增长综合评价排行：无差距理想值横向测评，西藏、北京、海南、青海、上海为"2018 年文化投入指数排名"前 5 位；自身基数值纵向测评，海南、青海、西藏、北京、陕西为"2000～2018 年文化投入指数提升度"前 5 位；海南、西藏、青海、北京、陕西为"2005～2018 年文化投入指数提升度"前 5 位；海南、湖南、湖北、山西、福建为"2010～2018 年文化投入指数提升度"前 5 位；山西、海南、湖北、河北、北京为"2017～2018 年文化投入指数提升度"前 5 位。

以消解发展不平衡不充分为最终目的，测算 2020 年全国文化投入预期增长目标：按照 2000～2018 年平均增速"自然增长"，可达到 4653.33 亿元；实现产值—财政支出—教科文卫综合投入—文化投入历年各项最佳比值"应然增长"，应达到 9488.58 亿元；进而实现文化投入与消费同构占比平衡"民生增长"，应达到9427.70亿元；最终实现文化投入各地人均值均等化"理想增长"，将达到23065.29亿元。以到2020年所需年均增长率衡量各类增长目标距离，分别测算各省域排行：海南、北京、上海、内蒙古、西藏排在最佳比值增长目标前5位，北京、青海、海南、内蒙古、甘肃排在同构占比增长目标前5位，西藏、北京、上海、青海、海南排在均等化增长目标前5位。

关键词：全国省域 文化投入 检测排行 增长目标

目　录

Ⅰ　总报告

Ⅱ　技术报告与综合分析

Ⅲ　省域报告

皮书数据库阅读 **使用指南**

总 报 告

General Report

B.1

中国公共文化投入综合评价
及其增长目标

——2000~2018年检测与至2020年测算

王亚南 刘婷 赵娟*

摘 要: 2000~2018年,全国文化投入总量由300.29亿元增至3537.86亿元,年均增长14.69%,进展十分显著。各个五年规划期以来纵向测评的综合指数最高值均出现在2018年,但逐年增长检测显得起伏不定,并非连年持续向好;横向测评距离理想值的差距一向非常明显,综合指数不时略有下降。深入检测文化投入与经济、财政相关背景,与教育、科

---

* 王亚南,云南省社会科学院研究员,文化发展研究中心主任,主要研究方向为民俗学、民族学及文化理论、文化战略和文化产业;刘婷,云南省社会科学院科研处处长、研究员,主要研究方向为文化人类学;赵娟,云南省社会科学院民族文学研究所副研究员,主要研究方向为古典文学、民族文化和文化产业。

技、卫生投入相邻关系，与居民文化消费同构关联的协调性，检测各类数据人均值演算的地区之间的均衡性，可以揭示其间进展与差距所在：①文化投入增长较明显高于产值增长，但略微低于财政收入增长，也较明显低于财政支出增长；同时较明显低于教育投入增长，更显著低于科技、卫生投入增长。②除了文化投入以外，其余各类数据的地区差皆呈现为缩小态势，而且除了财政收入、财政支出、教育投入、科技投入、卫生投入、文化投入以外，其余各类数据的地区差皆在 2018 年缩减至历年最小值，而文化投入人均值地区差扩大 13.02%。全国各地经济、财政"协调增长"，教育、科技、卫生事业投入"均等增长"，正在逐渐成为现实，而不再仅仅是一种追求中的理想。③文化投入占财政收入比略微低于消费占居民收入比，占财政支出比更较明显低于消费占居民支出比，公共文化投入增长滞后于居民文化消费需求变动态势。

关键词： 公共文化投入　文化消费　差距检测

中共中央办公厅、国务院办公厅 2018 年 12 月印发《关于建立健全基本公共服务标准体系的指导意见》，明确"文体服务保障"属于基本公共服务标准体系范畴，要求"建立健全基本公共服务标准体系，规范中央与地方支出责任分担方式，推进城乡区域基本公共服务制度统一"。中共十九届四中全会通过《中共中央关于坚持和完善中国特色社会主义制度、推进国家治理体系和治理能力现代化若干重大问题的决定》，提出"健全人民文化权益保障制度……建立健全把社会效益放在首位、社会效益和经济效益相统一的文化创作生产体制机制"。公共文化投入持续增长并趋于均衡，正是经由公共财政这一国家治理手段，"建立健全基本公共服务标准体系""健全人民文化权益保障制度"的直接体现。

国家早已公布《"十三五"推进基本公共服务均等化规划》，落实均等化目标必然涉及服务范围和内容、服务质量和条件等方面，任何一个方面的均等化都需要公共财政投入的均等化作为基础保障。基本公共服务为公民权利"国民待遇"范畴，因而属中央事权；国家应制定全国基本公共服务投入统一标准，方能切实落实均等化目标。基于《中国公共文化投入增长测评报告》分析检测成果的内参《基本公共服务目标倒逼文化投入均等化》经国务院发展研究中心《经济要参》2017年第32期全文转报，导致"国办发〔2018〕6号"文《国务院办公厅关于印发基本公共服务领域中央与地方共同财政事权和支出责任划分改革方案的通知》出台，表明这一方面已经出现值得高度关注的有益进展。

在"以人民为中心的发展思想"指导下，国家明确并推进的"基本公共服务均等化"目标势在必行，与之配套的公共财政政策必然是基本公共服务投入的均等化。公共文化服务是基本公共服务的重要部分，公共文化投入是公共财政投入的重要方面。公共文化投入是公共文化服务的基础条件，公共文化服务的均等化需要公共财政投入的均等化加以保证。

公共文化投入正属于文化供给侧，深化文化供给侧改革，势必涉及公共文化投入。实现公共文化投入与产值、财政收入和财政支出的协调增长，实现公共文化投入与公共教育投入、科技投入、卫生投入的同步增长，实现公共文化投入与居民文化消费同构协调的平衡关系，有利于积极推进、早日达到基本公共文化服务均等化目标。

衡量公共文化投入增长，首先当然看总量增长，总量增长具有规模扩增效应。其次要看人均值增长，在各地之间人均值才具有可比性。这两点已经成为常识，但远远不够。再次更需要放到经济及公共财政发展的相关社会背景中，放到教科文卫投入增长的相邻同步关系中，放到居民文化消费占收入、支出比的同构可比关联中加以检验，形成多重关系交叉定位。最后还应该基于产值、财政收入、财政支出及教科文卫投入各类人均值演算地区差指数，这对于检验公共财政投入、公共文化服务的均等化成效至关重要。本项研究测评已经实现这一应检测演算，基础数据来源为国家统计局《中国统计年鉴》历年卷。因基础数据未提供文化投入的城乡投向，故缺反映"中国现实"极为重要的城乡比指标，留下遗憾。城乡差距、地区差距正是我国"不平衡不充分的发展"最具代表性的方面。

一 全国文化投入及其相关背景基本态势

公共文化投入增长检测不能孤立进行，应从全国经济、财政背景分析开始。

（一）经济财政基本面背景状况

2000 年以来全国文化投入总量增长及相关背景关系态势见图 1。

2000 ~ 2018 年，全国产值总量由 100280 亿元增至 900310 亿元，总增长 797.80%，年均增长 12.97%。同时，财政收入总量增长 1268.87%，年均增长 15.65%；财政支出总量增长 1290.47%，年均增长 15.75%；教科文卫综合投入（图 1 教科卫投入与文化投入之和，后同）总量增长 2079.69%，年均增长 18.67%；教科文卫综合投入之外财政支出统归为"其他支出"，其总量增长 1126.21%，年均增长 14.94%。[①]

在此期间，全国财政收入总量年均增长高于产值总量年增 2.68 个百分点。这就是居民收入增长赶不上产值（体现社会总财富）增长的一部分原因，另一部分原因在于企业利润总收益增长高于总产值增长，由此必然挤压居民收入增长应有的初次分配"蛋糕"份额。

同时，全国财政支出总量年均增长高于产值总量年增 2.78 个百分点。这是公共财政支出持续加大的体现，其间包括公共服务投入持续加大，属于

---

① 本项检测演算数据库每一次运算均无限保留小数，难免会与按稿面整数或两位小数演算产生的小数有出入，此属机器比人工精细之处，并非误差。后同。

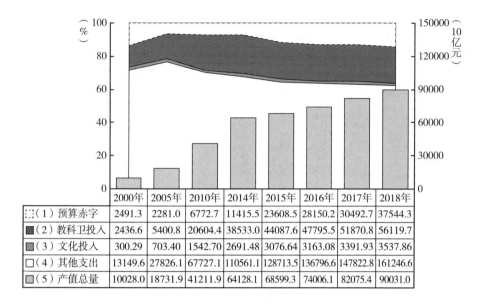

	2000年	2005年	2010年	2014年	2015年	2016年	2017年	2018年
（1）预算赤字	2491.3	2281.0	6772.7	11415.5	23608.5	28150.2	30492.7	37544.3
（2）教科卫投入	2436.6	5400.8	20604.4	38533.0	44087.6	47795.5	51870.8	56119.7
（3）文化投入	300.29	703.40	1542.70	2691.48	3076.64	3163.08	3391.93	3537.86
（4）其他支出	13149.6	27826.1	67727.1	110561.1	128713.5	136796.6	147822.8	161246.6
（5）产值总量	10028.0	18731.9	41211.9	64128.1	68599.3	74006.1	82075.4	90031.0

图1　2000年以来全国文化投入总量增长及相关背景关系态势

左轴面积：财政收支预算赤字（国债等）、教科卫投入、文化投入、其他支出总量（亿元转换为%），（2）＋（3）＋（4）＝财政支出总量，（2）＋（3）＋（4）－（1）＝财政收入总量，各项数值呈直观比例。右轴柱形：产值总量（10亿元，增长演算取亿元），2017年产值数据按历年惯例据《中国统计年鉴》2019年卷校订。另需说明，国家统计局虽已公布第四次全国经济普查对于2018年全国产值修订数据，但未公布相应各地修订数据，因而仍统一采用《中国统计年鉴》2019年卷发布的全国及各地产值"初步核算数"，留待《中国统计年鉴》2020年卷发布时再统一修订。限于制图空间省略若干年度，后台演算历年增长变化包括省略年度，后同。

二次分配再转向民生。

同期，全国其他支出总量年均增长高于产值总量年增1.97个百分点。至此转入分析重点。同样在此期间，全国教科文卫综合投入总量年均增长高于产值总量年增5.70个百分点，同时高于财政收入总量年增3.02个百分点，亦高于财政支出总量年增2.92个百分点，也高于其他支出总量年增3.73个百分点。

如此详尽比较下来可见，"十五"以来，全国教科文卫建设作为公共服务的一个重要方面，确实处于一种极为特殊的优先发展地位。尤其应当注意，"十一五"以来，全国教科文卫综合投入总量增长高于产值、财政收入和支出，以及其他支出总量增长的情况更加明显。

（二）文化投入总量增长状况

文化投入总量增长体现规模扩增效应，有利于宏观把握总体情况。但是，各地存在省域大小、人口多少的差异，地区经济规模、产业基础等也都有巨大差距。因此，总量数据在各地之间不具备很好的可比性。本项研究主要在全国层面考察文化投入总量增长及教科文卫相邻关系变动态势，对于各地则侧重于分析其所占全国份额变动情况。

2000 年以来全国文化投入总量增长及相邻关系变动态势见图 2。

	2000年	2005年	2010年	2014年	2015年	2016年	2017年	2018年
▉卫生投入总量	494.26	1036.81	4804.18	10176.81	11953.18	13158.77	14450.63	15623.55
▨文化投入总量	300.29	703.40	1542.70	2691.48	3076.64	3163.08	3391.93	3537.86
▤科技投入总量	173.58	389.14	3250.18	5314.45	5862.57	6563.96	7266.98	8326.65
☐教育投入总量	1768.75	3974.83	12550.02	23041.71	26271.88	28072.78	30153.18	32169.47
◆文化投入年增	1.0866	1.1980	1.1074	1.0578	1.1431	1.0281	1.0724	1.0430
■教科卫投入年增	1.1430	1.1853	1.1996	1.0895	1.1442	1.0841	1.0853	1.0819

图 2　2000 年以来全国文化投入总量增长及相邻关系变动态势

左轴面积：教、科、文、卫投入总量（亿元转换为%），各项数值呈直观比例。右轴曲线：文化投入年增指数（上年 = 1，小于 1 为负增长，保留 4 位小数，正文转换为 2 位小数增长百分比，后同）。后台数据库包含未出现的 1999 年数据，以测算 2000 年增长变化，后同。

2000～2018 年，全国文化投入总量由 300.29 亿元增至 3537.86 亿元，总增长 1078.15%，年均增长 14.69%。其中，2001～2002 年、2004～2006 年、2008～2009 年、2011～2012 年 9 个年度超过 15%，2001 年、2008～2009 年、2011 年 4 个年度超过 20%。最高增长年度为 2009 年，增长

27.14%；最低增长年度为2016年，增长2.81%。

在此期间，全国文化投入总量年均增长高于产值总量年增1.72个百分点，同时低于财政收入总量年增0.96个百分点，亦低于财政支出总量年增1.06个百分点。检测其间历年增长相关系数，文化投入与产值增长之间为0.2163，与财政收入增长之间为0.3777，与财政支出增长之间为0.6487，即分别在21.63%、37.77%、64.87%的程度上成正比，同步增长相关性很低。这表明，全国产值、财政收入、财政支出与文化投入增长之间尚未形成良好的多重"协调增长"关系。

同期，全国教科卫三项投入总量增长2203.20%，年均增长19.04%。进一步细分来看，教育投入总量增长1718.72%，年均增长17.49%；科技投入总量增长4696.49%，年均增长23.99%；卫生投入总量增长3060.75%，年均增长21.15%。

在此期间，全国教科卫三项投入总量年均增长高于产值总量年增6.07个百分点，同时高于财政收入总量年增3.39个百分点，亦高于财政支出总量年增3.29个百分点，也高于其他支出总量年增4.10个百分点。

与之相比，全国文化投入总量年均增长低于教科卫三项投入总量年增4.35个百分点。显而易见，在2000年以来全国教科文卫综合投入优先高增长当中，文化投入增长处于严重失衡状态，文化投入增长与教科卫投入增长之间的差距十分显著。从图2亦可清楚、直观地看出，文化投入所占面积呈逐渐收窄之势，表明其在教科文卫综合投入中的比例份额持续降低。

最后还需要重点检测2007年以来文化投入增长情况。众所周知，2007年党的十七大做出"推动社会主义文化大繁荣大发展、兴起社会主义文化建设新高潮"重大决策，中国特色社会主义文化建设由此进入一个新的阶段。2007年以来11年里，全国文化投入总量年均增长达到13.27%，高于产值总量年增1.70个百分点，高于财政收入总量年增1.00个百分点，低于财政支出总量年增1.24个百分点，低于其他支出总量年增0.78个百分点，文化投入增长的失衡状态部分好转，但仍低于同期教科卫三项投入总量年增2.80个百分点。

（三）人均值增长及其地区差变动状况

文化投入人均值演算结果是衡量均等化的重要基准，只有基于人均值才能检测各地文化投入高低，进而得出各地之间的地区差指数。更为重要的是，逐步缩小直至消除文化投入（人均值）地区差距，实现公共文化投入、公共文化投入服务均等化势在必行，唯有实现文化投入人均值的均等化，才谈得上文化投入服务条件和服务质量的均等化。

2000 年以来全国文化投入人均值增长及其地区差变动态势见图 3。

	2000年	2005年	2010年	2014年	2015年	2016年	2017年	2018年
文化投入人均值	23.78	53.95	115.31	197.28	224.37	229.43	244.66	254.02
人均值年度增长	1.0781	1.1910	1.1021	1.0525	1.1373	1.0225	1.0664	1.0383
人均值地区差	1.4571	1.3890	1.5536	1.5979	1.5626	1.5588	1.6340	1.6468

图 3 2000 年以来全国文化投入人均值增长及其地区差变动态势

左轴柱形：文化投入人均值（元）。右轴曲线：人均值年度增长指数（上年 =1，小于 1 为负增长，由于历年人口增长，人均值年增指数略低于总量年增指数）；文化投入人均值地区差指数（无差距 =1，保留 4 位小数检测细微差异，后同）。

2000～2018 年，全国文化投入人均值由 23.78 元增至 254.02 元，总增长 968.21%，年均增长 14.06%，其中 2001～2002 年、2004～2006 年、2008～2009 年、2011～2012 年 9 个年度超过 15%，2008～2009 年、2011 年 3 个年度超过 20%。最高增长年度为 2009 年，增长 26.49%；最低增长年度为 2016 年，增长 2.25%。

与此同时，全国文化投入人均值地区差由 1.4571 扩大至 1.6468，文化投入人均值地区差扩大 13.02%。全国文化投入人均值地区差指数历年起伏变化，2000~2006 年、2008 年、2010~2011 年、2013 年、2015~2016 年 13 个年度地区差缩小，2007 年、2009 年、2012 年、2014 年、2017~2018 年 6 个年度地区差扩大，前后对比总体处于扩大态势。最小地区差为 2006 年的 1.3748，最大地区差为 2007 年的 1.6581。

如此细致检测全国文化投入人均值地区差变动状况，并非一种奢望的空谈。实际上，自 2000 年以来，在"全面建成小康社会"进程中，国家、各级政府及其公共财政已经做出应有努力，并且取得实质性的重大进展。就以此处涉及的产值、财政收入和支出，以及教科卫投入数据展开分析。

2000~2018 年，在文化投入的相关背景方面，全国产值人均值地区差前后对比总体呈现为缩小态势；财政收入人均值地区差前后对比总体呈现为缩小态势；财政支出人均值地区差前后对比总体呈现为缩小态势。

在文化投入的相邻关系方面，全国教育投入人均值地区差前后对比总体呈现为缩小态势；科技投入人均值地区差前后对比总体呈现为缩小态势；卫生投入人均值地区差前后对比总体呈现为缩小态势。

全国产值、财政收入和支出，以及教科文卫投入各类人均值地区差变动态势全面检测结果：除了文化投入以外，其余各类数据的地区差皆呈现为缩小态势，而文化投入人均值地区差扩大 13.02%。全国各地经济、财政"协调增长"，教育、科技、卫生事业投入"均等增长"，正在逐渐成为现实，而不再仅仅是一种追求中的理想。很明显，文化投入增长的差距不但表现在数量的可比性之上，而且表现在质量的可比性之上。以人均值来衡量的公共文化投入均等化尚无实际进展，而这是公共文化服务均等化的基础。

据既往历年动态推演测算，2020 年全国公共文化投入人均值地区差将为 1.6792，相比当前略微扩增；2035 年全国公共文化投入人均值地区差将为 2.0133，相比当前继续极显著扩增。这是长期预测的理论演算值，基于既往增长态势合理推演供参考。

二 全国文化投入相关协调性态势

（一）文化投入相关背景变动状况

文化投入增长的协调性检测首先在于与经济、财政相关背景关系的考察。历年文化投入到底处于什么样的位置，在文化投入绝对值及其增长的基础上，文化投入与产值、财政收入和支出的历年相对比值起到决定性的作用。

2000年以来全国文化投入相关背景比值变动态势见图4。

（%）	2000年	2005年	2010年	2014年	2015年	2016年	2017年	2018年
□ 文化投入与产值比	0.2994	0.3755	0.3743	0.4197	0.4485	0.4274	0.4133	0.3930
▨ 文化投入占财政收入比	2.2417	2.2225	1.8564	1.9174	2.0205	1.9818	1.9653	1.9295
▨ 文化投入占财政支出比	1.8902	2.0731	1.7165	1.7732	1.7493	1.6847	1.6702	1.6015

图4 2000年以来全国文化投入相关背景比值变动态势

左轴面积：文化投入与产值比、占财政收入和支出比（%），各项比值历年升降呈直观比例。比值过小保留4位小数演算，正文按惯例保留2位小数。

1. 文化投入与产值比

2000~2018年，全国文化投入总量年均增长高于产值年增1.72个百分点。由历年二者不同增长关系变化所致，全国文化投入与产值比从0.30%增高至0.39%，上升0.09个百分点。

分时期考察，全国此项比值"十五"前后（2000年与2005年）对比，上升0.08个百分点；"十一五"前后（2005年与2010年）对比，下降0.0012个百分点（用4位小数分析细微变化）；"十二五"以来（2010年与2018年）对比，上升0.02个百分点。最高比值为2015年的0.45%，最低比值为2000年的0.30%。

2.文化投入占财政收入比

2000～2018年，全国文化投入总量年均增长低于财政收入年增0.96个百分点。由历年二者不同增长关系变化所致，全国文化投入占财政收入比从2.24%降低至1.93%，下降0.31个百分点。

分时期考察，全国此项比值"十五"前后（2000年与2005年）对比，下降0.02个百分点；"十一五"前后（2005年与2010年）对比，下降0.37个百分点；"十二五"以来（2010年与2018年）对比，上升0.07个百分点。最高比值为2002年的2.27%，最低比值为2007年的1.75%。

3.文化投入占财政支出比

2000～2018年，全国文化投入总量年均增长低于财政支出年增1.06个百分点。由历年二者不同增长关系变化所致，全国文化投入占财政支出比从1.89%降低至1.60%，下降0.29个百分点。

分时期考察，全国此项比值"十五"前后（2000年与2005年）对比，上升0.18个百分点；"十一五"前后（2005年与2010年）对比，下降0.36个百分点；"十二五"以来（2010年与2018年）对比，下降0.12个百分点。最高比值为2006年的2.08%，最低比值为2018年的1.60%。

以上分析检测表明，2000年以来，全国文化投入增长较明显高于产值增长，但略微低于财政收入增长，也较明显低于财政支出增长，文化投入与经济、财政"背景协调增长"尚未得到充分体现。

（二）文化投入相邻关系变动状况

文化投入增长的协调性检测其次也在于与教育、科技、卫生投入增长相邻关系的考察。教科文卫本身就可视为一个整体，文化投入的重要性究竟如何，与教育、科技、卫生投入的历年相对比值具有重要的参照意义。

2000 年以来全国文化投入相邻关系比值变动态势见图 5。

（%）	2000年	2005年	2010年	2014年	2015年	2016年	2017年	2018年
□ 文化投入与教育投入比	16.98	17.70	12.29	11.68	11.71	11.27	11.25	11.00
▨ 文化投入与科技投入比	172.99	180.76	47.47	50.64	52.48	48.19	46.68	42.49
▩ 文化投入与卫生投入比	60.75	67.84	32.11	26.45	25.74	24.04	23.47	22.64

图 5　2000 年以来全国文化投入相邻关系比值变动态势

左轴面积：文化投入与教育、科技、卫生投入比（%），各项比值历年升降呈直观比例。

1. 文化投入与教育投入比

2000～2018 年，全国文化投入总量年均增长低于教育投入年增 2.80 个百分点。由历年二者不同增长关系变化所致，全国文化投入与教育投入比从 16.98% 降低至 11.00%，下降 5.98 个百分点。

分时期考察，全国此项比值"十五"前后（2000 年与 2005 年）对比，上升 0.72 个百分点；"十一五"前后（2005 年与 2010 年）对比，下降 5.41 个百分点；"十二五"以来（2010 年与 2018 年）对比，下降 1.29 个百分点。最高比值为 2005 年的 17.70%，最低比值为 2012 年的 10.68%。

2. 文化投入与科技投入比

2000～2018 年，全国文化投入总量年均增长低于科技投入年增 9.30 个百分点。由历年二者不同增长关系变化所致，全国文化投入与科技投入比从

172.99% 降低至 42.49%，下降 130.50 个百分点。

分时期考察，全国此项比值"十五"前后（2000 年与 2005 年）对比，上升 7.77 个百分点；"十一五"前后（2005 年与 2010 年）对比，下降 133.29 个百分点；"十二五"以来（2010 年与 2018 年）对比，下降 4.98 个百分点。最高比值为 2005 年的 180.76%，最低比值为 2018 年的 42.49%。

3. 文化投入与卫生投入比

2000~2018 年，全国文化投入总量年均增长低于卫生投入年增 6.46 个百分点。由历年二者不同增长关系变化所致，全国文化投入与卫生投入比从 60.75% 降低为 22.64%，下降 38.11 个百分点。

分时期考察，全国此项比值"十五"前后（2000 年与 2005 年）对比，上升 7.09 个百分点；"十一五"前后（2005 年与 2010 年）对比，下降 35.73 个百分点；"十二五"以来（2010 年与 2018 年）对比，下降 9.47 个百分点。最高比值为 2004 年的 68.70%，最低比值为 2018 年的 22.64%。

以上分析检测表明，2000 年以来，全国文化投入增长较明显低于教育投入增长，也显著低于科技、卫生投入增长，教科文卫投入"相邻协调增长"尚未得到应有体现。

此外，对照图 4 文化投入占财政支出比与图 5 三项比值，分别推算其间商值百分值，即得出教育、科技、卫生投入各占财政支出比。这样就可以检测教科文卫各项投入占财政支出比历年变化相关系数：教育投入占比与科技投入占比之间为 0.9132，与卫生投入占比之间为 0.8485，与文化投入占比之间为 −0.7589，即分别在 91.32% 程度上成正比，84.85% 程度上成正比，75.89% 程度上成反比。对此不妨简化理解为，教育投入与文化投入二者之间占财政支出比历年变化在 75.89% 程度上呈逆向关系，其余类推。这表明，全国教科卫投入各占财政支出比之间协调性较好，而与文化投入占财政支出比之间协调性很差。

（三）文化投入同构占比变动状况

文化投入增长的协调性检测最后还在于与文化消费占居民收入和支出比

同构关联的考察。文化投入面向公共文化服务需求，文化消费体现居民日常精神生活需求，这两个方面形成同构可比关联。在文化投入占财政收入、支出比与文化消费占居民收入、支出比之间，构成历年比值差异变化，可以直接作为检测演算指数。

2000年以来全国文化消费与投入同构占比倍差变动态势见图6。

	2000年	2005年	2010年	2014年	2015年	2016年	2017年	2018年
消费占收入比	3.18	4.13	4.31	3.32	3.36	3.39	3.24	2.89
消费占支出比	4.10	5.40	6.04	4.62	4.72	4.74	4.62	4.14
占收入比倍差	1.4171	1.8582	2.3207	1.7295	1.6649	1.7128	1.6511	1.4990
占支出比倍差	2.1706	2.6030	3.5164	2.6069	2.6954	2.8155	2.7673	2.5837

图6　2000年以来全国文化消费与投入同构占比倍差变动态势

左轴面积：文化消费占居民收入、支出比（％），两项比值历年升降呈直观比例叠加。右轴曲线：文化消费占居民收入比与文化投入占财政收入比、文化消费占居民支出比与文化投入占财政支出比倍差指数（无差距＝1，保留4位小数检测细微差异）。另需说明，近年年鉴始发布2014年以来城乡居民收入、消费人均值数据，与总量数据之间存在演算误差，与对应年鉴同时发布的产值人均值和总量分别演算居民收入比、消费率有出入，本文恢复采用自行演算城乡人均值展开文化消费占居民收入、支出比测算，后同。

1. 文化消费与投入占收入比

2000~2018年，全国城乡居民文化消费占居民收入比从3.18%降低至2.89%。最高比值为2013年的4.36%，最低比值为2018年的2.89%。

文化消费占居民收入比演算与"中国文化消费需求景气评价体系"形成互动。对照图4，同期，全国文化投入占财政收入比下降13.93%，2018年比值低于文化消费占居民收入比0.96个百分点。二者之间占比倍差由

1.4171 增大至 1.4990，增大 5.78%。倍差指数最小值为 2001 年的 1.3777，最大值为 2007 年的 2.3980。

应当看到，文化消费占居民收入比与文化投入占财政收入比之间，不仅形式上同构，而且实质上可同比。居民文化消费占用家庭收入一定比例，正体现了精神文化生活应有的位置和分量，家庭和个人如此，国家及地区亦当如此。因此，此项检验指标直接测算二者之间商值即占比倍差指数，就此衡量其间既有距离，并以其倒数值作为权衡指数。

2. 文化消费与投入占支出比

2000～2018 年，全国城乡居民文化消费占居民支出比从 4.10% 增高至 4.14%。最高比值为 2013 年的 6.36%，最低比值为 2001 年的 4.00%。

文化消费占居民支出比演算与"中国文化消费需求景气评价体系"形成互动。对照图 4，同期，全国文化投入占财政支出比下降 15.27%，2018 年比值低于文化消费占居民支出比 2.54 个百分点。二者之间占比倍差由 2.1706 增大至 2.5837，增大 19.03%。倍差指数最小值为 2001 年的 2.0918，最大值为 2011 年的 3.5199。

必须注意，文化消费占居民支出比与文化投入占财政支出比之间，仅在形式上同构，实质上却不同比。居民消费与收入间可能出现剩余成为积蓄，即消费总量小于收入总量，于是特定消费占支出比必定高于占收入比；而财政支出与收入间可以出现预算赤字，即支出总量大于收入总量，于是特定投入占支出比可能低于占收入比。对照图 4 可见，文化消费与文化投入各占收入、支出比的对应关系形成交叉，文化消费占支出比大于占收入比，而文化投入占支出比小于占收入比，其间的反差应予合理化解。理想化检测提出一种假定：财政预算赤字"超支"部分应以同等比例用于文化投入，即占财政收入、支出比可自身平衡。因此，此项检验指标继续推演，对文化消费与投入各占收入、支出比两项同构倍差指数再做平衡，测算其间商值即占收支比倍差之间再次形成倍差指数，就此衡量其间既有距离，并以其倒数值作为权衡指数。

以上分析检测显示，2000 年以来，全国文化消费占居民收入比较明显下降，文化投入占财政收入比也明显下降，二者同构占比倍差指数较明显增大；文化消费占居民支出比略微上升，文化投入占财政支出比却明显下降，二者同构占比倍差指数明显增大。这表明，全国公共文化投入增长占比变动滞后于居民文化消费需求变化态势的差距继续扩大。

三　2018年全国文化投入纵横向双重测评

综合以上分析，2000年以来全国文化投入总量年均增长14.69%，文化投入人均值地区差扩大13.02%；文化投入增长较明显高于产值增长，但略微低于财政收入增长，也较明显低于财政支出增长；同时较明显低于教育投入增长，也显著低于科技、卫生投入增长；文化投入占财政收入比略微低于消费占居民收入比，占财政支出比更较明显低于消费占居民支出比。这些都集中体现在文化投入增长综合指数测评演算之中。

2000年以来全国文化投入增长综合指数变动态势见图7。基于不同时间段、不同基准值的各类综合指数测评结果均落实在2018年之上。综合指数取百分制，以便横向衡量百分点高低，纵向衡量百分比升降。

（一）各年度横向测评综合指数

以文化投入人均值地区无差距、文化消费与投入同构占比无差距状态为"理想值"100，2018年全国文化投入增长状况此项综合指数为80.38，低于无差距理想值19.62%，也低于上年测评指数0.33个点。

各年度（包括图7省略年度）此项综合指数对比，全部各个年度均低于无差距理想值100；2001年、2004年、2008～2009年、2011～2012年、2015年7个年度高于上年指数值。其中，最高值为2004年的85.71，最低值为2007年的76.25。

在此项测评中，全国总体的总量份额值、人均值、各项背景关系比值、相邻关系比值作为各地基准"定盘星"，同样自为基准不"加分"也不"减

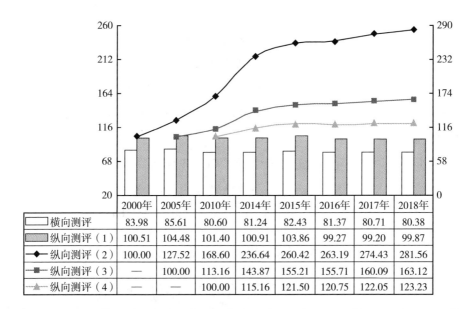

	2000年	2005年	2010年	2014年	2015年	2016年	2017年	2018年
横向测评	83.98	85.61	80.60	81.24	82.43	81.37	80.71	80.38
纵向测评（1）	100.51	104.48	101.40	100.91	103.86	99.27	99.20	99.87
纵向测评（2）	100.00	127.52	168.60	236.64	260.42	263.19	274.43	281.56
纵向测评（3）	—	100.00	113.16	143.87	155.21	155.71	160.09	163.12
纵向测评（4）	—	—	100.00	115.16	121.50	120.75	122.05	123.23

图7 2000年以来全国文化投入增长综合指数变动态势

左轴柱形：左横向测评（无差距理想值＝100），右纵向测评（1），上年＝100。右轴曲线：纵向测评（起点年基数值＝100），（2）以2000年为起点，（3）以2005年为起点，（4）以2010年为起点。

分"，人均值地区差、同构关联占比倍差就成为变化衡量指标，全国总体"失分"全部来自人均值地区差、同构关联占比倍差的存在及其扩大。只要人均值地区差、同构占比倍差缩小，全国总体综合指数就能够上升；只有彻底消除人均值地区差、同构占比倍差，全国总体综合指数才能够达到"理想值"100。

（二）"十五"以来纵向测评综合指数

在此项测评中，全国及各地文化投入总量份额值、人均值，各项背景关系比值、相邻关系比值，文化消费与投入占收入、支出比同构关联倍差，文化投入人均值地区差，各项增长率比差，一概以自身2000年相应演算数值为基数值加以衡量。无论是全国总体还是各地，各项指标测算值优于2000年"加分"，逊于2000年"减分"，最终加权平衡各项指标间分值升降得失。这样有利于检测对比各地在不同时间段综合测评指数的提升程度，使"基数低而进步快"的欠发达或次发达地区有多种机会登上排行榜前列。以下各类纵向测评同理，区别仅在于起始年度不同。

以"九五"末年2000年为起点基数值100，2018年全国文化投入增长状况此项综合指数为281.56，高出2000年起点基数181.56%，也高出上年测评指数7.13个点。

"十五"以来各年度此项综合指数对比，全部各个年度均高于2000年起点基数值100；2002~2006年、2008~2018年16个年度高于上年指数值。其中，最高值为2018年的281.56，最低值为2001年的104.95。

（三）"十一五"以来纵向测评综合指数

以"十五"末年2005年为起点基数值100，2018年全国文化投入增长状况此项综合指数为163.12，高出2005年起点基数63.12%，也高出上年测评指数3.03个点。

"十一五"以来各年度此项综合指数对比，2006年、2008~2018年12个年度高于2005年起点基数值100；2008~2018年11个年度高于上年指数值。其中，最高值为2018年的163.12，最低值为2007年的91.49。

（四）"十二五"以来纵向测评综合指数

以"十一五"末年2010年为起点基数值100，2018年全国文化投入增长状况此项综合指数为123.23，高出2010年起点基数23.23%，也高出上年测评指数1.18个点。

"十二五"以来各年度此项综合指数对比，全部各个年度均高于2010年起点基数值100；2012~2015年、2017~2018年6个年度高于上年指数值。其中，最高值为2018年的123.23，最低值为2011年的105.92。

（五）逐年度纵向测评综合指数

以上一年2017年为起点基数值100，2018年全国文化投入增长状况此项综合指数为 99.87，低于 2017 年起点基数 0.13%，但高出上年基于 2016 年基数值的测评指数 0.67 个点。

逐年度此项综合指数对比，2000～2006 年、2008～2015 年 15 个年度高于自身上年起点基数值 100；2001 年、2004 年、2008～2009 年、2011 年、2015 年、2018 年 7 个年度高于上年指数值。其中，最高值为 2009 年的 106.09，最低值为 2007 年的 87.46。

2000 年以来，全国文化投入增长进展十分显著。各个五年规划期以来纵向测评的综合指数最高值均出现在 2018 年，逐年增长检测却显得起伏不定，并非连年持续向好，文化投入增长的协调性欠佳是其主要原因；横向测评距离理想值的差距一向非常明显，综合指数不时略有下降，原因在于文化投入人均值地区差扩大，文化消费与投入同构关联占比倍差增大，文化投入增长的均衡性欠佳。

四　全国文化投入协调增长差距分析

本文按照各项数据增长及其间各类关系值变动，已对全国文化投入增长的"实然"状况做出综合评价，但这还不是此项研究测评的最终意图。由此发现增长效益可能存在的不足，深入检测数据背后的现实问题及其"应然"差距，依据 2000 年以来相关方面增长的基本态势，推演测算直至 2020 年的各种"或然"的、"应然"的和"理想"的增长目标，直指目标提出此项研究测评的应对策略。

（一）文化投入增长系数检测

在相关的众多数据组里，首先需要提取全国文化投入历年数据与教科文卫综合投入历年数据加以比较，检测 2000～2018 年文化投入占教科文卫综合投入比变动态势，并将此项比值界定为"文化投入增长系数"。

确定文化投入的应有地位和分量必须寻找事实依据，文化投入与教育、科技、卫生投入的相邻关系就是最好的参照系。一来教科文卫诸方面具有人所共知的相邻可比性，若出现"厚此薄彼"的情况很容易看出来；二来文化投入在教科文卫综合投入中所占分量形成历年变化，从中可以看到"应然"与否的"第一手"取舍。

2000年以来全国文化投入占教科文卫综合投入比变动态势见图8。

	2000年	2005年	2010年	2014年	2015年	2016年	2017年	2018年
文化投入总量	300.29	703.40	1542.70	2691.48	3076.64	3163.08	3391.93	3537.86
教科文卫投入总量	2736.9	6104.2	22147.1	41224.5	47164.3	50958.6	55262.7	59657.5
教科文卫总量年增	1.1365	1.1867	1.1927	1.0874	1.1441	1.0804	1.0845	1.0795
文化投入占其中比	10.97	11.52	6.97	6.53	6.52	6.21	6.14	5.93

图8　2000年以来全国文化投入占教科文卫综合投入比变动态势

左轴面积：文化投入总量、教科文卫综合投入总量（亿元转换为%），二者历年变动呈直观比例。右轴曲线：教科文卫综合投入年增指数（上年=1，小于1为负增长）；文化投入占教科文卫综合投入比（%）。

2000～2018年，全国教科文卫综合投入总量由2736.9亿元增至59657.5亿元，总增长2079.75%，年均增长18.67%。最高增长年度为2007年，增长58.82%；最低增长年度为2013年，增长7.67%。

在此期间，全国文化投入总量年均增长低于教科文卫综合投入年增3.98个百分点。由历年二者不同增长关系变化所致，全国文化投入占教科文卫综合投入比从10.97%降低至5.93%，下降5.04个百分点。

分时期考察，全国此项比值"十五"前后（2000年与2005年）对比，上升0.55个百分点；"十一五"前后（2005年与2010年）对比，下降4.55个百分点；"十二五"以来（2010年与2018年）对比，下降1.04个百分点。最高（最佳）比值为 2005 年的 11.52%，最低比值为 2018 年的 5.93%。

对照图 4 文化投入占财政支出比与图 8 文化投入占教科文卫综合投入比，推算其间商值百分值，即得出教科文卫综合投入占财政支出比（见图 9）。这样就可以检测教科文卫综合投入与文化投入各占财政支出比之间历年变化相关系数为 -0.8531，即在 85.31% 程度上成反比。对此不妨简化理解为，虽然教科文卫综合投入占财政支出比历年稳步上升，其中文化投入占财政支出比反而呈现年均 85.31% 程度的逆向下降。这表明，在全国教科文卫综合投入占财政支出比不断提升当中，文化投入所占比重呈现不合理的明显逆向变动。

2000 年以来，文化投入在教科文卫综合投入增长中处于相对"弱势"地位，尤其是进入"十一五"以后，文化投入增长相对"弱势"的状况十分明显。党的十七大之后全国及各地出现文化建设与发展新高潮，文化投入的重要性及其持续增长的必要性受到应有重视，文化投入占教科文卫综合投入比显著降低之势在一定程度上得到抑制。然而，在多年来教科文卫综合投入优先增长格局中，文化投入增长明显滞后是不争的事实。

就此不妨假定，如果全国文化投入占教科文卫综合投入比在 2005 年出现的最佳比值 11.52% 得以持续保持，那么 2018 年全国文化投入总量应为现有实际值 3537.86 亿元的 194.31%，达到 6874.42 亿元。在假设文化投入实现教科文卫相邻关系中"协调增长"的情况下，这就是 2018 年全国文化投入增长的应然差距。

（二）教科文卫投入增长系数检测

在相关的众多数据组里，其次需要提取全国教科文卫综合投入历年数据与财政支出历年数据加以比较，检测 2000～2018 年教科文卫投入占财政支出比变动态势，并将此项比值界定为"教科文卫投入增长系数"。

确定教科文卫综合投入的应有地位和分量也必须寻找事实依据，多年以来国家发展教科文卫事业的政策、公共财政支出就此形成的历年分配比重就是最好的参照系。何况，本项研究测评的分析已经表明，2000年以来教科文卫综合投入已经在公共财政支出分配中占据优先增长地位，以此作为"第一手"依据理所当然。

2000年以来全国教科文卫投入占财政支出比变动态势见图9。

	2000年	2005年	2010年	2014年	2015年	2016年	2017年	2018年
教科文卫投入总量	273.7	610.4	2214.7	4122.4	4716.4	5095.9	5526.3	5965.8
财政支出总量	1588.7	3393.0	8987.4	15178.6	17587.8	18775.5	20308.5	22090.4
财政支出年增	1.2046	1.1911	1.1779	1.0825	1.1587	1.0675	1.0817	1.0877
教科文卫投入占比	17.23	17.99	24.64	27.16	26.82	27.14	27.21	27.01

图9 2000年以来全国教科文卫投入占财政支出比变动态势

左轴面积：教科文卫综合投入总量、财政支出总量（10亿元转换为%，增长演算取亿元），二者历年变动呈直观比例。右轴曲线：财政支出年增指数（上年＝1，小于1为负增长）；教科文卫综合投入占财政支出比（%）。

2000~2018年，全国财政支出总量由15887亿元增至220904亿元，总增长1290.47%，年均增长15.75%。最高增长年度为2008年，增长25.74%；最低增长年度为2016年，增长6.75%。

在此期间，全国教科文卫综合投入总量年均增长高于财政支出年增2.92个百分点，由历年二者不同增长关系变化所致，全国教科文卫综合投入占财政支出比从17.23%增高至27.01%，上升9.78个百分点。

分时期考察，全国此项比值"十五"前后（2000年与2005年）对比，上升0.76个百分点；"十一五"前后（2005年与2010年）对比，上升

6.65 个百分点；"十二五"以来（2010 年与 2018 年）对比，上升 2.37 个百分点。最高（最佳）比值为 2012 年的 27.95%，最低比值为 2000 年的17.23%。

2000 年以来，教科文卫综合投入增长处于十分明确的优势地位，尤其是进入"十一五"以后，教科文卫综合投入增长的优势地位更加显著。还应当注意，党的十七大之后我国进入公共服务和社会保障体系建设、民生发展新阶段，文化投入加快增长势必对教科文卫综合投入增长起到推动作用。在一段时期以来我国公共财政支出当中，教科文卫综合投入优先增长已是显而易见的事实。

就此同样假定，如果全国教科文卫综合投入占财政支出比在 2012 年出现的最佳比值 27.95% 得以持续保持，那么 2018 年全国教科文卫综合投入总量应为现有实际值 59657.53 亿元的 103.51%，达到 61751.51 亿元；再假设文化投入占教科文卫综合投入比实现 2005 年最佳比值 11.52%，那么2018 年全国文化投入总量应为现有实际值 3537.86 亿元的 201.13%，达到7115.70 亿元。在假设文化投入在教科文卫相邻关系中、教科文卫综合投入在财政支出中保持"协调增长"的情况下，这就是 2018 年全国文化投入增长的应然差距。

（三）财政支出增长系数检测

在相关的众多数据组里，最后需要提取全国财政支出历年数据与产值历年数据加以比较，检测 2000~2018 年财政支出与产值比变动态势，并将此项比值界定为"财政支出增长系数"。

确定财政支出对于产值（国民总收入近似值）的应有比重同样必须寻找事实依据，这里把历年财政支出与产值的实际相对比值当作重要参照系，以此作为"第一手"依据顺理成章。多年以来我国中央财政及地方财政在绝大部分年度皆出现赤字，即财政支出大于财政收入，财政预算平衡的复杂问题留给相关部门及相应专家，在此不涉及。

2000 年以来全国财政支出与产值比变动态势见图 10。

	2000年	2005年	2010年	2014年	2015年	2016年	2017年	2018年
财政支出总量	1588.7	3393.0	8987.4	15178.6	17587.8	18775.5	20308.5	22090.4
产值总量	10028.0	18731.9	41211.9	64128.1	68599.3	74006.1	82075.4	90031.0
产值年增	1.1073	1.1574	1.1825	1.0815	1.0697	1.0788	1.1090	1.0969
财政支出与产值比	15.84	18.11	21.81	23.67	25.64	25.37	24.74	24.54

图10 2000年以来全国财政支出与产值比变动态势

左轴面积：财政支出总量、产值总量（10亿元转换为%，增长演算取亿元），二者历年变动呈直观比例。右轴曲线：产值年增指数（上年＝1，小于1为负增长）；财政支出与产值比（%）。

2000～2018年，全国产值总量由100280亿元增至900310亿元，总增长797.80%，年均增长12.97%。最高增长年度为2007年，增长23.08%；最低增长年度为2015年，增长6.97%。

在此期间，全国财政支出总量年均增长高于产值年增2.78个百分点。由历年二者不同增长关系变化所致，全国财政支出与产值比从15.84%增高至24.54%，上升8.70个百分点。

分时期考察，全国此项比值"十五"前后（2000年与2005年）对比，上升2.27个百分点；"十一五"前后（2005年与2010年）对比，上升3.70个百分点；"十二五"以来（2010年与2018年）对比，上升2.73个百分点。最高（最佳）比值为2015年的25.64%，最低比值为2000年的15.84%。

就此继续假定，如果全国财政支出与产值比在2015年出现的最佳比值25.64%得以持续保持，那么2018年全国财政支出总量应为现有实际值220904.13亿元的104.49%，达到230822.73亿元；再假设教科文卫综合投入占财政支出比实现2012年最佳比值27.95%，继续假设文化投入占教科文卫综合投入比实现2005年最佳比值11.52%，那么2018年全国文化投入总量应为现有实际值3537.86亿元的210.16%，达到7435.20亿元。在假设文化投入与教科文卫相邻关系、教科文卫综合投入与财政支出关系、财政支出与产值关系实现三重最佳比值的情况下，这就是2018年全国文化投入增长的应然差距。

全国教育投入在2012年实现法定"产值4%"的指标要求，文化投入能否形成法规指标？本项检测至此其实已经得出具有关联性的系列参考指标建议：全国文化投入达到与产值比0.83%，或占财政支出比3.22%，或占教科文卫综合投入比11.52%，就有可能实现2000年以来历年相关各项最佳比值协调增长。

假如各地均能够实现各自2000年以来最佳比值协调增长，那么文化投入人均值地区差将普遍明显缩小，为下一步追求文化投入地区均等打下基础。促成经济增长、财政增收、财政支出增多与公共文化投入增长很好协调的约束机制，推进公共文化投入和公共文化服务地区均等、促进民生的可行机制和必要体制，正是本项研究测评的最终目的。

五　至2020年全国文化投入增长目标测算

检测出当前数据年度全国文化投入增长的应然差距只是一个铺垫，目的是要据此推演至2020年全国文化投入增长的应然目标。这样一来，就可以测算达到增长目标所需的年均增长率，以此作为指标衡量达到增长目标的距离，实质上就是消除差距的增长难易程度，从而在各地之间进行排行比较。

2018~2020年全国文化投入预期增长测算见图11。

（一）保持既往年均增长率测算

按照2000~2018年年均增长率进行"自然"推算，到2020年全国文化投入总量将达到4653.33亿元，所需年均增长率自然同前一样为14.69%。

	2018年	2019年	2020年
（1）年均增长测算	3537.86	4057.44	4653.33
（2）均增-产值年增7%	3537.86	3843.10	4174.67
（3）最佳比值测算	3537.86	5793.90	9488.58
（4）最佳-产值年增7%	3537.86	5487.83	8512.56
（5）地区均等测算	3537.86	9033.37	23065.29
（6）均等-产值年增7%	3537.86	8524.78	20541.21

图11　2018～2020年全国文化投入预期增长测算

左轴：假定情况下文化投入增长总量（亿元）。假设各类数值按2000～2018年年均增长率持续至2020年，则所需年均增长（1）14.69%，（3）63.77%，（5）155.33%；假设产值增长率取7%持续至2020年，则所需年均增长（2）8.63%，（4）55.12%，（6）140.96%。

如果至2020年产值年均增长率控制在7%，再假设文化投入与产值比维持既往互动关系不变，那么全国文化投入总量将达到4174.67亿元，所需年均增长率仅为8.63%，低于既往年均增速则更易于实现。

此项测算属于"自然增长"测算，即基于此前历年各项数据年均增长率，不予加权地"顺延平推"未来年度增长目标。实际说来，这是未来年度或然增长概率最高的一种预测，既往年度数据积累越多，用于预测未来年度增长的准确率越高。

以气象记录及其灾害预测来做说明。常见有某种灾害"多少年一遇"之言，即"多少年"统计才得一见的极端情况。此处测算相反取"多少年"平均，符合统计概率的"大数规律"。这就如同抽样调查样本大小直接影响结果的置信度和精确性一样，作为演算基础的数组范围越庞大，所得出的平均值越精准。

（二）多重最佳比值增长目标测算

依据 2000～2018 年文化投入增长系数、教科文卫投入增长系数、财政支出增长系数三项最佳比值进行"应然"推算，到 2020 年全国文化投入总量应达到 9488.58 亿元，所需年均增长率为 63.77%，以此衡量增长"难度"为既往增速的 434.21%。

如果至 2020 年产值年均增长率控制在 7%，再假设文化投入与产值比维持既往互动关系不变，那么全国文化投入总量应达到 8512.56 亿元，所需年均增长率为 55.12%，即既往年均增速的 375.30%。

此项测算属于"应然增长"测算，基于此前相关数据历年最佳比值，以"理当如此"推理加权方式演算未来年度增长目标。这是未来年度增长有必要尽快实现的"应然目标"测算，据以展开推导演算的最佳比值皆来源于自身历年实然数据，以往曾经做到，目前未能做到已属"亏欠"，今后理应及时做到。

事实上，在多重最佳比值检测当中，就全国和绝大部分地区而言，仅有文化投入增长系数发生"亏欠"，而教科文卫投入增长系数、财政支出增长系数均呈向好发展之势，已经、正在并将继续逐渐化解、最终抵消前者的"亏欠"程度。这就是说，对于全国和绝大部分地区来说，三项最佳比值增长测算实则仅归结为一项，另外两项反过来起到缓解调节作用。

（三）人均值地区均等增长目标测算

在 2000～2018 年多重最佳比值测算基础上，再依照北京文化投入人均测算值进行地区均等"理想"推算，到 2020 年全国文化投入总量应达到 23065.29 亿元，所需年均增长率为 155.33%，以此衡量增长"难度"为既往增速的 1057.69%。

如果至 2020 年产值年均增长率控制在 7%，再假设文化投入与产值比维持既往互动关系不变（其实出现微小误差，由取北京人均值反推全国均等测算所致，未能涉及未来人口基数增长及其分布变化），那么全国文化投入总量应达到 20541.21 亿元，所需年均增长率为 140.96%，即既往年均增速的 959.81%。

此项测算属于"理想增长"测算，即基于"基本公共服务均等化"的理念，以"理想化"设想或"理论值"方式演算未来年度增长目标。实事求是地说，这是未来很长一段时期努力追求的"理想目标"测算，主要是为了衡量全国及各地现实与理想的差距，并不意味着至 2020 年就能够实现。

现实状况已经显示，2000 年以来，全国和绝大部分地区文化投入人均值地区差指数虽有起伏变化，但总体呈现为增大态势，不能期待到 2020 年已不多的几年之内彻底弥合差距。应该承认，尽快扼制文化投入人均值地区差"逆动"扩大之势，有效缩小地区之间的增长差距，争取使地区差指数"回归"2000 年以来最小值，这样的期待或许更为符合实际。

技术报告与综合分析

Technical Report and Comprehensive Analysis

B.2

中国公共文化投入增长测评
体系技术报告

——兼 2000~2018 年基本态势分析

王亚南 方 彧 魏海燕*

摘 要： 本文作为"中国公共文化投入增长测评体系"技术报告，基于所能利用的 2000~2018 年相关数据，对基础数据来源、数据推演方法、相应数值关系、测评体系构思、具体指标测算加以说明，对各类数据事实所反映出来的全国及各地文化投入增长相关态势进行分析。测评体系意在把文化投入增长放到经济、财政增长相关背景中，放到教科文卫投入增长的相

---

* 王亚南，云南省社会科学院研究员，文化发展研究中心主任，主要研究方向为民俗学、民族学及文化理论、文化战略和文化产业；方彧，中国老龄科学研究中心副研究员，中国社会科学院博士，主要研究方向为口头传统、老龄文化和文化产业；魏海燕，云南省政协信息中心主任编辑，主要从事传媒信息分析研究。

邻关系中，放到与居民文化消费占比的同构关联中，放到文化投入人均值地区差的差距检测中，全面检验各方面增长的协调性和均衡性，从而得出现行统计制度下适用的综合评价指数，并实现演算过程的通约性和演算结果的可比性，可供重复验证。

关键词： 文化投入 增长态势 综合检测 测评指标

本文系"中国公共文化投入增长测评体系"技术报告。本系列研究从"文化消费需求景气评价"起步，经"文化产业供需协调检测"延伸，到"公共文化投入增长测评"拓展，大致已形成相对自成一体的系列。当初研创"文化消费需求景气评价"，面对的是亿万城乡生民，从无到有填空补缺；随后研创"公共文化投入增长测评"，面对的是各级政府财政，众目关注难以把握。为此，本项测评体系演算数据库早已建成，却悄然试运行多时方于2015年首次出版书稿，现为第6个年度卷。

必须承认，凭借已有"中国文化消费需求景气评价体系""中国文化产业供需协调检测体系"多年积累的方法论基础和技术性经验，"中国公共文化投入增长测评体系"的构思设计相应少了一些冥思苦想的周折，多了一些参考移植的便当，当然，更希望从一开始就显得较为成熟。

一 基础数据来源及其演算方法

本项测评体系采用的基础数据包括：全国和各地产值、财政收入与支出；全国和各地教育、科技、文化、卫生投入，以及教科文卫四个方面合计的综合投入（早年统计即为"文教、科学、卫生事业费"）；所有这些数据的人均值演算结果，用以检验全国和各地这些方面增长的协调性、均衡性；最后与"中国文化消费需求景气评价体系"形成互动，调用居民收入与总消费、文化消费数据，对应检测文化消费与投入占居民收入、支出比的同构可比关系。

本项研究不涉及财政、预算、会计、统计诸学科的理论和方法，按照公众知识对于"公器常理"的认知逻辑进行推演，同时避免使用数理分析的符号和公式，字面上立足于日常使用的"自然语言"，力求让接受过义务教育的普通公民能够看明白。这就需要把数理逻辑梳理、数据关系分析、指标系统运算置于后台数据库之中，转变为数据库运行的程序语言和演算函数，交给恪守"机械逻辑"的计算机去处理。

"中国公共文化投入增长测评体系"数据来源、具体出处及相关演算见表1。

鉴于相关细节已在表1中交代得十分清楚，尚需补充说明的是，演算各项数据的基本方法和程序，包括演算各类人均值必需的人口参数处理，特别是本项研究独创的地区差指数演算方式，可见《中国文化消费需求景气评价报告》一书技术报告，在此当属"自引"而不必再予注明。

表1　"中国公共文化投入增长测评体系"数据来源、具体出处及相关演算

序号	数据内容	数据来源	全国数据出处	省域数据出处
1	产值总量及其人均值	《中国统计年鉴》历年卷	三、国民经济核算，3~1国内生产总值	三、国民经济核算，3~9地区生产总值和指数，3~10人均地区生产总值和指数
2	财政收入总量		七、财政，7~2中央和地方一般公共预算主要收入项目	七、财政，7~5分地区一般公共预算收入
3	财政支出总量		七、财政，7~3中央和地方一般公共预算主要支出项目	七、财政，7~6分地区一般公共预算支出
4	教育投入总量			
5	科技投入总量			
6	文化投入总量			
7	卫生投入总量			
8	教科文卫综合投入总量		第4~7类数据之和，早年统计项即为"文教、科学、卫生事业费"同一个大类	
9	东、中、西部和东北整体数据		引入相应所属省域人口参数，用于全部各类数据演算	

续表

序号	数据内容	数据来源	全国数据出处	省域数据出处
10	以上第2~9类数据人均值		引入人口参数演算,使各地之间更具可比性,并测算人均值地区差指数	
11	文化消费占居民收入、支出比		与"文化消费需求景气评价体系"同步互动,检测与文化投入占财政收入、支出比倍差指数	

注:①数据具体出处章号章名、表号表名以《中国统计年鉴》2015年卷(2014年统计数据)为准;②文化投入数据项为"文化体育与传媒",涵括现行文化、新闻出版广电、体育三个行政管理系统投入;③省域指除港澳台外31个省、自治区、直辖市;④另需说明相关后台演算:2014年以来年鉴始发布城乡综合演算民生人均值数据,经两年使用验证,此类人均值与总量数据之间存在演算误差,对应产值人均值和总量(同为年鉴发布)分别演算居民收入比、消费率等均有出入,因而本项检测回归采用自行演算城乡人均值展开文化消费占居民收入、支出比测算,以保证数据库测算模型的规范性及其历年通行测评的标准化。

借助本项测评体系强大的后台数据库演算功能,本文将对全国及各地2000~2018年文化投入增长相关基本态势同时展开全面分析,方法论和技术性阐释尽量从简,而主要通过实际分析应用具体体现出来。与早年"从头起步"探索建立"文化消费需求景气评价"和"文化产业供需协调检测"数据库相比,而今"举一反三"改进新建"公共文化投入增长测评"数据库更加突出应用性和实用性。力避以往文化研究的"纯"人文风格"言辞意蕴",力求贴近数理科学的"准"精密方法"标准检测",正是本项研究与评价奉行的宗旨。

二 数量指标子系统及其测算方式

全国及各地文化投入总量、人均绝对值为基础数据,不仅本身数值高低具有决定性意义,而且影响到随后一切列联分析、加权分析衍生数值的高低。文化投入总量数据转换为占全国份额值进行演算,人均值则直接进入演算,并且成为地区差指数演算的依据。

(一)文化投入总量(份额)值

2000~2018年全国文化投入总量及北京份额变动态势见图1。为了方便阐释全国总量与各地份额值关系，图1中举例附加北京数据。

2000～2018 年，全国文化投入总量增长 1078.15%，年均增长 14.69%。其中，"十五"期间，全国总量增长 134.24%，年均增长 18.56%；"十一五"期间，全国总量增长 119.32%，年均增长 17.01%；"十二五"以来，全国总量增长 129.33%，年均增长 10.93%。全国文化投入总量最高增长年度为 2009 年，增长率为 27.14%；最低增长年度为 2016 年，增长率为 2.81%。

	2000年	2005年	2010年	2014年	2015年	2016年	2017年	2018年
全国文化投入总量	300.29	703.40	1542.70	2691.48	3076.64	3163.08	3391.93	3537.86
北京文化投入总量	9.26	25.08	79.36	163.90	188.50	198.35	208.96	245.43
全国总量年增	1.0866	1.1980	1.1074	1.0578	1.1431	1.0281	1.0724	1.0430
北京占全国份额	3.0837	3.5655	5.1442	6.0896	6.1268	6.2708	6.1605	6.9372

图1　2000～2018 年全国文化投入总量及北京份额变动态势

左轴面积：全国、北京文化投入总量（亿元转换为%），二者历年变动呈直观比例。右轴曲线：全国总量年度增长（上年＝1，保留4位小数，正文转换为2位小数增长百分比，后同）；北京占全国份额（%，保留4位小数）。

各地文化投入总量绝对值本身可比性不强，但总量增长幅度及其占全国份额变化则可比性较强，而总量年均增长与份额增减变化是联系在一起的。各地文化投入总量占全国份额升降变化，取决于全国与当地两个方面的增长差异。图1中以北京为例。

同期，北京文化投入总量增长 2550.43%，年均增长 19.97%，高于全国年均增长 5.28 个百分点。2000 年以来，北京文化投入总量占全国份额由 3.08% 上升为 6.94%。其中，"十五"期间，北京总量增长 170.84%，年均增长 22.05%；

"十一五"期间，北京总量增长 216.43%，年均增长 25.91%；"十二五"以来，北京总量增长 209.26%，年均增长 15.16%。北京文化投入总量最高增长年度为 2007 年，增长率为 72.74%；最低增长年度为 2016 年，增长率为 5.23%。

此项指标测算中，全国文化投入总量自为基准（横向与纵向测评全国皆为 100，使用百分制便于正文按惯例保留 2 位小数表达），各地以自身总量占全国份额及其历年变化来衡量。

各年度横向测评以全国总量为基准 100。2018 年测算东部为 44.64，东北为 5.31，中部为 17.03，西部为 25.07（另中央本级财政为 7.95，与四大区域合计数出现小数误差，源于基础数据总量合计存在微小误差，可见本书 B.4 一文表 1）。31 个省域总量份额高低依次为广东、北京、江苏、上海、浙江、四川、山东、湖南、陕西、河北、湖北、内蒙古、河南、山西、福建、安徽、江西、新疆、甘肃、云南、辽宁、吉林、广西、贵州、天津、重庆、海南、黑龙江、西藏、青海、宁夏。其中，广东处于首位，份额指标测算值为 9.10；宁夏处于末位，份额指标测算值为 0.66。

此项指标横向测评好比"不论年龄比高矮"，人口大省和先发强省占据优势。

各时段纵向测评以起点年自身指标数值为基数。当前数据年度测评各自以上一年为 100，至 2018 年东部为 103.68，东北为 85.56，中部为 101.49，西部为 96.54。12 个省域总量增长高于全国平均增长，份额上升而测算值"加分"；19 个省域总量增长低于全国平均增长，份额下降而测算值"减分"。其中，海南处于首位，份额指标测算值为 152.08；辽宁处于末位，份额指标测算值为 79.40。

此项指标纵向测评好比"不论高矮比成长"，大省与小省、先发地区与后发地区自比既往年度。

（二）文化投入人均值

2000~2018 年全国文化投入人均值及重庆地区差变动态势见图 2。为了方便阐释全国与各地人均值关系，图 2 中举例附加重庆数据。

	2000年	2005年	2010年	2014年	2015年	2016年	2017年	2018年
全国文化投入人均值	23.78	53.95	115.31	197.28	224.37	229.43	244.66	254.02
重庆文化投入人均值	10.94	35.26	83.70	120.85	156.49	158.23	159.68	159.64
全国人均值年增	1.0781	1.1910	1.1021	1.0525	1.1373	1.0225	1.0664	1.0383
重庆人均值地区差	1.5399	1.3464	1.2742	1.3874	1.3025	1.3103	1.3474	1.3715

图2 2000~2018年全国文化投入人均值及重庆地区差变动态势

　　左轴面积：全国、重庆文化投入人均值（元转换为%），二者历年变动呈直观比例。右轴曲
线：全国人均值年度增长（上年＝1，由于历年人口增长，人均值年增指数略低于总量年增指数）；
重庆人均值地区差指数（无差距＝1，保留4位小数检测细微差异，后同）。

　　2000~2018年，全国文化投入人均值总增长968.21%，年均增长
14.06%。其中，"十五"期间，全国人均值总增长126.87%，年均增长
17.80%；"十一五"期间，全国人均值总增长113.73%，年均增长
16.41%；"十二五"以来，全国人均值总增长120.29%，年均增长
10.38%。全国文化投入人均值最高增长年度为2009年，增长率为
26.49%；最低增长年度为2016年，增长率为2.25%。

　　各地文化投入人均值具有很强的可比性，当今追求"公共文化服务均
等化"理想，公共文化投入的均等化应当成为重要前提，而这一点有必要
以人均值来衡量。各地文化投入人均值升降变化，同样需要与全国人均值形
成对比。图2中以重庆为例。

　　同期，重庆文化投入人均值总增长1359.23%，年均增长16.06%，高
于全国年均增长2.00个百分点。2000年以来，重庆文化投入人均值与全国

人均值之比由 46.01% 上升为 62.85%，地区差由 1.5399 缩小为 1.3715。其中，"十五"期间，重庆人均值总增长 222.30%，年均增长 26.37%；"十一五"期间，重庆人均值总增长 137.38%，年均增长 18.87%；"十二五"以来，重庆人均值总增长 90.73%，年均增长 8.41%，各时段增长率未能保持稳定。重庆文化投入人均值最高增长年度为 2008 年，增长 55.50%；最低增长年度为 2007 年，下降 13.12%。

各年度横向测评以全国人均值为基准 100。2018 年测算东部为 116.09，东北为 68.19，中部为 64.09，西部为 92.31。14 个省域人均值高于全国人均值，测算值"加分"；17 个省域人均值低于全国人均值，测算值"减分"。其中，西藏处于首位，人均值指标测算值为 532.11；河南处于末位，人均值指标测算值为 42.33。

由于中央财政专项转移支付的倾斜政策，此项指标的横向测评并非先发的强省占据优势。然而，应当注意，以文化投入人均值加以检验，中部"文化塌陷"凸显出来。

各时段纵向测评以起点年自身指标数值为基数。当前数据年度测评各自以上一年为 100，至 2018 年全国为 103.83，东部为 107.34，东北为 89.55，中部为 105.28，西部为 99.98。12 个省域人均值增长高于全国平均增长，测算值"加分"高于全国总体；19 个省域人均值增长低于全国平均增长，测算值"加分"低于全国总体。其中，海南处于首位，人均值指标测算值为 157.17；辽宁处于末位，人均值指标测算值为 83.00。

由于全国及各地文化投入普遍显著增长，以人均值来衡量尤其明显，此项指标的纵向测评多为明显"加分"，只有个别地区在某一时段例外，当然各地之间还存在较大差异。

三 质量指标子系统及其测算方式

无论是文化投入总量值，还是文化投入人均值，均为绝对值，绝对值的可比性毕竟不如关系值。一般说来，绝对值只能对比数量差距，而关系值往往能够揭示质量差异。在本项研究中，重视关系值一向甚于绝对值。

（一）文化投入背景关系值

文化投入增长的背后，无疑是经济增长和财政收入、支出增长，因此文化投入数据需要放到产值和财政收支数据的背景关系中开展考察，于是就有了背景关系值列联分析的相应衍生数据，从中检验文化投入增长与产值增长、财政收支增长之间的协调性。

1. 文化投入与产值比

2000～2018 年全国文化投入与产值关系变动态势见图 3。图 3 中将全国历年产值总量、文化投入总量绝对值转换为图形面积直观比例，并设置动态曲线标明文化投入与产值比历年变动态势，另附产值人均值地区差指数历年变化状况。

2000～2018 年，全国产值总量增长 797.80%，年均增长 12.97%，低于文化投入年增 1.72 个百分点。其中，全国产值总量"十五"期间增长 86.80%，年均增长 13.31%；"十一五"期间增长 120.01%，年均增长 17.08%；"十二五"以来增长 118.46%，年均增长 10.26%。全国产值总量最高增长年度为 2007 年，增长率为 23.08%；最低增长年度为 2015 年，增长率为 6.97%。

产值人均值地区差指数检验全国各地之间经济增长的均衡性。2000 年以来，全国产值人均值地区差由 1.4929 缩小为 1.3432。产值人均值地区差指数最大值为 2003 年的 1.5023，最小值为 2018 年的 1.3432，这表明全国各地之间经济增长的均衡性提升。

全国文化投入与产值比升降变化，取决于产值总量与文化投入总量两个方面的历年增长差异。对照图 1 全国文化投入总量历年增长动态，可以准确把握文化投入与产值之间相关性比值的变化态势。

同期，全国文化投入与产值比由 0.30% 上升为 0.39%，提高 0.09 个百分点。其中，"十五"期间提高 0.08 个百分点，"十一五"期间降低 0.0012

	2000年	2005年	2010年	2014年	2015年	2016年	2017年	2018年
文化投入总量	300.29	703.40	1542.70	2691.48	3076.64	3163.08	3391.93	3537.86
产值总量	10028.0	18731.9	41211.9	64128.1	68599.3	74006.1	82075.4	90031.0
二者比值	0.2994	0.3755	0.3743	0.4197	0.4485	0.4274	0.4133	0.3930
产值人均值地区差	1.4929	1.5008	1.4112	1.3537	1.3563	1.3572	1.3495	1.3432

图3　2000～2018年全国文化投入与产值关系变动态势

左轴面积：全国文化投入总量（亿元）、产值总量（10亿元，增长演算取亿元，绝对值转换为%），二者历年变动呈直观比例（文化投入图形比例放大至10倍以便显示）。右轴曲线：二者相对比值（%），比值过小保留4位小数（后同）；附产值人均值地区差指数（无差距＝1）。另需说明，国家统计局虽已公布第四次全国经济普查对于2018年全国产值修订数据，但未公布相应各地修订数据，因而仍统一采用《中国统计年鉴》2019年卷发布的全国及各地产值"初步核算数"，留待《中国统计年鉴》2020年卷发布时再统一修订。

个百分点，"十二五"以来提高0.02个百分点。这表明，2000年以来全国文化投入增长超越了经济增长。全国文化投入与产值比最低值为2000年的0.30%，最高值为2015年的0.45%。

各年度横向测评以全国总体比值为基准100。2018年测算东部为83.56，东北为84.32，中部为79.58，西部为122.47。14个省域此项比值高于全国总体比值，测算值"加分"；17个省域此项比值低于全国总体比值，测算值"减分"。其中，西藏处于首位，此项比值指标测算值为792.64；山东处于末位，此项比值指标测算值为51.09。

由于中央财政支持经济增长滞后地区的专项转移支付政策，在此项指标的横向测评中，经济增长"领先"的强省并不一定占据优势。

各时段纵向测评以起点年自身指标数值为基数。当前数据年度测评各自以上一年为100，至2018年全国为95.09，东部为100.69，东北为85.32，中部为96.97，西部为92.10。仅有9个省域此项比值上升，测算值"加分"；22个省域此项比值下降，测算值"减分"。其中，海南处于首位，此项比值指标测算值为146.50；辽宁处于末位，此项比值指标测算值为76.59。

由于全国及各地文化投入增长普遍超越了经济增长，此项指标的纵向测评多为"加分"，少数地区则为"减分"。

2. 文化投入占财政收入比

2000～2018年全国文化投入与财政收入关系变动态势见图4。图4中将全国历年财政收入总量、文化投入总量绝对值转换为图形面积直观比例，并设置动态曲线标明文化投入占财政收入比历年变动态势，另附财政收入人均值地区差指数历年变化状况。

	2000年	2005年	2010年	2014年	2015年	2016年	2017年	2018年
文化投入总量	300.29	703.40	1542.70	2691.48	3076.64	3163.08	3391.93	3537.86
财政收入总量	1339.52	3164.93	8310.15	14037.00	15226.92	15960.50	17259.28	18335.98
二者比值	2.2417	2.2225	1.8564	1.9174	2.0205	1.9818	1.9653	1.9295
财政收入人均值地区差	1.6706	1.6961	1.6116	1.5414	1.5603	1.5760	1.5741	1.5641

图4 2000～2018年全国文化投入与财政收入关系变动态势

左轴面积：全国文化投入总量（亿元）、财政收入总量（10亿元，增长演算取亿元，绝对值转换为%），二者历年变动呈直观比例（文化投入图形比例放大至10倍以便显示）。右轴曲线：二者相对比值（%）；附财政收入人均值地区差指数（无差距=1）。

2000～2018年，全国财政收入总量增长1268.87%，年均增长15.65%，高于文化投入年增0.96个百分点。其中，全国财政收入总量"十五"期间增长 136.27%，年均增长 18.76%；"十一五"期间增长 162.57%，年均增长 21.30%；"十二五"以来增长 120.64%，年均增长 10.40%。全国财政收入总量最高增长年度为 2007 年，增长率为 32.41%；最低增长年度为 2016 年，增长率为 4.82%。

财政收入人均值地区差指数检验全国各地之间财政收入增长的均衡性。2000 年以来，全国财政收入人均值地区差由 1.6706 缩小为 1.5641。地区差指数最大值为 2004 年的 1.7037，最小值为 2014 年的 1.5414，这表明全国各地之间财政收入增长的均衡性提升。

全国文化投入占财政收入比升降变化，取决于财政收入总量与文化投入总量两个方面的历年增长差异。对照图 1 全国文化投入总量历年增长动态，可以准确把握文化投入与财政收入之间相关性比值的变化态势。

同期，全国文化投入占财政收入比由 2.24% 下降为 1.93%，降低 0.31 个百分点。其中，"十五"期间降低 0.02 个百分点，"十一五"期间降低 0.37 个百分点，"十二五"以来提高 0.07 个百分点。这表明，2000 年以来全国文化投入增长滞后于财政收入增长。全国文化投入占财政收入比最高值为 2002 年的 2.27%，最低值为 2007 年的 1.75%。

各年度横向测评以全国总体比值为基准 100。2018 年测算东部为 145.92，东北为 189.61，中部为 176.92，西部为 241.65。全部 31 个省域此项比值高于全国总体比值，测算值"加分"。其中，西藏处于首位，此项比值指标测算值为 1035.52；重庆处于末位，此项比值指标测算值为 112.80。

由于中央财政支持财政收入增长滞后地区的专项转移支付政策，在此项指标的横向测评中，财政收入"领先"增长的先发地区并不一定占据优势。

各时段纵向测评以起点年自身指标数值为基数。当前数据年度测评各自以上一年为 100，至 2018 年全国为 98.18，东部为 101.21，东北为 84.17，中部为 98.01，西部为 94.16。11 个省域此项比值上升，测算值"加分"；20 个省域此项比值下降，测算值"减分"。其中，海南处于首位，此项比值指标测算值为 142.06；辽宁处于末位，此项比值指标测算值为 75.75。

由于全国及各地文化投入增长普遍滞后于财政收入增长，此项指标的纵向测评多为"减分"，少数地区则为"加分"。

3. 文化投入占财政支出比

2000～2018年全国文化投入与财政支出关系变动态势见图5。图5中将全国历年财政支出总量、文化投入总量绝对值转换为图形面积直观比例，并设置动态曲线标明文化投入占财政支出比历年变动态势，另附财政支出人均值地区差指数历年变化状况。

	2000年	2005年	2010年	2014年	2015年	2016年	2017年	2018年
文化投入总量	300.29	703.40	1542.70	2691.48	3076.64	3163.08	3391.93	3537.86
财政支出总量	1588.65	3393.03	8987.42	15178.56	17587.78	18775.52	20308.55	22090.41
二者比值	1.8902	2.0731	1.7165	1.7732	1.7493	1.6847	1.6702	1.6015
财政支出人均值地区差	1.4835	1.4717	1.3899	1.3734	1.3767	1.3967	1.3730	1.3763

图5 2000～2018年全国文化投入与财政支出关系变动态势

左轴面积：全国文化投入总量（亿元）、财政支出总量（10亿元，增长演算取亿元，绝对值转换为%），二者历年变动呈直观比例（文化投入图形比例放大至10倍以便显示）。右轴曲线：二者相对比值（%）；附财政支出人均值地区差指数（无差距＝1）。

2000～2018年，全国财政支出总量增长1290.47%，年均增长15.75%，高于文化投入年增1.06个百分点。其中，全国财政支出总量"十五"期间增长113.57%，年均增长16.39%；"十一五"期间增长164.88%，年均增长21.51%；"十二五"以来增长145.79%，年均增长11.90%。全国财政支出总量最高增长年度为2008年，增长率为25.74%；最低增长年度为

2016 年，增长率为 6.75%。

财政支出人均值地区差指数检验全国各地之间财政支出增长的均衡性。2000 年以来，全国财政支出人均值地区差由 1.4835 缩小为 1.3763。地区差指数最大值为 2002 年的 1.5040，最小值为 2013 年的 1.3711，这表明全国各地之间财政支出增长的均衡性提升。

全国文化投入占财政支出比升降变化，取决于财政支出总量与文化投入总量两个方面的历年增长差异。对照图 1 全国文化投入总量历年增长动态，可以准确把握文化投入与财政支出之间相关性比值的变化态势。

同期，全国文化投入占财政支出比由 1.89% 下降为 1.60%，降低 0.29 个百分点。其中，"十五"期间提高 0.18 个百分点，"十一五"期间降低 0.36 个百分点，"十二五"以来降低 0.12 个百分点。这表明，2000 年以来全国文化投入增长滞后于财政支出增长。全国文化投入占财政支出比最高值为 2006 年的 2.08%，最低值为 2018 年的 1.60%。

各年度横向测评以全国总体比值为基准 100。2018 年测算东部为 124.36，东北为 85.05，中部为 92.93，西部为 101.39。17 个省域此项比值高于全国总体比值，测算值"加分"；14 个省域此项比值低于全国总体比值，测算值"减分"。其中，北京处于首位，此项比值指标测算值为 205.11；黑龙江处于末位，此项比值指标测算值为 61.68。

由于中央财政支持欠发达地区的转移支付政策（计入当地财政支出），在此项指标的横向测评中，发达地区与欠发达地区并无泾渭分明的差异。

各时段纵向测评以起点年自身指标数值为基数。当前数据年度测评各自以上一年为 100，至 2018 年全国为 95.89，东部为 99.38，东北为 85.64，中部为 96.65，西部为 92.47。仅有 5 个省域此项比值上升，测算值"加分"；26 个省域此项比值下降，测算值"减分"。其中，海南处于首位，此项比值指标测算值为 135.42；辽宁处于末位，此项比值指标测算值为 75.71。

由于全国及各地文化投入增长普遍滞后于财政支出增长，此项指标的纵向测评多为"减分"，少数地区则为"加分"。

（二）文化投入相邻关系值

在财政预算里，教科文卫投入具有密切的相邻关系，甚至早年直接作为财政支出的一个综合大类。鉴于文化投入与教育、科技、卫生投入的这种相邻关系，其间的"毗邻可比性"抑或可曰"兄弟可比性"强于其他任何方面。

1. 文化投入与教育投入比

教育事业的最大基底是义务教育，国家有义务面向全体国民举办基础教育，当前全国统一政策范围涵括小学和初中。2000 年以来在全国范围让乡镇以下农村所谓"民办教育"回归为"公办"，2012 年全国教育投入首次达到法定"与产值比 4%"，都是国家义务的基本要求，距离义务教育阶段教学条件和质量均等化、各地城乡中小学生享受公平教育的目标还差得很远。今后有必要进一步继续加大投入，向全覆盖、均等化的薄弱环节倾斜，早日建成覆盖全国城乡的公平教育体系。与教育投入"硬指标"相比，文化投入或许只是一项"软指标"。

2000～2018 年全国文化投入与教育投入关系变动态势见图 6。图 6 中将全国历年教育投入总量、文化投入总量绝对值转换为图形面积直观比例，并设置动态曲线标明文化投入与教育投入比历年变动态势，另附教育投入人均值地区差指数历年变化状况。

2000～2018 年，全国教育投入总量增长 1718.72%，年均增长 17.49%，高于文化投入年增 2.80 个百分点。其中，全国教育投入总量"十五"期间增长 124.72%，年均增长 17.58%；"十一五"期间增长 215.74%，年均增长 25.85%；"十二五"以来增长 156.33%，年均增长 12.49%。全国教育投入总量最高增长年度为 2007 年，增长率为 48.99%；最低增长年度为 2013 年，增长率为 3.58%。

教育投入人均值地区差指数检验全国各地之间教育投入增长的均衡性。2000 年以来，全国教育投入人均值地区差由 1.4389 缩小为 1.2762。地区差指数最大值为 2000 年的 1.4389，最小值为 2012 年的 1.2497，这表明全国

	2000年	2005年	2010年	2014年	2015年	2016年	2017年	2018年
文化投入总量	300.29	703.40	1542.70	2691.48	3076.64	3163.08	3391.93	3537.86
教育投入总量	1768.75	3974.83	12550.02	23041.71	26271.88	28072.78	30153.18	32169.47
二者比值	16.98	17.70	12.29	11.68	11.71	11.27	11.25	11.00
教育投入人均值地区差	1.4389	1.4112	1.3392	1.2978	1.2868	1.2680	1.2756	1.2762

图6 2000~2018年全国文化投入与教育投入关系变动态势

左轴面积：全国文化投入、教育投入总量（亿元转换为%），二者历年变动呈直观比例。
右轴曲线：二者相对比值（%）；附教育投入人均值地区差指数（无差距=1）。

各地之间教育投入增长的均衡性提升。

全国文化投入与教育投入比升降变化，取决于教育投入总量与文化投入总量两个方面的历年增长差异。对照图1全国文化投入总量历年增长动态，可以准确把握文化投入与教育投入之间相关性比值的变化态势。

同期，全国文化投入与教育投入比由16.98%下降为11.00%，降低5.98个百分点。其中，"十五"期间提高0.72个百分点，"十一五"期间降低5.41个百分点，"十二五"以来降低1.29个百分点。这表明，2000年以来全国文化投入增长滞后于教育投入增长。全国文化投入与教育投入比最高值为2005年的17.70%，最低值为2012年的10.68%。

各年度横向测评以全国总体比值为基准100。2018年测算东部为107.34，东北为99.86，中部为81.12，西部为93.84。15个省域此项比值高于全国总体比值，测算值"加分"；16个省域此项比值低于全国总体比值，测算值"减分"。其中，北京处于首位，此项比值指标测算值为

217.62；贵州处于末位，此项比值指标测算值为56.07。

由于中央财政支持欠发达地区的教育、文化专项转移支付政策，在此项指标的横向测评中，发达地区与欠发达地区并无泾渭分明的差异。

各时段纵向测评以起点年自身指标数值为基数。当前数据年度测评各自以上一年为100，至2018年全国为97.76，东部为100.94，东北为90.14，中部为98.54，西部为94.92。11个省域此项比值上升，测算值"加分"；20个省域此项比值下降，测算值"减分"。其中，海南处于首位，此项比值指标测算值为140.71；新疆处于末位，此项比值指标测算值为81.14。

由于全国及各地文化投入增长普遍滞后于教育投入增长，此项指标的纵向测评多为"减分"，只有少数地区"加分"。

2. 文化投入与科技投入比

"科技是第一生产力"的概括人所共知。加大科技投入不仅直接有利于技术创新发展经济，而且有利于科学、技术领域自身创新，建设创新型国家，增强国际竞争力。与科技投入"强指标"相比，文化投入或许还是一项"弱指标"。

2000～2018年全国文化投入与科技投入关系变动态势见图7。图7中将全国历年科技投入总量、文化投入总量绝对值转换为图形面积直观比例，并设置动态曲线标明文化投入与科技投入比历年变动态势，另附科技投入人均值地区差指数历年变化状况。

2000～2018年，全国科技投入总量增长4696.49%，年均增长23.99%，高于文化投入年增9.30个百分点。其中，全国科技投入总量"十五"期间增长124.14%，年均增长17.52%；"十一五"期间增长735.31%，年均增长52.89%；"十二五"以来增长156.19%，年均增长12.48%。全国科技投入总量最高增长年度为2007年，增长率为268.88%；最低增长年度为2014年，增长率为4.53%。

科技投入人均值地区差指数检验全国各地之间科技投入增长的均衡性。2000年以来，全国科技投入人均值地区差由1.7102缩小为1.6768。地区差指数最大值为2009年的1.8297，最小值为2017年的1.6739，这表明全国

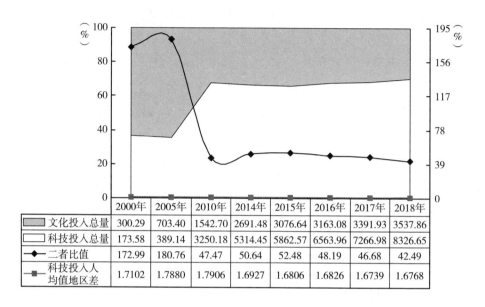

	2000年	2005年	2010年	2014年	2015年	2016年	2017年	2018年
文化投入总量	300.29	703.40	1542.70	2691.48	3076.64	3163.08	3391.93	3537.86
科技投入总量	173.58	389.14	3250.18	5314.45	5862.57	6563.96	7266.98	8326.65
二者比值	172.99	180.76	47.47	50.64	52.48	48.19	46.68	42.49
科技投入人均值地区差	1.7102	1.7880	1.7906	1.6927	1.6806	1.6826	1.6739	1.6768

图7 2000～2018年全国文化投入与科技投入关系变动态势

左轴面积：全国文化投入、科技投入总量（亿元转换为%），二者历年变动呈直观比例。右轴曲线：二者相对比值（%）；附科技投入人均值地区差指数（无差距＝1）。

各地之间科技投入增长的均衡性提升。

全国文化投入与科技投入比升降变化，取决于科技投入总量与文化投入总量两个方面的历年增长差异。对照图1全国文化投入总量历年增长动态，可以准确把握文化投入与科技投入之间相关性比值的变化态势。

同期，全国文化投入与科技投入比由172.99%下降为42.49%，降低130.50个百分点。其中，"十五"期间提高7.77个百分点，"十一五"期间降低133.29个百分点，"十二五"以来降低4.98个百分点。这表明，2000年以来全国文化投入增长滞后于科技投入增长。全国文化投入与科技投入比最高值为2005年的180.76%，最低值为2018年的42.49%。

各年度横向测评以全国总体比值为基准100。2018年测算东部为111.94，东北为284.29，中部为134.39，西部为309.28。27个省域此项比值高于全国总体比值，测算值"加分"；仅有4个省域此项比值低于全国总体比值，测算值"减分"。其中，西藏处于首位，此项比值指标测算值为

1334.70；安徽处于末位，此项比值指标测算值为 63.68。

由于中央财政支持欠发达地区的文化专项转移支付（科技似乎不在列），在此项指标的横向测评中，发达地区与欠发达地区形成泾渭分明的差异。

各时段纵向测评以起点年自身指标数值为基数。当前数据年度测评各自以上一年为 100，至 2018 年全国为 91.03，东部为 91.18，东北为 86.65，中部为 89.73，西部为 88.72。仅有 9 个省域此项比值上升，测算值"加分"；22 个省域此项比值下降，测算值"减分"。其中，海南处于首位，此项比值指标测算值为 131.53；辽宁处于末位，此项比值指标测算值为 63.33。

由于全国及各地文化投入增长普遍滞后于科技投入增长，此项指标的纵向测评多为"减分"，只有少数地区在某一时段"加分"。

3. 文化投入与卫生投入比

全国卫生事业的新发展在于建立全民基本医疗保障体系，并且向着城乡全覆盖、国民均等化的目标努力，继续加大卫生投入势在必行。与卫生投入"硬指标"相比，文化投入或许仍是一项"软指标"。

2000~2018 年全国文化投入与卫生投入关系变动态势见图 8。图 8 中将全国历年卫生投入总量、文化投入总量绝对值转换为图形面积直观比例，并设置动态曲线标明文化投入与卫生投入比历年变动态势，另附卫生投入人均值地区差指数历年变化状况。

2000~2018 年，全国卫生投入总量增长 3060.75%，年均增长 21.15%，高于文化投入年增 6.46 个百分点。其中，全国卫生投入总量"十五"期间增长 109.75%，年均增长 15.97%；"十一五"期间增长 363.37%，年均增长 35.89%；"十二五"以来增长 225.21%，年均增长 15.88%。全国卫生投入总量最高增长年度为 2007 年，增长率为 50.73%；最低增长年度为 2018 年，增长率为 8.12%。

卫生投入人均值地区差指数检验全国各地之间卫生投入增长的均衡性。2000 年以来，全国卫生投入人均值地区差由 1.6569 缩小为 1.2662。地区差指数最大值为 2000 年的 1.6569，最小值为 2014 年的 1.2200，这表明全国各地之间卫生投入增长的均衡性提升。

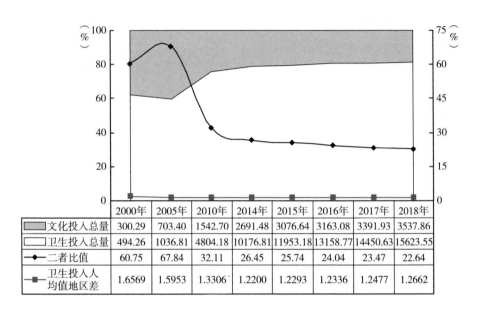

	2000年	2005年	2010年	2014年	2015年	2016年	2017年	2018年
文化投入总量	300.29	703.40	1542.70	2691.48	3076.64	3163.08	3391.93	3537.86
卫生投入总量	494.26	1036.81	4804.18	10176.81	11953.18	13158.77	14450.63	15623.55
二者比值	60.75	67.84	32.11	26.45	25.74	24.04	23.47	22.64
卫生投入人均值地区差	1.6569	1.5953	1.3306	1.2200	1.2293	1.2336	1.2477	1.2662

图 8 2000～2018 年全国文化投入与卫生投入关系变动态势

左轴面积：全国文化投入、卫生投入总量（亿元转换为%），二者历年变动呈直观比例。
右轴曲线：二者相对比值（%）；附卫生投入人均值地区差指数（无差距＝1）。

全国文化投入与卫生投入比升降变化，取决于卫生投入总量与文化投入总量两个方面的历年增长差异。对照图 1 全国文化投入总量历年增长动态，可以准确把握文化投入与卫生投入之间相关性比值的变化态势。

同期，全国文化投入与卫生投入比由 60.75% 下降为 22.64%，降低 38.11 个百分点。其中，"十五"期间提高 7.09 个百分点，"十一五"期间降低 35.73 个百分点，"十二五"以来降低 9.47 个百分点。这表明，2000 年以来全国文化投入增长滞后于卫生投入增长。全国文化投入与卫生投入比最高值为 2004 年的 68.70%，最低值为 2018 年的 22.64%。

各年度横向测评以全国总体比值为基准 100。2018 年测算东部为 112.59，东北为 89.02，中部为 71.84，西部为 85.48。15 个省域此项比值高于全国总体比值，测算值"加分"；16 个省域此项比值低于全国总体比值，测算值"减分"。其中，北京处于首位，此项比值指标测算值为221.15；河南处于末位，此项比值指标测算值为48.98。

由于中央财政支持欠发达地区的文化、卫生专项转移支付政策，在此项指标的横向测评中，发达地区与欠发达地区并无泾渭分明的差异。

各时段纵向测评以起点年自身指标数值为基数。当前数据年度测评各自以上一年为100，至2018年全国为96.47，东部为99.25，东北为87.35，中部为98.59，西部为94.40。仅有9个省域此项比值上升，测算值"加分"；22个省域此项比值下降，测算值"减分"。其中，海南处于首位，此项比值指标测算值为139.85；辽宁处于末位，此项比值指标测算值为79.52。

由于全国及各地文化投入增长普遍滞后于卫生投入增长，此项指标的纵向测评多为"减分"，只有少数地区"加分"。

四 校正指标子系统及其测算方式

本项研究从"文化消费需求景气评价"到"公共文化投入增长测评"，均衡性校正指标是一类逆指标设计，用来检验某些特定方面增长失衡的"发展缺陷"。直截了当地说，校正指标专门用以折算扣除。文化投入城乡投向数据缺失，无法演算得出"城乡比"指标，对于揭示"中国现实"实属憾事。

（一）文化投入与文化消费同构关系值

应当说明，近几年年鉴不仅对乡村"教育文化娱乐"统计项不加细分，进而不再提供城镇教育、文化消费细分数据。本项研究依据既往20年（西藏取1999年以来）其间比重动态走势进行推算，去除城镇"教育消费"部分，以保持一贯的数据取值演算阈界。

文化消费占居民收入、支出比与文化投入占财政收入、支出比之间形成同构占比关系。在最初的构思设置中，同构占比倍差指数演算类似于"文化消费需求景气评价体系"之"城乡比"指标，直接取其间倍差数值，于是存在"倒挂加分"。随后在测试过程中发现,由于中央财政转移支付的政策支持,若干欠发达地区文化投入占财政收入、支出比反超文化消费占居民收入、支出比,结果在各地之间对比测算时"反向失衡"严重。为了避免这一问题,特对同构占比倍差指数演算改为类似于"地区差"指标,以无差距基准值 1 衡量正负绝对偏差值,将倍差"倒挂"现象作为反向偏差值处理,同构占比高低失衡均视为差距。因全国及绝大部分省域同构占比皆呈现正向倍差,即文化消费占居民收入、支出比成倍大于文化投入占财政收入、支出比,仍然称之为"倍差指数"。

文化消费与文化投入同构占收入比、支出比倍差指数演算方式为,无差距基准值 1 加与之绝对偏差值。与地区差指数演算存在两点不同:①地区差绝对偏差值出自不同人均绝对值之间商值,而倍差绝对偏差值出自不同占比百分值之间商值,但在数理关系上逻辑相通;②全国和四大区域分别独立演算,并非取相应省域绝对偏差值的平均值。

1. 文化消费与投入占收入比

全国文化消费占居民收入比与文化投入占财政收入比之间的倍差增减变化,取决于居民收入与文化消费、财政收入与文化投入共四个方面的历年增长差异,需要"文化消费需求景气评价体系"与"公共文化投入增长测评体系"两个演算数据库协同联动。

2000～2018 年全国文化消费与投入占收入比关系变动态势见图 9。图 9中将全国历年文化消费占居民收入比、文化投入占财政收入比转换为图形面积直观比例,并设置动态曲线标明文化消费与投入占收入比倍差历年变动态势。

2000～2018 年,全国文化消费占居民收入比由 3.18% 下降为 2.89%,降低 9.12%。其中,"十五"期间提高 29.87%,"十一五"期间提高 4.36%,"十二五"以来降低 32.95%。全国文化消费占居民收入比最高值为 2013 年的 4.36%,最低值为 2018 年的 2.89%。

同期,全国文化投入占财政收入比由 2.24% 下降为 1.93%,降低 13.93%。其中,"十五"期间降低 0.86%,"十一五"期间降低 16.47%,

	2000年	2005年	2010年	2014年	2015年	2016年	2017年	2018年
文化消费占居民收入比	3.18	4.13	4.31	3.32	3.36	3.39	3.24	2.89
文化投入占财政收入比	2.2417	2.2225	1.8564	1.9174	2.0205	1.9818	1.9653	1.9295
占收入比倍差	1.4171	1.8582	2.3207	1.7295	1.6649	1.7128	1.6511	1.4990

图9　2000～2018年全国文化消费与投入占收入比关系变动态势

　　左轴面积：全国居民文化消费占居民收入比、文化投入占财政收入比（％），二者历年变动呈直观比例。右轴曲线：二者倍差指数（无差距＝1，保留4位小数检测细微差异）。另需说明，近来年鉴始发布2014年以来城乡居民收入人均值数据，与总量数据之间存在演算误差，与对应年鉴同时发布的产值人均值和总量分别演算居民收入比有出入，本文恢复采用自行演算城乡人均值展开文化消费占居民收入比测算，后同。

"十二五"以来提高3.94％。亦可对照图4全国文化投入占财政收入比历年变化动态，但此处转而检测百分比变化更为准确，便于进行比较。

　　两项收入占比皆为下降，这意味着，文化消费增长与居民收入增长之间、文化投入增长与财政收入增长之间的协调性均为降低。对比二者百分比变化可以看到，文化投入占财政收入比降低程度大于文化消费占居民收入比降低程度。

　　于是，全国文化消费占居民收入比与文化投入占财政收入比之间的倍差指数由1.4171增大为1.4990，增大5.78％。其中，"十五"期间增大31.13％，"十一五"期间增大24.89％，"十二五"以来减小35.41％。这表明，2000年以来全国文化投入占财政收入比变动态势逊于文化消费占居民收入比变动态势。全国文化消费与投入占收入比的倍差指数最小值为2001年的1.3777，最大值为2007年的2.3980。

此项指标各年度横向测评以无差距理想值为 100，全国及各地均以倍差指数的倒数百分数作为权衡值（$1/N \times 100$，N = 占收入比倍差指数，设定文化投入占财政收入比与文化消费占居民收入比持平具有同构可比的"合理性"）。2018 年测算全国为 66.71，东部为 96.92，东北为 93.26，中部为 91.32，西部为 72.74。27 个省域此项倍差小于全国总体倍差，测算值"分数"高于全国总体；仅有 4 个省域此项倍差大于全国总体倍差，测算值"分数"低于全国总体。其中，安徽处于首位，此项倍差指标测算值为 98.59；西藏处于末位，此项倍差指标测算值为 51.53。

由于全国及各地文化投入占财政收入比普遍低于文化消费占居民收入比，文化消费与投入占收入比倍差明显，此项指标的横向测评多作为差距"减分"，少数地区倍差反超作为反向偏差值"减分"。

各时段纵向测评以起点年自身指标数值为基数。当前数据年度测评各自以上一年为 100，至 2018 年全国为 110.14，东部为 108.15，东北为 108.16，中部为 92.62，西部为 97.80。13 个省域此项倍差减小，测算值"加分"；18 个省域此项倍差增大，测算值"减分"。其中，江苏处于首位，此项倍差指标测算值为 124.13；辽宁处于末位，此项倍差指标测算值为 83.19。

由于全国及各地文化消费占居民收入比与文化投入占财政收入比倍差较普遍增大，此项指标的纵向测评多为"减分"，只有部分地区"加分"。

2.文化消费与投入占支出比

全国文化消费占居民支出比与文化投入占财政支出比之间的倍差增减变化，取决于居民总消费支出与文化消费、财政支出与文化投入共四个方面的历年增长差异，需要"文化消费需求景气评价体系"与"公共文化投入增长测评体系"两个演算数据库协同联动。

2000～2018 年全国文化消费与投入占支出比关系变动态势见图 10。图10 中将全国历年文化消费占居民支出比、文化投入占财政支出比转换为图形面积直观比例，并设置动态曲线标明文化消费与投入占支出比倍差历年变动态势。

2000～2018 年，全国文化消费占居民支出比由 4.10% 上升为 4.14%，

	2000年	2005年	2010年	2014年	2015年	2016年	2017年	2018年
文化消费占居民支出比	4.10	5.40	6.04	4.62	4.72	4.74	4.62	4.14
文化投入占财政支出比	1.8902	2.0731	1.7165	1.7732	1.7493	1.6847	1.6702	1.6015
占支出比倍差	2.1706	2.6030	3.5164	2.6069	2.6954	2.8155	2.7673	2.5837

图10　2000～2018年全国文化消费与投入占支出比关系变动态势

　　左轴面积：全国居民文化消费占居民支出比、文化投入占财政支出比（%），二者历年变动呈直观比例。右轴曲线：二者倍差指数（无差距＝1，保留4位小数检测细微差异）。另需说明，近来年鉴始发布2014年以来城乡居民消费人均值数据，与总量数据之间存在演算误差，与对应年鉴同时发布的产值人均值和总量分别演算居民消费率有出入，本文恢复采用自行演算城乡人均值展开文化消费占居民支出比测算，后同。

提高0.98%。其中，"十五"期间提高31.71%，"十一五"期间提高11.85%，"十二五"以来降低31.46%。全国文化消费占居民支出比最高值为2013年的6.36%，最低值为2001年的4.00%。

　　同期，全国文化投入占财政支出比由1.89%下降为1.60%，降低15.27%。其中，"十五"期间提高9.68%，"十一五"期间降低17.20%，"十二五"以来降低6.70%。亦可对照图5全国文化投入占财政支出比历年变化动态，但此处转而检测百分比变化更为准确，便于进行比较。

　　两项支出占比皆为下降，这意味着，文化消费增长与居民总消费支出增长之间、文化投入增长与财政支出增长之间的协调性均为降低。检测百分比变化更为准确，对比二者百分比变化可以看到，文化投入占财政支出比降低程度大于文化消费占居民总消费支出比降低程度。

　　于是，全国文化消费占居民支出比与文化投入占财政支出比之间的倍差指数由 2.1706 增大为 2.5837，增大 19.03%。其中，"十五"期间增大 19.92%，"十一五"期间增大 35.09%，"十二五"以来减小 26.52%。这表明，2000 年以来全国文化投入占财政支出比变动态势逊于文化消费占居民支出比变动态势。全国文化消费与投入占支出比的倍差指数最小值为 2001 年的 2.0918，最大值为 2011 年的 3.5199。

此项指标各年度横向测评以无差距理想值为 100，全国及各地均以文化消费与投入占收入比倍差、文化消费与投入占支出比倍差之间商值（形成二重倍差指数）的倒数百分数作为权衡值（$1/N \times 100$，$N =$ 文化消费与投入占收入比倍差、文化消费与投入占支出比倍差之间商值，设定文化投入占财政收入比与其占财政支出比持平具有收支平衡的"合理性"）。2018 年测算全国为 58.02，东部为 51.04，东北为 31.65，中部为 37.07，西部为 56.03。仅有 8 个省域二重倍差小于全国总体倍差，测算值"分数"高于全国总体；23 个省域二重倍差大于全国总体倍差，测算值"分数"低于全国总体。其中，西藏处于首位，二重倍差指标测算值为 156.27；黑龙江处于末位，二重倍差指标测算值为 25.36。

由于全国及各地文化投入占财政支出比普遍低于文化消费占居民支出比，文化消费与投入占支出比倍差明显，而这一倍差指数又普遍大于文化消费与投入占收入比倍差指数，以文化投入占财政支出比与占财政收入比持平、文化投入占财政收入比再与文化消费占居民收入比持平的理想状况推演，此项指标的横向测评近乎皆为差距"减分"，西藏数据特异成为例外。

各时段纵向测评以起点年自身指标数值为基数。当前数据年度测评各自以上一年为 100，至 2018 年全国为 97.24，东部为 103.33，东北为 85.47，中部为 117.16，西部为 104.91。18 个省域二重倍差减小，测算值"加分"；13 个省域二重倍差增大，测算值"减分"。其中，海南处于首位，二重倍差指标测算值为 150.73；黑龙江处于末位，二重倍差指标测算值为 88.42。

由于全国及各地文化消费占居民支出比与文化投入占财政支出比倍差较普遍增大，增大程度又较普遍大于文化消费占居民收入比与文化投入占财政收入比倍差增大程度，此项指标的纵向测评多为"减分"，只有部分地区"加分"。

（二）文化投入人均值地区差

2000～2018 年全国文化投入人均值地区差变动态势见图 11。图 11 中将东部、中部、西部和东北四大区域文化投入人均绝对值转换为图形面积直观比例，并设置动态曲线标明全国文化投入人均值地区差变动态势，另附全国文化消费人均值地区差。必须说明，全国地区差指数基于 31 个省域数值进行演算，此处仅仅出于制图可行考虑，姑且以四大区域代替 31 个省域作为示意。

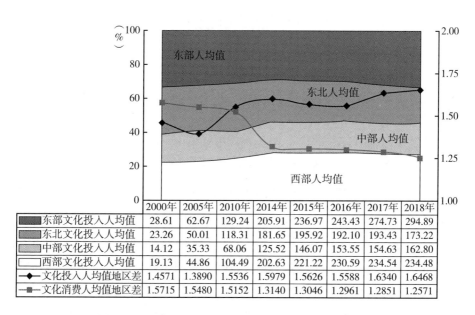

	2000年	2005年	2010年	2014年	2015年	2016年	2017年	2018年
东部文化投入人均值	28.61	62.67	129.24	205.91	236.97	243.43	274.73	294.89
东北文化投入人均值	23.26	50.01	118.31	181.65	195.92	192.10	193.43	173.22
中部文化投入人均值	14.12	35.33	68.06	125.52	146.07	153.55	154.63	162.80
西部文化投入人均值	19.13	44.86	104.49	202.63	221.22	230.59	234.54	234.48
文化投入人均值地区差	1.4571	1.3890	1.5536	1.5979	1.5626	1.5588	1.6340	1.6468
文化消费人均值地区差	1.5715	1.5480	1.5152	1.3140	1.3046	1.2961	1.2851	1.2571

图 11 2000～2018 年全国文化投入人均值地区差变动态势

左轴面积：四大区域（代替 31 个省域示例）文化投入人均值（元转换为%），地区间变动呈直观比例。右轴曲线：全国文化投入人均值地区差指数，另附全国文化消费人均值地区差指数（无差距 =1，保留 4 位小数检测细微差异）。

全国文化投入人均值地区差指数大小及其扩减变化，取决于全国与 31 个省域文化投入人均值关系及其历年增长变动差异。鉴于直接使用 31 个省域数据无法融入一图，在此权变使用四大区域数据演示，以 2018 年数据为例加以说明。

首先，对照图 2 全国文化投入人均值数据，以 2018 年全国人均值为基准 1，取同年四大区域人均值与之形成商值，东部整体为 1.1609，即高于全国人均值 16.09%；东北整体为 0.6819，即低于全国人均值 31.81%；中部整体为 0.6409，即低于全国人均值 35.91%；西部整体为 0.9231，即低于全国人均值 7.69%。到此看出本项研究为何坚持保留地区差指数 4 位小数，转化为高低偏差值百分数之际，正好对应成为 2 位小数百分值。

其次，把四大区域数值转换为对应基准 1 的绝对偏差值，无论是高于全国均值，还是低于全国均值，只看绝对偏离程度，东部整体为 0.1609，东北整体为 0.3181，中部整体为 0.3591，西部整体为 0.0769。假设这里得出 31 个省域数值，先求合计数再取平均值，得到与基准 1 对应的全部省域绝对偏差值的平均值。若再予细分，省域人均值高于全国均值直接取与全国均值的商值（即倍差值，减去基准 1 为向上偏差值）；省域人均值低于全国均值取基准 1 与这一商值之差（即向下偏差值）再加基准 1。这两种演算可统一为绝对偏差值（不论正负）加全国均值基准 1。

最后，各省域人均值之绝对偏差值与全国均值基准 1 之和，即为当地自身地区差；31 个省域人均值之绝对偏差值的平均值与基准 1 之和，即为全国总体地区差；四大区域所属省域人均值之绝对偏差值的平均值与基准 1 之和，即为四大区域各自整体地区差。四大区域和全国地区差演算方式相同，而非取四大区域各自整体绝对偏差值，因而示例演算无须最后一步。这一切均在数据库里设置为演算函数程序，指令计算机自动实现。本项研究与评价系列各类检测系统的演算衍生数据量巨大，指标测算工作流程复杂，绝非人力手工能够完成。在现今学科专业融合、研究领域跨界的情况下，研究者有必要掌握计算机数据库编程技能，以便根据自身研究思路建构出独特的演算数据库。

综观 2000～2018 年数据，西部整体文化投入人均值从全国人均值的 80.42% 提高至 92.31%，显然得到中央财政专项转移支付的大力扶持；中部整体文化投入人均值从全国人均值的 59.39% 提高至 64.09%，公共财政投入的"文化塌陷"事实赫然在目。若干年以来，中部一直为避免在全国经济发展中"塌陷"而努力"崛起"，然而，当务之急还在于尽快扭转中部公共财政投入的"文化塌陷"。其实已在"中部崛起"战略中颇多获益的中部各省域并非没有这样的财力，问题恐怕还在于是否真正重视公共文化服务发展不至于"塌陷"。

到此集中来看全国总体地区差。2000～2018年，全国文化投入人均值地区差指数由1.4571扩大为1.6468，扩大13.02%。其中，"十五"期间缩小4.67%，"十一五"期间扩大11.85%，"十二五"以来扩大6.00%。全国文化投入人均值地区差指数最小值为2006年的1.3748，最大值为2007年的1.6581。数据事实让人不得不承认，正值当今社会普遍形成"公共服务（包括文化服务）均等化"共识之时，全国文化投入人均值地区差却出现多年持续扩大之势，这无疑已经构成一种不容忽视的"逆动"效果。

对比图11中全国文化消费人均值地区差历年指数，可知文化投入人均值地区差明显大于文化消费人均值地区差。各地居民文化消费状况受到当地人群收入水平、消费结构、积蓄（实为预期重要开支储备）传统等影响，各地公共文化投入状况受到当地经济发展程度、财政收入水平、财政支出平衡（包括中央财政转移支付）等影响。认真说起来，在各地居民收入及其消费支出、公共财政保障及其投入两个方面，国家及中央财政显然都有责任在其间起到平衡器的作用，保证单一制国家公民平等社会权利"国民待遇"的基本均衡。这就是"均等化"理想的宪制法理依据。

此项指标各年度横向测评以无差距理想值为100，全国及各地均以地区差指数的倒数百分数作为权衡值（$1/N \times 100$，N = 地区差指数）。2018年测算全国为60.72，东部为55.08，东北为77.06，中部为75.98，西部为56.86。25个省域地区差小于全国总体地区差，测算值"减分"小于全国总体；仅有6个省域地区差大于全国总体地区差，测算值"减分"大于全国总体。其中，山西处于首位，地区差指标测算值为98.55；西藏处于末位，地区差指标测算值为18.79。

由于全国及各地文化投入人均值地区差普遍存在，此项指标的横向测评皆为"减分"。

各时段纵向测评以起点年自身指标数值为基数。当前数据年度测评各自以上一年为100，至2018年全国为99.22，东部为94.58，东北为94.41，中部为101.85，西部为103.13。16个省域地区差缩小，测算值"加分"；15个省域地区差扩大，测算值"减分"。其中，山西处于首位，地区差指标测算值为118.63；海南处于末位，地区差指标测算值为66.06。

由于全国及各地文化投入人均值地区差较普遍扩大，此项指标的纵向测评多为"减分"，只有部分地区在部分时段"加分"。

五　指标系统权重与测评演算

"中国公共文化投入增长测评体系"指标系统及其演算权重和测评方式见表2。

在熟读现行统计制度下可用数据并据以设计测评指标系统之后，选择测算方式，确定演算权重，同样需要精心思考，细致处理。本项测评的设计原则包括：①各年度无差距理想值横向测评中，由于全国与"均等化"形成"逆动"的地区差显而易见，全国总体历年"得分"不宜过高，控制在80出头；②每年综合"得分"高于"理想值"100（并非实现均等无差距，而是某些指标"得分"很高，综合起来超过100）的省域不宜过多，控制在5个上下；③各地"分值"距离不宜过大，尽量保证最为"滞后"的省域也不低于70；④各时段起点年基数值纵向测评中，鉴于全国及各地文化投入增长显著，力求体现出综合测评指数提升，尤其是力保后发地区有机会进入测评排行榜前列。

新增协调性平衡指标其实是对关系值的另一类检测，不像比值那样测算绝对值关系，而是测算增长率差异，不必单独阐述而借此简单说明。本项测评向自己的直接后继者"中国人民生活发展指数检测体系"反躬学习，"引进"相应数值之间增长率比差指标。这一类演算中全国及各地差距极其微小，在省域之间起到"平衡器"作用，以细微出入确定各地排行。毕竟测评排行的目的不是分出各省域高下，而是找出全国及各地自身存在的协调性、均衡性差距。

表2 "中国公共文化投入增长测评体系"指标系统及其演算权重和测评方式

评价指标			演算权重	共时性理想值 横向测评	历时性基数值 纵向测评
序号	分类	取值			
1	数量指标：绝对数值	文化投入总量占全国份额	1	取总量份额值	取自身起始年度基数值衡量
2		文化投入人均值	2	取全国平均值为基准衡量	
3	质量指标：相对比值	文化投入 与产值比	0.125		
4		占财政收入比	0.125		
5		占财政支出比	0.125		
6		与教育投入比	0.125		
7		与科技投入比	0.125		
8		与卫生投入比	0.125		
9	均衡性校正指标：比差系数	文化消费与投入占收入比倍差	0.5	取无差距理想值衡量	
10		文化消费与投入占支出比倍差	0.5		
11		文化投入人均值地区差	4		
12	协调性平衡指标：增长率比	文化投入历年增率 与产值增率比	0.25	取自身上年值为基准衡量	
13		与财政收入增率比	0.25		
14		与财政支出增率比	0.25		
15		与教育投入增率比	0.25		
16		与科技投入增率比	0.25		
17		与卫生投入增率比	0.25		

注：①年鉴未提供文化投入数据城镇与乡村投向分类，无法演算人均值城乡比指数，故缺反映"中国现实"极为重要的"城乡比"指标，留下遗憾；②基本公共服务属于宪法保障公民权利"国民待遇"，最直接而普遍体现"以人民为中心的发展思想"，基本公共服务均等化是最基本的"合宪"要求，在公共财政层面即为公共投入均等化，因而本系列检测赋予公共投入地区差逆指标极大权重。

（一）各项测评指标的权重分配

在构成多重复杂矛盾的诸多原则必选项之间寻求最终平衡，本项测评体系不仅设置出横向与纵向两大类测评方式，而且设置出各时段多项纵向测评（为减省篇幅计，略去"十五"、"十一五"和"十二五"以来测评演算）；颇费心思之处还在于，各地总量份额演算未如同"文化消费需求景气评价"那样取历年对应上年的份额升降值，而直接取当年份额值；最为周折之处更在于，全国各地文化投入绝对值，据此而来的各项比值，包括各项倍差值和地区差实在悬殊，若各指标权重（因无理论值而需经验值）简单赋值，则各地综合"分值"差距巨大，容易导致全国总体各项指标测算不佳，综合"分值"颇低；经年"试运行"无数次赋值测试之后，各项比值、倍差值指标演算权重值近乎类似于精细化工的微量催化剂，仅此细微一点剂量便可达成"点化"效果。这一切正是自设难题寻求平衡的结果，好在基本上得以实现。

由于新增文化投入与相关背景值、相邻关系值之间历年增长率比差指标，为了协调全部各项指标间演算权重分配，原有若干指标的演算权重亦相应微调。鉴于需与上年首次推出的测评排行形成良性协调，经过反复调试，以上年横向测评、纵向测评结果对应检验，各地之间排行变动很小，而绝大部分省域变化更是极小。这是对于"公共文化投入增长测评"的必要改进完善。

（二）测评方式及其结果排行

1. 共时性的理想值横向测评

在各年度理想值横向测评中，各地文化投入总量份额值以全国总量基准值来衡量（全国份额为 100% 自成基准），各地人均值、各项背景关系比值、相邻关系比值以全国平均值来衡量（全国自为基准），份额上升或高于全国平均值"加分"，份额下降或低于全国平均值"减分"；文化消费与投入占收入、支出比两项倍差和文化投入人均值地区差以自身无差距理想状态加以衡量，以自身各项增长率差距比来衡量，无论是全国总体还是各地，只要存在同构关联占比倍差、人均值地区差和增长率比差，一律实行"扣分"，最终加权平衡各项指标间分值增减得失。

2. 历时性的基数值纵向测评

在各时段基数值纵向测评中，全国及各地文化投入总量份额值、人均值，各项背景关系比值、相邻关系比值，文化消费与投入占收入、支出比同构关联倍差，文化投入人均值地区差，各项增长率比差，一概以自身起点年度相应演算数值为基数值加以衡量。无论是全国总体还是各地，各项指标测算值优于起点年度"加分"，逊于起点年度"减分"，最终加权平衡各项指标间分值升降得失。这样有利于检测对比各地在不同时间段综合测评指数的提升程度，使"基数低而进步快"的欠发达或次发达地区有多种机会登上排行榜前列。

B.3
中国公共文化投入应然增长差距检测
——2018 年相关协调性、均衡性分析

王亚南　赵　娟　魏海燕*

摘　要： 从技术方法上来说，技术报告侧重于公共文化投入增长的协
调性、均衡性"质量"测评，阐释评价方法设计和演算技术
处理；本文侧重于公共文化投入增长的协调性、均衡性"差
距"检验，测量各种应然增长目标、理想增长目标距离。从
数据范围上来看，总报告、排行报告主要着眼于 2000 年以来
历年动态分析，以及至 2020 年增长目标预测；本文主要着眼
于当前最新数据年度增长"应然差距"静态检测，在各地之
间进行比较。

关键词： 公共文化　投入增长　相关性检验　差距测算

从技术方法上来说，本文是对技术报告的必要补充，技术报告侧重于公
共文化投入增长的协调性、均衡性"质量"测评，阐释评价方法设计和演
算技术处理；此文侧重于公共文化投入增长的协调性、均衡性"差距"检
验，测量各种应然增长目标、理想增长目标距离。从数据范围上来看，本文

---

* 王亚南，云南省社会科学院研究员，文化发展研究中心主任，主要研究方向为民俗学、民族
学及文化理论、文化战略和文化产业；赵娟，云南省社会科学院民族文学研究所副研究员，
主要研究方向为古典文学、民族文化和文化产业；魏海燕，云南省政协信息中心主任编辑，
主要从事传媒信息分析研究。

与总报告、排行报告形成交叉补充，总报告、排行报告主要着眼于 2000 年以来历年动态分析，以及至 2020 年增长目标预测；此文主要着眼于当前最新数据年度增长"应然差距"静态检测，在各地之间进行比较。

一 财政支出增长的协调性、均衡性检测

在相关的众多数据组里，本项研究测评首先需要提取财政支出历年数据与产值历年数据加以比较，检测财政支出与产值比变动态势，并将此项比值界定为"财政支出增长系数"。确定财政支出对于产值（国民总收入近似值）的应有比重必须寻找事实依据，这里把历年财政支出与产值的实际相对比值当作重要参照系，以此作为"第一手"依据顺理成章。多年以来我国中央财政及地方财政在绝大部分年度皆出现赤字，即财政支出大于财政收入，财政预算平衡的复杂问题留给相关部门及相应专家，在此不涉及。

（一）财政支出增长系数的协调性检验

2018 年全国及各地财政支出与产值比对比见图 1。图 1 直观体现全国及各地财政支出与产值的相对比值，以及各地之间财政支出、产值人均值的大小比例差异。

2018 年，全国产值人均值为 64644 元，财政支出人均值为 15861.23 元，财政支出与产值比为 24.54%。这就是说，年度国民总收入（近似值）作为社会财富收益，其间有 24.54% 转化为公共财政支出。

根据本项测评体系的后台演算数据库筛查，2000 年以来，全国财政支出与产值比的最高（最佳）值为 2015 年的 25.64%，最低值为 2000 年的 15.84%。现有实际比值低于最佳值 1.10 个百分点，"协调增长"差距较明显扩大。如果能够保持财政支出增长系数最佳比值，那么 2018 年全国财政支出人均值应达到 16572.21 元，为现有实际值的 104.48%。按照本项测评体系所设置的指标及其方法检验，这就是 2000 年以来全国经济增长带动公共财政支出增长保持既有协调"最佳状态"的"应然差距"。

□ 产值人均值　▨ 财政支出人均值　▤ 财政收入人均值

地区	产值人均值	财政支出人均值	财政收入人均值
西藏（133.36）	43398.00	57875.97	6765.18
青海（57.53）	47689.45	27434.30	4544.33
甘肃（45.75）	31336.13	14334.92	3310.10
新疆（41.08）	49474.72	20326.24	6210.15
宁夏（38.30）	54094.17	20716.19	6372.56
海南（35.00）	51955.29	18186.05	8093.20
云南（33.97）	37136.28	12616.23	4141.73
贵州（33.97）	41243.59	14010.24	4810.17
黑龙江（28.58）	43274.41	12369.57	3392.35
内蒙古（27.94）	68302.00	19085.36	7338.14
广西（26.09）	41489.17	10826.10	3427.68
江西（25.78）	47433.95	12227.66	5119.76
上海（25.56）	134982.00	34496.23	29360.38
山西（25.47）	45328.00	11546.93	6179.78
吉林（25.14）	55610.92	13981.15	4578.08
北京（24.64）	140211.24	34552.38	26757.54
全国（24.54）	64644.00	15861.23	13165.50
四川（23.86）	48883.17	11665.57	4699.88
重庆（22.30）	65932.72	14702.38	7335.22
安徽（21.90）	47711.66	10449.40	4847.24
陕西（21.70）	63477.47	13774.37	5827.09
河北（21.46）	47772.22	10250.01	4661.68
辽宁（21.09）	58007.52	12231.24	5994.69
湖南（20.53）	52948.60	10872.20	4158.46
河南（19.18）	50152.22	9619.77	3930.28
湖北（18.44）	66615.70	12282.37	5596.21
天津（16.49）	120710.80	19911.18	13514.53
广东（16.17）	86412.00	13972.25	10753.06
浙江（15.36）	98643.41	15147.49	11581.91
福建（13.50）	91197.25	12309.46	7660.24
山东（13.21）	76267.26	10074.35	6468.31
江苏（12.59）	115168.41	14498.92	10733.83

0　20560　41120　61680　82240　102800　123360　143920　164480　185040　205600（元）

图1　2018年全国及各地财政支出与产值比对比

坐标轴：各地财政支出与产值比（%），按从大到小顺序自上而下排列。横向柱形：左为产值人均值（元），中为财政支出人均值（元），右为财政收入人均值（元）。上下对比同时体现产值、财政支出、财政收入人均值地区差距。另需说明，国家统计局虽已公布第四次全国经济普查对于2018年全国产值修订数据，但未公布相应各地修订数据，因而仍统一采用《中国统计年鉴》2019年卷发布的全国及各地产值"初步核算数"，留待《中国统计年鉴》2020年卷发布时再统一修订。

　　同期，东部此项比值历年最佳值为 17.01%，现有实际值为 16.49%，低于最佳值 0.53 个百分点，"协调增长"差距略微扩大；东北此项比值历年最佳值为 24.41%，现有实际值为 24.32%，低于最佳值 0.09 个百分点，"协调增长"差距略微扩大；中部此项比值历年最佳值为 21.60%，现有实际值为 21.01%，低于最佳值 0.59 个百分点，"协调增长"差距略微扩大；西部此项比值历年最佳值为 29.95%，现有实际值为 29.64%，低于最佳值 0.32 个百分点，"协调增长"差距略微扩大。各省域依此类推。

　　产值人均值数据直接体现各地经济增长差异。2018 年，东部人均值为全国人均值的 138.93%，东北人均值为全国人均值的 80.87%，中部人均值为全国人均值的 80.54%，西部人均值为全国人均值的 75.37%。

　　11 个省域产值人均值高于全国人均值；20 个省域产值人均值低于全国人均值。其中，北京产值人均值处于首位，高达全国人均值的 216.90%；甘肃产值人均值处于末位，仅为全国人均值的 48.47%。设全国产值人均值为 1 来检测，北京为 2.1690，甘肃为 0.4847。北京高于 1 的部分为 1.1690，甘肃低于 1 的部分为 0.5153，皆为相对于全国均值的绝对偏差值，这其实就是此项数值的地区差演算基础。鉴于地区差指数值差异细微，文中保留 4 位小数表达，后同。

　　附带检验财政收入人均值数据，可以反映出各地公共财政收入差异。2018 年，全国财政收入人均值为 13165.50 元，东部人均值为全国人均值的 79.55%，东北人均值为全国人均值的 35.96%，中部人均值为全国人均值的 36.22%，西部人均值为全国人均值的 38.20%。

　　3 个省域财政收入人均值高于全国人均值；28 个省域财政收入人均值低于全国人均值。其中，上海财政收入人均值处于首位，高达全国人均值的 223.01%；甘肃财政收入人均值处于末位，仅为全国人均值的 25.14%。设全国财政收入人均值为 1 来检测，上海为 2.2301，甘肃为 0.2514。

　　财政支出人均值数据直接体现各地公共财政投入差异。2018 年，东部人均值为全国人均值的 93.34%，东北人均值为全国人均值的 80.17%，中部人均值为全国人均值的 68.96%，西部人均值为全国人均值的 91.04%。

　　9 个省域财政支出人均值高于全国人均值；22 个省域财政支出人均值低

于全国人均值。其中，西藏财政支出人均值处于首位，高达全国人均值的364.89%；河南财政支出人均值处于末位，仅为全国人均值的60.65%。设全国财政支出人均值为1来检测，西藏为3.6489，河南为0.6065。

检测财政支出与产值（国民收入近似值）的相对比值，就可以看出各地经济增长带动公共财政支出增长的协调效应。2018年，东部比值极显著低于全国总体比值8.05个百分点，东北比值略微低于全国总体比值0.21个百分点，中部比值明显低于全国总体比值3.53个百分点，西部比值显著高于全国总体比值5.10个百分点。

16个省域财政支出与产值比高于全国总体比值；15个省域财政支出与产值比低于全国总体比值。其中，西藏此项比值处于首位，高出全国总体比值108.82个百分点；江苏此项比值处于末位，低于全国总体比值11.95个百分点。

根据本项测评体系的后台演算数据库检验，2018年仅有河北、山东、上海、海南、吉林、辽宁、河南、湖南、甘肃9个省域财政支出与产值的比例为2000年以来历年最佳（最高）值（对照本书B.5—文表4）。这意味着，其余22个省域在此项指标检测中存在着既有"协调增长"的"应然差距"。在这22个省域里，浙江此项比值检测差距最小，其现有实际值低于历年最佳值0.14个百分点；贵州此项比值检测差距最大，其现有实际值低于历年最佳值6.25个百分点。

各省域之间财政支出增长系数检测即为三项系数最佳比值的初次检测，计有22个省域存在既有"协调增长"的"应然差距"。其间，内蒙古此项系数最佳比值检测差距最小，为0.72%，即财政支出人均值应为现有实际值的100.72%，达到19221.98元；天津此项系数最佳比值检测差距最大，为25.41%，即财政支出人均值应为现有实际值的125.41%，达到24970.48元。其余省域依此类推。

（二）财政支出增长系数的均衡性检验

2018年全国及各地产值、财政支出、财政收入人均值地区差对比见图2。图2直观体现全国及各地产值、财政收入和支出三项人均值地区差指数

□ 产值人均值地区差　▨ 财政支出人均值地区差　▇ 财政收入人均值地区差

	产值	财政支出	财政收入
陕西	1.0180	1.1316	1.5574
重庆	1.0199	1.0731	1.4428
湖北	1.0305	1.2256	1.5749
内蒙古	1.0566	1.2033	1.4426
辽宁	1.1027	1.2289	1.5447
吉林	1.1397	1.1185	1.6523
宁夏	1.1632	1.3061	1.5160
山东	1.1798	1.3648	1.5087
湖南	1.1809	1.3145	1.6841
海南	1.1963	1.1466	1.3853
河南	1.2242	1.3935	1.7015
新疆	1.2347	1.2815	1.5283
四川	1.2438	1.2645	1.6430
河北	1.2610	1.3538	1.6459
安徽	1.2619	1.3412	1.6318
青海	1.2623	1.7296	1.6548
江西	1.2662	1.2291	1.6111
山西	1.2988	1.2720	1.5306
西藏	1.3287	3.6489	1.4861
黑龙江	1.3306	1.2201	1.7423
广东	1.3367	1.1191	1.1832
全国	1.3432	1.3763	1.5641
广西	1.3582	1.3174	1.7396
贵州	1.3620	1.1167	1.6346
福建	1.4108	1.2239	1.4182
云南	1.4255	1.2046	1.6854
甘肃	1.5153	1.0962	1.7486
浙江	1.5259	1.0450	1.1203
江苏	1.7816	1.0859	1.1847
天津	1.8673	1.2553	1.0265
上海	2.0881	2.1749	2.2301
北京	2.1690	2.1784	2.0324

0　0.668　1.336　2.004　2.672　3.340　4.008　4.676　5.344　6.012　6.680（元）

**图 2　2018 年全国及各地产值、财政收入、财政支出
人均值地区差对比**

　　坐标轴：各地产值人均值地区差（无差距 =1），按从小到大顺序自上而下排列。横向柱形：人均值地区差，左为产值地区差，中为财政支出地区差，右为财政收入地区差。

的差异，对应于前面全国及各地产值、财政收入和支出三项人均值的差异
分析。

依照本项研究评价独创的地区差距指标检测，2018年，全国产值人均
值的地区差为1.3432，财政收入人均值的地区差为1.5641，财政支出人均
值的地区差为1.3763。这就是说，基于各地产值、财政收入和支出三项人
均值数据分别演算，31个省域产值人均值与全国总体人均值之绝对偏差值
的平均值为0.3432或34.32%；财政收入人均值与全国总体人均值之绝对
偏差值的平均值为0.5641或56.41%；财政支出人均值与全国总体人均值
之绝对偏差值的平均值为0.3763或37.63%。

根据本项测评体系的后台演算数据库筛查，2000年以来，全国产值人
均值地区差的最小（最佳）值为2018年的1.3432，最大值为2003年的
1.5023。现有实际地区差指数值即为最佳值，"均衡增长"差距缩小，检测
演算结果不变。

同期，东部此项地区差历年最佳值为1.5816，现有实际值为1.5816，
实有值即为最佳值，"均衡增长"差距缩小；东北此项地区差历年最佳值为
1.1014，现有实际值为1.1910，大于最佳值8.14%，"均衡增长"差距显著
扩大；中部此项地区差历年最佳值为1.1859，现有实际值为1.2104，大于
最佳值2.07%，"均衡增长"差距较明显扩大；西部此项地区差历年最佳值
为1.2490，现有实际值为1.2490，实有值即为最佳值，"均衡增长"差距缩
小。各省域依此类推。

详细检测2018年各地产值人均值地区差之间的差异，东部地区差显著
大于全国总体地区差17.75%，东北地区差显著小于全国总体地区差
11.33%，中部地区差显著小于全国总体地区差9.89%，西部地区差明显小
于全国总体地区差7.01%。

21个省域产值人均值地区差小于全国总体地区差；10个省域产值人均
值地区差大于全国总体地区差。其中，陕西产值人均值地区差处于首位，低
至全国总体地区差的75.79%；北京产值人均值地区差处于末位，高达全国
总体地区差的161.47%。

　　根据本项测评体系的后台演算数据库检验，2018 年仅有天津、浙江、广东、安徽、四川、西藏 6 个省域产值人均值的地区差为 2000 年以来历年最佳（最小）值。这意味着，其余 25 个省域在此项指标检测中存在着地区之间既有"均衡增长"的"应然差距"。在这 25 个省域里，贵州此项地区差检测差距最小，其现有实际值大于历年最佳值 0.23%；黑龙江此项地区差检测差距最大，其现有实际值大于历年最佳值 32.71%。

　　附带检测 2018 年各地财政收入人均值地区差之间的差异，东部地区差明显小于全国总体地区差 5.79%，东北地区差明显大于全国总体地区差 5.26%，中部地区差较明显大于全国总体地区差 3.72%，西部地区差略微大于全国总体地区差 1.65%。

　　15 个省域财政收入人均值地区差小于全国总体地区差；16 个省域财政收入人均值地区差大于全国总体地区差。其中，天津财政收入人均值地区差处于首位，低至全国总体地区差的 65.63%；上海财政收入人均值地区差处于末位，高达全国总体地区差的 142.58%。

　　2000 年以来，全国财政支出人均值地区差的最小（最佳）值为 2013 年的 1.3711，最大值为 2002 年的 1.5040。现有实际地区差指数值大于最佳值 0.38%，"均衡增长"差距略微扩大。按照本项测评体系所设置的指标及其方法检验，这就是 2000 年以来全国各地之间公共财政支出增长保持既有均衡"最佳状态"的"应然差距"。

　　同期，东部此项地区差历年最佳值为 1.3897，现有实际值为 1.3948，大于最佳值 0.36%，"均衡增长"差距略微扩大；东北此项地区差历年最佳值为 1.0716，现有实际值为 1.1892，大于最佳值 10.97%，"均衡增长"差距显著扩大；中部此项地区差历年最佳值为 1.2930，现有实际值为 1.2960，大于最佳值 0.23%，"均衡增长"差距略微扩大；西部此项地区差历年最佳值为 1.3794，现有实际值为 1.4478，大于最佳值 4.96%，"均衡增长"差距明显扩大。各省域依此类推。

　　详细检测 2018 年各地财政支出人均值地区差之间的差异，东部地区差略微大于全国总体地区差 1.34%，东北地区差显著小于全国总体地区差

13.59%，中部地区差明显小于全国总体地区差5.83%，西部地区差明显大于全国总体地区差5.20%。

26个省域财政支出人均值地区差小于全国总体地区差；5个省域财政支出人均值地区差大于全国总体地区差。其中，浙江财政支出人均值地区差处于首位，低至全国总体地区差的75.93%；西藏财政支出人均值地区差处于末位，高达全国总体地区差的265.13%。

根据本项测评体系的后台演算数据库检验，2018年仅有天津、河北、河南、江西、湖南、甘肃6个省域财政支出人均值的地区差为2000年以来历年最佳（最小）值。这意味着，其余25个省域在此项指标检测中存在着地区之间既有"均衡增长"的"应然差距"。在这25个省域里，广西此项地区差检测差距最小，其现有实际值大于历年最佳值0.51%；西藏此项地区差检测差距最大，其现有实际值大于历年最佳值96.75%。

二　教科文卫投入增长的协调性、均衡性检测

在相关的众多数据组里，本项研究测评其次需要提取教科文卫综合投入历年数据与财政支出历年数据加以比较，检测教科文卫投入占财政支出比变动态势，并将此项比值界定为"教科文卫投入增长系数"。确定教科文卫综合投入的应有地位和分量也必须寻找事实依据，多年以来国家发展教科文卫事业的政策、公共财政支出就此形成的历年分配比重就是最好的参照系。何况，本项研究测评的分析已经表明，2000年以来教科文卫综合投入已经在公共财政支出分配中占据优先增长地位，以此作为"第一手"依据理所当然。

（一）教科文卫投入增长系数的协调性检验

2018年全国及各地教科文卫投入占财政支出比对比见图3。图3直观体现全国及各地教科文卫投入占财政支出的相对比值，以及各地之间教科文卫投入、财政支出人均值的大小比例差异。

□ 财政支出人均值　■ 教科文卫综合投入人均值

地区 (%)	财政支出人均值	教科文卫综合投入人均值
广东（35.33）	13972.25	4936.22
江西（32.93）	12227.66	4026.06
山东（32.45）	10074.35	3269.28
贵州（32.44）	14010.24	4544.34
福建（32.42）	12309.46	3990.68
安徽（32.18）	10449.40	3362.65
浙江（31.90）	15147.49	4832.22
河南（30.94）	9619.77	2976.74
江苏（30.93）	14498.92	4484.25
广西（30.27）	10826.10	3277.48
河北（29.37）	10250.01	3010.36
云南（29.30）	12616.23	3696.56
北京（29.27）	34552.38	10113.55
陕西（29.04）	13774.37	4000.72
湖北（27.87）	12282.37	3423.32
湖南（27.79）	10872.20	3020.98
山西（27.52）	11546.93	3177.78
四川（27.25）	11665.57	3179.09
全国（27.01）	15861.23	4283.50
海南（26.95）	18186.05	4901.60
甘肃（26.64）	14334.92	3818.15
重庆（25.80）	14702.38	3793.59
天津（25.80）	19911.18	5136.73
新疆（24.23）	20326.24	4925.61
上海（23.96）	34496.23	8265.13
吉林（23.92）	13981.15	3343.93
青海（23.61）	27434.30	6477.81
宁夏（23.49）	20716.19	4866.70
辽宁（21.57）	12231.24	2637.79
内蒙古（21.26）	19085.36	4057.93
西藏（19.95）	57875.97	11548.22
黑龙江（19.91）	12369.57	2462.69

0　7140　14280　21420　28560　35700　42840　49980　57120　64260　71400（元）

图3　2018年全国及各地教科文卫投入占财政支出比对比

坐标轴：各地教科文卫投入占财政支出比（%），按从大到小顺序自上而下排列。横向柱形：左为财政支出人均值（元），右为教科文卫投入人均值（元）。上下对比同时体现财政支出、教科文卫投入人均值地区差距。

2018 年，全国财政支出人均值为 15861.23 元，教科文卫投入人均值为 4283.50 元，教科文卫投入占财政支出比为 27.01%。这就是说，全国公共财政年度支出中，有 27.01% 投向教育、科技、文化、卫生事业，这几个方面显然具有公认的相邻关系。

根据本项测评体系的后台演算数据库筛查，2000 年以来，全国教科文卫投入占财政支出比的最高（最佳）值为 2012 年的 27.95%，最低值为 2000 年的 17.23%。现有实际比值低于最佳值 0.94 个百分点，"协调增长"差距略微扩大。如果能够保持教科文卫投入增长系数最佳比值，那么 2018 年全国教科文卫投入人均值应达到 4433.76 元，为现有实际值的 103.51%。按照本项测评体系所设置的指标及其方法检验，这就是 2000 年以来全国财政支出增长带动教科文卫事业投入增长保持既有协调"最佳状态"的"应然差距"。

同期，东部此项比值历年最佳值为 31.74%，现有实际值为 30.86%，低于最佳值 0.87 个百分点，"协调增长"差距略微扩大；东北此项比值历年最佳值为 25.45%，现有实际值为 21.65%，低于最佳值 3.80 个百分点，"协调增长"差距明显扩大；中部此项比值历年最佳值为 30.69%，现有实际值为 29.93%，低于最佳值 0.76 个百分点，"协调增长"差距略微扩大；西部此项比值历年最佳值为 27.66%，现有实际值为 26.98%，低于最佳值 0.67 个百分点，"协调增长"差距略微扩大。各省域依此类推。

至此需要深入一层展开检验测算，把以上财政支出增长系数、教科文卫投入增长系数两项检测最佳比值叠加演算。2018 年全国教科文卫投入人均值应达到 4631.26 元，为现有实际值的 108.12%。按照本项测评体系所设置的指标及其方法进行检验，这就是 2000 年以来全国经济增长带动公共财政支出增长，继而公共财政支出增长带动教科文卫投入增长保持既有"协调增长"的"应然差距"。

与之相对应，东部教科文卫投入人均值应达到 4848.14 元，为现有实际值的 106.09%；东北教科文卫投入人均值应达到 3248.33 元，为现有实际值的 117.99%；中部教科文卫投入人均值应达到 3450.83 元，为现有实际值的 105.42%；西部教科文卫投入人均值应达到 4036.49 元，为现有实际值的 103.59%。各省域依此类推。

财政支出人均值分析见上一节，不再重复，教科文卫投入人均值数据直接体现各地教育、科技、文化、卫生事业综合投入差异。2018 年，东部人均值为全国人均值的 106.68%，东北人均值为全国人均值的 64.27%，中部人均值为全国人均值的 76.42%，西部人均值为全国人均值的 90.97%。

12 个省域教科文卫投入人均值高于全国人均值；19 个省域教科文卫投入人均值低于全国人均值。其中，西藏教科文卫投入人均值处于首位，高达全国人均值的 269.60%；黑龙江教科文卫投入人均值处于末位，仅为全国人均值的 57.49%。设全国教科文卫投入人均值为 1 来检测，西藏为 2.6960，黑龙江为 0.5749。

文化投入分析系下一节的重点，暂时排除，此处展开分别检验各地教育、科技和卫生事业投入差异。2018 年，全国总体教育投入人均值为 2309.81 元，东部人均值为全国人均值的 108.15%，东北人均值为全国人均值的 68.28%，中部人均值为全国人均值的 79.00%，西部人均值为全国人均值的 98.37%。

13 个省域教育投入人均值高于全国人均值；18 个省域教育投入人均值低于全国人均值。其中，西藏教育投入人均值处于首位，高达全国人均值的 295.17%；黑龙江教育投入人均值处于末位，仅为全国人均值的 62.34%。设全国教育投入人均值为 1 来检测，西藏为 2.9517，黑龙江为 0.6234。

同年，全国总体科技投入人均值为 597.87 元，东部人均值为全国人均值的 103.71%，东北人均值为全国人均值的 23.99%，中部人均值为全国人均值的 47.69%，西部人均值为全国人均值的 29.85%。

6 个省域科技投入人均值高于全国人均值；25 个省域科技投入人均值低于全国人均值。其中，北京科技投入人均值处于首位，高达全国人均值的 329.42%；甘肃科技投入人均值处于末位，仅为全国人均值的 16.36%。设全国科技投入人均值为 1 来检测，北京为 3.2942，甘肃为 0.1636。

同年，全国总体卫生投入人均值为 1121.79 元，东部人均值为全国人均值的 103.11%，东北人均值为全国人均值的 76.60%，中部人均值为全国人均值的 89.21%，西部人均值为全国人均值的 107.99%。

17 个省域卫生投入人均值高于全国人均值；14 个省域卫生投入人均值低于全国人均值。其中，西藏卫生投入人均值处于首位，高达全国人均值的 279.94%；黑龙江卫生投入人均值处于末位，仅为全国人均值的 70.97%。设全国卫生投入人均值为 1 来检测，西藏为 2.7994，黑龙江为 0.7097。

检测教科文卫投入占财政支出的相对比值，就可以看出各地财政支出增长带动教科文卫事业投入增长的协调效应。2018 年，东部比值明显高于全国总体比值 3.86 个百分点，东北比值显著低于全国总体比值 5.36 个百分点，中部比值明显高于全国总体比值 2.92 个百分点，西部比值略微低于全国总体比值 0.02 个百分点。

18 个省域教科文卫投入占财政支出比高于全国总体比值；13 个省域教科文卫投入占财政支出比低于全国总体比值。其中，广东此项比值处于首位，高出全国总体比值 8.32 个百分点；黑龙江此项比值处于末位，低于全国总体比值 7.10 个百分点。

根据本项测评体系的后台演算数据库检验，2018 年仅有福建、广东、安徽、江西、重庆、贵州、云南 7 个省域教科文卫投入与财政支出的比例为 2000 年以来历年最佳（最高）值（对照本书 B.5 一文表 3）。这意味着，其余 24 个省域在此项指标检测中存在着既有"协调增长"的"应然差距"。在这 24 个省域里，青海此项比值检测差距最小，其现有实际值低于历年最佳值 0.41 个百分点；宁夏此项比值检测差距最大，其现有实际值低于历年最佳值 5.69 个百分点。

各省域之间财政支出增长、教科文卫投入增长两项系数最佳比值叠加检测，全部 31 个省域存在既有"协调增长"的"应然差距"。其间，江西两项系数最佳比值叠加检测差距最小，为 2.33%，即教科文卫投入人均值应为现有实际值的 102.33%，达到 4119.76 元；天津两项系数最佳比值叠加检测差距最大，为 40.72%，即教科文卫投入人均值应为现有实际值的 140.72%，达到 7228.46 元。其余省域依此类推。

（二）教科文卫投入增长系数的均衡性检验

2018 年全国及各地教育、科技、卫生投入人均值地区差对比见图 4。图 4 直观体现全国及各地教育、科技和卫生投入三项人均值地区差指数的差异，对应于前面全国及各地教育、科技和卫生投入三项人均值的差异分析。

依照本项研究评价独创的地区差距指标检测，2018 年，全国教育投入人均值的地区差为 1.2762，科技投入人均值的地区差为 1.6768，卫生投入人均值的地区差为 1.2662。这就是说，基于各地教育、科技和卫生投入三项人均值数据分别演算，31 个省域教育投入人均值与全国总体人均值之绝对偏差值的平均值为 0.2762 或 27.62%；科技投入人均值与全国总体人均值之绝对偏差值的平均值为 0.6768 或 67.68%；卫生投入人均值与全国总体人均值之绝对偏差值的平均值为 0.2662 或 26.62%。

根据本项测评体系的后台演算数据库筛查，2000 年以来，全国教育投入人均值地区差的最小（最佳）值为 2012 年的 1.2497，最大值为 2000 年的 1.4389。现有实际地区差指数值大于最佳值 2.12%，"均衡增长"差距较明显扩大。按照本项测评体系所设置的指标及其方法检验，这就是 2000 年以来全国各地之间教育投入增长保持既有均衡"最佳状态"的"应然差距"。

东部此项地区差历年最佳值为 1.2811，现有实际值为 1.2833，大于最佳值 0.17%，"均衡增长"差距略微扩大；东北此项地区差历年最佳值为 1.0238，现有实际值为 1.3024，大于最佳值 27.22%，"均衡增长"差距极显著扩大；中部此项地区差历年最佳值为 1.1732，现有实际值为 1.1983，大于最佳值 2.13%，"均衡增长"差距较明显扩大；西部此项地区差历年最佳值为 1.2411，现有实际值为 1.3027，大于最佳值 4.96%，"均衡增长"差距明显扩大。各省域依此类推。

详细检测 2018 年各地教育投入人均值地区差之间的差异，东部地区差略微大于全国总体地区差 0.56%，东北地区差略微大于全国总体地区差 2.06%，中部地区差明显小于全国总体地区差 6.10%，西部地区差略微大于全国总体地区差 2.08%。

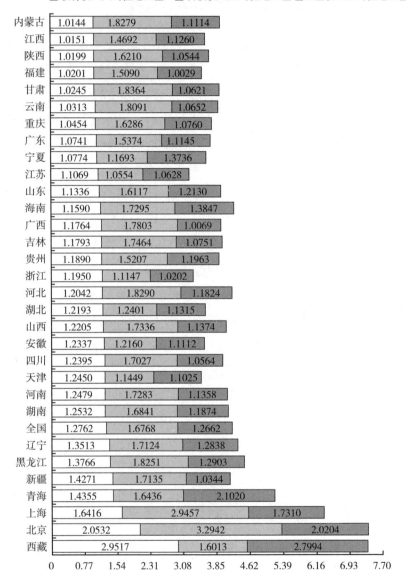

□教育投入人均值地区差　■科技投入人均值地区差　■卫生投入人均值地区差

	教育投入人均值地区差	科技投入人均值地区差	卫生投入人均值地区差
内蒙古	1.0144	1.8279	1.1114
江西	1.0151	1.4692	1.1260
陕西	1.0199	1.6210	1.0544
福建	1.0201	1.5090	1.0029
甘肃	1.0245	1.8364	1.0621
云南	1.0313	1.8091	1.0652
重庆	1.0454	1.6286	1.0760
广东	1.0741	1.5374	1.1145
宁夏	1.0774	1.1693	1.3736
江苏	1.1069	1.0554	1.0628
山东	1.1336	1.6117	1.2130
海南	1.1590	1.7295	1.3847
广西	1.1764	1.7803	1.0069
吉林	1.1793	1.7464	1.0751
贵州	1.1890	1.5207	1.1963
浙江	1.1950	1.1147	1.0202
河北	1.2042	1.8290	1.1824
湖北	1.2193	1.2401	1.1315
山西	1.2205	1.7336	1.1374
安徽	1.2337	1.2160	1.1112
四川	1.2395	1.7027	1.0564
天津	1.2450	1.1449	1.1025
河南	1.2479	1.7283	1.1358
湖南	1.2532	1.6841	1.1874
全国	1.2762	1.6768	1.2662
辽宁	1.3513	1.7124	1.2838
黑龙江	1.3766	1.8251	1.2903
新疆	1.4271	1.7135	1.0344
青海	1.4355	1.6436	2.1020
上海	1.6416	2.9457	1.7310
北京	2.0532	3.2942	2.0204
西藏	2.9517	1.6013	2.7994

0　　0.77　　1.54　　2.31　　3.08　　3.85　　4.62　　5.39　　6.16　　6.93　　7.70

图4　2018年全国及各地教育、科技、卫生投入人均值地区差对比

坐标轴：各地教育投入人均值地区差（无差距=1），按从小到大顺序自上而下排列。横向柱形：人均值地区差，左为教育投入地区差，中为科技投入地区差，右为卫生投入地区差。

　　24 个省域教育投入人均值地区差小于全国总体地区差；7 个省域教育投入人均值地区差大于全国总体地区差。其中，内蒙古教育投入人均值地区差处于首位，低至全国总体地区差的 79.48%；西藏教育投入人均值地区差处于末位，高达全国总体地区差的 231.29%。

　　根据本项测评体系的后台演算数据库检验，2018 年仅有天津、上海、江西 3 个省域教育投入人均值的地区差为 2000 年以来历年最佳（最小）值。这意味着，其余 28 个省域在此项指标检测中存在着地区之间既有"均衡增长"的"应然差距"。在这 28 个省域里，安徽此项地区差检测差距最小，其现有实际值大于历年最佳值 0.44%；西藏此项地区差检测差距最大，其现有实际值大于历年最佳值 52.27%。

　　2000 年以来，全国科技投入人均值地区差的最小（最佳）值为 2017 年的 1.6739，最大值为 2009 年的 1.8297。现有实际地区差指数值大于最佳值 0.18%，"均衡增长"差距略微扩大。按照本项测评体系所设置的指标及其方法检验，这就是 2000 年以来全国各地之间科技投入增长保持既有均衡"最佳状态"的"应然差距"。

　　同期，东部此项地区差历年最佳值为 1.7363，现有实际值为 1.7771，大于最佳值 2.35%，"均衡增长"差距较明显扩大；东北此项地区差历年最佳值为 1.4771，现有实际值为 1.7613，大于最佳值 19.24%，"均衡增长"差距极显著扩大；中部此项地区差历年最佳值为 1.5119，现有实际值为 1.5119，实有值即为最佳值，"均衡增长"差距缩小；西部此项地区差历年最佳值为 1.6233，现有实际值为 1.6545，大于最佳值 1.92%，"均衡增长"差距略微扩大。各省域依此类推。

　　详细检测 2018 年各地科技投入人均值地区差之间的差异，东部地区差明显大于全国总体地区差 5.98%，东北地区差明显大于全国总体地区差 5.04%，中部地区差显著小于全国总体地区差 9.84%，西部地区差略微小于全国总体地区差 1.33%。

　　15 个省域科技投入人均值地区差小于全国总体地区差；16 个省域科技投入人均值地区差大于全国总体地区差。其中，江苏科技投入人均值地区差处于首位，低至全国总体地区差的62.94%；北京科技投入人均值地区差处于末位，高达全国总体地区差的196.46%。

根据本项测评体系的后台演算数据库检验，2018年仅有湖北、江西、湖南、宁夏、重庆、四川、贵州7个省域科技投入人均值的地区差为2000年以来历年最佳（最小）值。这意味着，其余24个省域在此项指标检测中存在着地区之间既有"均衡增长"的"应然差距"。在这24个省域里，河南此项地区差检测差距最小，其现有实际值大于历年最佳值0.23%；广东此项地区差检测差距最大，其现有实际值大于历年最佳值45.05%。

2000年以来，全国卫生投入人均值地区差的最小（最佳）值为2014年的1.2200，最大值为2000年的1.6569。现有实际地区差指数值大于最佳值3.78%，"均衡增长"差距较明显扩大。按照本项测评体系所设置的指标及其方法检验，这就是2000年以来全国各地之间卫生投入增长保持既有均衡"最佳状态"的"应然差距"。

同期，东部此项地区差历年最佳值为1.2625，现有实际值为1.2835，大于最佳值1.66%，"均衡增长"差距略微扩大；东北此项地区差历年最佳值为1.0072，现有实际值为1.2164，大于最佳值20.78%，"均衡增长"差距极显著扩大；中部此项地区差历年最佳值为1.0810，现有实际值为1.1382，大于最佳值5.29%，"均衡增长"差距明显扩大；西部此项地区差历年最佳值为1.2632，现有实际值为1.3282，大于最佳值5.14%，"均衡增长"差距明显扩大。各省域依此类推。

详细检测2018年各地卫生投入人均值地区差之间的差异，东部地区差略微大于全国总体地区差1.37%，东北地区差较明显小于全国总体地区差3.93%，中部地区差显著小于全国总体地区差10.10%，西部地区差明显大于全国总体地区差4.90%。

23个省域卫生投入人均值地区差小于全国总体地区差；8个省域卫生投入人均值地区差大于全国总体地区差。其中，福建卫生投入人均值地区差处于首位，低至全国总体地区差的79.21%；西藏卫生投入人均值地区差处于末位，高达全国总体地区差的221.10%。

根据本项测评体系的后台演算数据库检验，2018年仅有天津、福建、新疆3个省域卫生投入人均值的地区差为2000年以来历年最佳（最小）值。这意味着，其余28个省域在此项指标检测中存在着地区之间既有"均衡增长"的"应然差距"。在这28个省域里，广西此项地区差检测差距最小，其现有实际值大于历年最佳值0.30%；青海此项地区差检测差距最大，其现有实际值大于历年最佳值49.72%。

三　文化投入增长的协调性、均衡性检测

在相关的众多数据组里，本项研究测评最后需要提取文化投入历年数据与教科文卫综合投入历年数据加以比较，检测文化投入占教科文卫综合投入比变动态势，并将此项比值界定为"文化投入增长系数"。确定文化投入的应有地位和分量同样必须寻找事实依据，文化投入与教育、科技、卫生投入的相邻关系就是最好的参照系。一来教科文卫诸方面具有人所共知的相邻可比性，若出现"厚此薄彼"的情况很容易看出来；二来文化投入在教科文卫综合投入中所占分量形成历年变化，从中可以看到"应然"与否的"第一手"取舍。

（一）文化投入增长系数的协调性检验

2018年全国及各地文化投入占教科文卫投入比对比见图5。图5直观体现全国及各地文化投入占教科文卫综合投入的相对比值，以及各地之间文化投入、教科文卫综合投入人均值的大小比例差异。

2018年，全国教科文卫综合投入人均值为4283.50元，文化投入人均值为254.02元，文化投入占教科文卫综合投入为5.93%。这就是说，全国教育、科技、文化和卫生这几项相邻事业的综合投入中，有5.93%投向文化事业。

图5　2018年全国及各地文化投入占教科文卫投入比对比

坐标轴：各地文化投入占教科文卫综合投入比（%），按从大到小顺序自上而下排列。横向柱形：
左侧为教科文卫综合投入人均值（元），右侧为文化投入人均值（元）。各地人均值同时直观体现教科
文卫投入人均值、文化投入人均值地区差距。

根据本项测评体系的后台演算数据库筛查，2000 年以来，全国文化投入占教科文卫综合投入比的最高（最佳）值为 2005 年的 11.52%，最低值为 2018 年的 5.93%。现有实际比值低于最佳值 5.59 个百分点，"协调增长"差距显著扩大。如果能够保持文化投入增长系数最佳比值，那么 2018 年全国文化投入人均值应达到 493.60 元，为现有实际值的 194.31%。按照本项测评体系所设置的指标及其方法检验，这就是 2000 年以来全国教科文卫综合投入增长带动文化事业投入增长保持既有协调"最佳状态"的"应然差距"。

同期，东部此项比值历年最佳值为 10.88%，现有实际值为 6.45%，低于最佳值 4.43 个百分点，"协调增长"差距显著扩大；东北此项比值历年最佳值为 11.98%，现有实际值为 6.29%，低于最佳值 5.69 个百分点，"协调增长"差距显著扩大；中部此项比值历年最佳值为 12.04%，现有实际值为 4.97%，低于最佳值 7.07 个百分点，"协调增长"差距极显著扩大；西部此项比值历年最佳值为 12.19%，现有实际值为 6.02%，低于最佳值 6.18 个百分点，"协调增长"差距极显著扩大。各省域依此类推。

至此需要更深入一层展开检验测算，把以上财政支出增长系数、教科文卫投入增长系数、文化投入增长系数三项检测最佳比值叠加演算。2018 年全国文化投入人均值应达到 533.67 元，为现有实际值的 210.09%。按照本项测评体系所设置的指标及其方法进行检验，这就是 2000 年以来全国经济增长带动公共财政支出增长，继而公共财政支出增长带动教科文卫投入增长，再而教科文卫综合投入增长带动文化投入增长保持既有"协调增长"的"应然差距"。

与之相对应，东部文化投入人均值应达到 527.47 元，为现有实际值的 178.87%；东北文化投入人均值应达到 389.11 元，为现有实际值的 224.64%；中部文化投入人均值应达到 415.50 元，为现有实际值的 255.22%；西部文化投入人均值应达到 492.19 元，为现有实际值的 209.91%。四大区域文化投入人均值与全国总体目标测算值都十分接近，仅有中部略显偏低。

教科文卫综合投入人均值分析见上一节，文化投入人均值数据直接体现各地文化事业投入差异。2018 年，东部人均值为全国人均值的 116.09%，东北人均值为全国人均值的 68.19%，中部人均值为全国人均值的 64.09%，西部人均值为全国人均值的 92.31%。

14 个省域文化投入人均值高于全国人均值；17 个省域文化投入人均值低于全国人均值。其中，西藏文化投入人均值处于首位，高达全国人均值的 532.11%；河南文化投入人均值处于末位，仅为全国人均值的 42.33%。设全国文化人均值为 1 来检测，西藏为 5.3211，河南为 0.4233。

检测文化投入占教科文卫综合投入的相对比值，就可以看出各地教科文卫综合投入增长带动文化事业投入增长的协调效应。2018 年，东部比值略微高于全国总体比值 0.52 个百分点，东北比值略微高于全国总体比值 0.36 个百分点，中部比值略微低于全国总体比值 0.96 个百分点，西部比值略微高于全国总体比值 0.09 个百分点。

16 个省域文化投入占教科文卫综合投入比高于全国总体比值；15 个省域文化投入占教科文卫综合投入比低于全国总体比值。其中，西藏此项比值处于首位，高出全国总体比值 5.77 个百分点；河南此项比值处于末位，低于全国总体比值 2.32 个百分点。

根据本项测评体系的后台演算数据库检验，2018 年全部省域文化投入与教科文卫综合投入的比例均非 2000 年以来历年最佳（最高）值（对照本书 B.5 一文表 2）。这意味着，全部 31 个省域在此项指标检测中存在着既有"协调增长"的"应然差距"。其间，北京此项比值检测差距最小，其现有实际值低于历年最佳值 0.31 个百分点；河南此项比值检测差距最大，其现有实际值低于历年最佳值 10.11 个百分点。

各省域之间财政支出增长、教科文卫投入增长、文化投入增长三项系数最佳比值多重检测，全部 31 个省域存在既有"协调增长"的"应然差距"。海南、北京、上海、内蒙古、西藏、青海、山西、浙江、陕西、甘肃、湖南 11 个省域既有"协调增长"的"应然差距"从小到大依次小于全国检测差距；20 个省域既有"协调增长"的"应然差距"从小到大依次大于全国检测差距。

2018 年各省域三项系数最佳比值多重检测综合结果，按文化投入人均测算值高低，以下取首尾各 3 个省域，具体测算各自"应有"增长目标和增长差距，作为具体示例，其余省域依此类推。

西藏处于首位，人均值应达到 2154.63 元，为现有实际值的 159.40%；北京处于次位，人均值应达到 1347.62 元，为现有实际值的 118.73%；上海处于再次位，人均值应达到 983.52 元，为现有实际值的 127.66%。

黑龙江处于倒数第 3 位，人均值应达到 381.91 元，为现有实际值的 312.53%；辽宁处于倒数第 2 位，人均值应达到 352.56 元，为现有实际值的 214.90%；河北处于倒数第 1 位，人均值应达到 343.32 元，为现有实际值的 224.70%。

（二）文化投入增长系数的均衡性检验

2018 年全国及各地文化投入人均值及其地区差对比见图 6。图 6 直观体现全国及各地文化投入人均值的差异，并标明全国及各地文化投入人均值的地区差指数，同时附有教科文卫综合投入人均值的地区差指数。

依照本项研究评价独创的地区差距指标检测，2018 年，全国文化投入人均值的地区差为 1.6468。这就是说，基于各地文化投入人均值数据分别演算，31 个省域文化投入人均值与全国总体人均值之绝对偏差值的平均值为 0.6468 或 64.68%。

根据本项测评体系的后台演算数据库筛查，2000 年以来，全国文化投入人均值地区差的最小（最佳）值为 2006 年的 1.3748，最大值为 2007 年的 1.6581。现有实际地区差指数值大于最佳值 19.79%，"均衡增长"差距极显著扩大。按照本项测评体系所设置的指标及其方法检验，这就是 2000 年以来全国各地之间文化投入增长保持既有均衡"最佳状态"的"应然差距"。

东部此项地区差历年最佳值为 1.5603，现有实际值为 1.8155，大于最佳值 16.36%，"均衡增长"差距极显著扩大；东北此项地区差历年最佳值为 1.0364，现有实际值为 1.2977，大于最佳值 25.21%，"均衡增长"差距极显著扩大；中部此项地区差历年最佳值为 1.2946，现有实际值为 1.3161，大于最佳值 1.66%，"均衡增长"差距略微扩大；西部此项地区差历年最佳值为 1.3178，现有实际值为 1.7588，大于最佳值 33.46%，"均衡增长"差距极显著扩大。各省域依此类推。

□ 文化投入人均值　■ 教科文卫综合投入地区差

地区	文化投入人均值	教科文卫综合投入地区差
山西（1.0147）	250.28	1.2581
吉林（1.0201）	259.13	1.2193
江苏（1.0344）	245.29	1.0469
甘肃（1.0848）	275.57	1.1086
广东（1.1254）	285.89	1.1524
福建（1.1504）	215.82	1.0684
新疆（1.1716）	297.60	1.1499
浙江（1.2064）	306.46	1.1281
湖南（1.2301）	195.57	1.2947
湖北（1.2462）	191.47	1.2008
四川（1.2672）	186.16	1.2578
陕西（1.2897）	327.60	1.0660
江西（1.3282）	170.66	1.0601
贵州（1.3333）	169.35	1.0609
天津（1.3368）	339.59	1.1992
宁夏（1.3409）	340.62	1.1362
辽宁（1.3542）	164.05	1.3842
重庆（1.3715）	159.64	1.1144
山东（1.3972）	153.12	1.2368
河北（1.3985）	152.79	1.2972
云南（1.4098）	149.93	1.1370
广西（1.4897）	129.64	1.2349
安徽（1.5007）	126.83	1.2150
黑龙江（1.5190）	122.20	1.4251
河南（1.5767）	107.33	1.3051
全国（1.6468）	254.02	1.3049
内蒙古（1.6992）	431.64	1.0527
海南（2.0050）	509.33	1.1443
青海（2.3267）	591.04	1.5123
上海（3.0328）	770.41	1.9295
北京（4.4682）	1135.01	2.3611
西藏（5.3211）	1351.68	2.6960

0　147　294　441　588　735　882　1029　1176　1323　1470

图 6　2018 年全国及各地文化投入人均值及其地区差对比

坐标轴：各地文化投入人均值地区差（无差距 =1），按从小到大顺序自上而下排列。横向柱形：左为文化投入人均值（元），右附教科文卫综合投入人均值地区差。上下对比直观体现文化投入人均值地区差距。

　　详细检测 2018 年各地文化投入人均值地区差之间的差异，东部地区差显著大于全国总体地区差 10.25%，东北地区差极显著小于全国总体地区差 21.20%，中部地区差极显著小于全国总体地区差 20.08%，西部地区差明显大于全国总体地区差 6.80%。

　　25 个省域文化投入人均值地区差小于全国总体地区差；6 个省域文化投入人均值地区差大于全国总体地区差。其中，山西文化投入人均值地区差处于首位，低至全国总体地区差的 61.62%；西藏文化投入人均值地区差处于末位，高达全国总体地区差的 323.12%。

　　根据本项测评体系的后台演算数据库检验，2018 年仅有天津、湖北、新疆 3 个省域文化投入人均值的地区差为 2000 年以来历年最佳（最小）值。这意味着，其余 28 个省域在此项指标检测中存在着地区之间既有"均衡增长"的"应然差距"。在这 28 个省域里，江西此项地区差检测差距最小，其现有实际值大于历年最佳值 0.19%；西藏此项地区差检测差距最大，其现有实际值大于历年最佳值 124.39%。

　　在此有必要说明，如图 6 所示，相邻各地之间，有的省域文化投入人均值高于全国总体人均值，有的省域文化投入人均值低于全国总体人均值，为何其间人均值地区差竟然十分接近？这正是本项研究设计"地区差"指标的独特构思。以全国总体人均值为基准，与此均值相比产生偏离的高低数值皆为偏差值。譬如甲地高于全国均值的部分恰好与乙地低于全国均值的部分相等，那么两地人均值与全国总体人均值的绝对偏差值就相等，人均值地区差指数也就相等。本项研究的"地区差"指标设计思路在于，各地无论是"高于"还是"低于"，测量出的只能是绝对偏差值，换句话说，各地无论是"领先"还是"滞后"，表现出的只会是对全国"均衡"的偏离，均非理想"同步"状态。"均衡发展"的本义在于，既要消除"滞后"，又需避免"领先"，正是"领先"的超越反衬出"滞后"。公共财政投入属国家治理范畴，切不可"钱多就任性，钱少就随意"。

四 文化民生需求同构占比检测

同时调用"中国公共文化投入增长测评体系"与"中国文化消费需求景气评价体系"后台数据库，并行展开同构关联演算检测（对照本书 B.5 一文表 9、表 10），2018 年全国及各地文化消费与投入占收入、支出比对比见图 7。图 7 直观体现全国及各地文化消费占居民收入、支出比（现有实际值）与文化投入占财政收入、支出比（最佳比值测算值）之间的差异，并演算得出同构占比倍差平衡指数。

首先可以肯定，人类个体（个人及家庭）与群体（地区和国家）的需求具有质的同构性，也具有量的可比性。在这里即可落实为，城乡文化消费占居民收入比与公共文化投入占财政收入比应当具有同构可比性。这就意味着，以全中国亿万人平均而论，公共文化投入占财政收入比应与全国城乡文化消费占居民收入比持平，这样才具有贴切响应文化民生需求自然表现的"合理性"。

其次需要看到，城乡文化消费占居民总消费支出比与公共文化投入占财政支出比虽也具有质的同构性，却不具有量的可比性。这是因为，居民个人和家庭消费币值量一般总会小于收入币值量（个别地区乡村平均值在个别年度例外），剩余的部分则为积蓄；而国家和地区财政支出币值量一般总会大于财政收入币值量（个别年度例外），超出的部分则为预算赤字。落实到这里，即公共文化投入占财政支出比低于城乡文化消费占居民总消费支出比尚属"正常"，不过问题还在于，低于多少才属于"正常"。

最后进行推演，①公共文化投入占财政收入比与城乡文化消费占居民收入比持平，应是"合理"的，国家和地区公共文化投入应当准确响应文化民生需求自然表现出来的取向，这样就使两项"同构占比"归一，其间的倍差势必构成差距；②公共文化投入占财政支出比与占财政收入比持平，也应是"合理"的，即预算赤字"超支"部分应当以同样比例用于公共文化投入，这样也使两项"同质占比"归一，其间的出入势必也构成差距。倍差演算：无差距基准值 1 加同构收入比、支出比之间商值与之绝对偏差值。

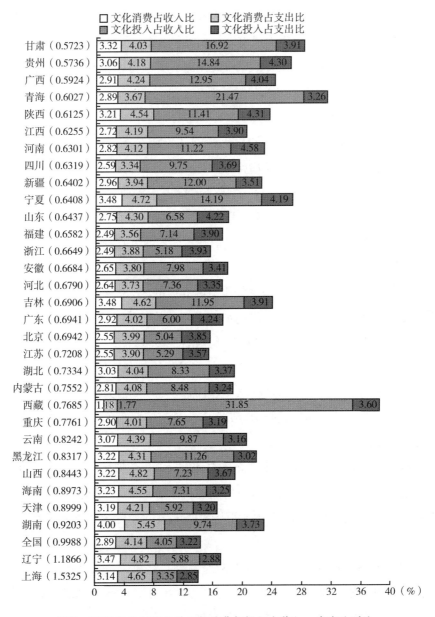

图7 2018年全国及各地文化消费与投入占收入、支出比对比

坐标轴：各地同构占比倍差平衡指数，按从小到大顺序自上而下排列。横向柱形：由左至右为文化消费占收入、支出比（%，现有实际值），文化投入占收入、支出比（%，最佳比值测算值）。倍差演算：无差距基准值1加同构收入比、支出比之间商值与之绝对偏差值，再以收入比、支出比两项倍差之间商值作为平衡指数。

假如以上判断和推论成立，那么就可以取文化消费与投入占收入、支出比两项倍差之间商值（再次形成倍差），作为"文化民生需求系数"同构占比平衡检测的差距指数，在历年三项最佳比值多重测算基础上，再进一步推进同构占比二重平衡假定测算。

2018年，全国文化消费占居民收入比为2.89%，占居民总消费支出比为4.14%，皆系现有实际值；取以上最佳比值测算结果，文化投入占财政收入比应为4.05%，占财政支出比应为3.22%。即便以最佳比值测算来看，全国文化投入占财政收入比仍高于文化消费占居民收入比1.16个百分点，文化投入占财政支出比仍低于文化消费占居民总消费支出比0.92个百分点。若全国文化投入占财政收入比与文化消费占居民收入比持平，同时文化投入占财政收入、支出比自身再予平衡，全国文化投入人均值应达到533.04元，为现有实际值的209.84%，为最佳比值测算值的99.88%。

同样检测四大区域同构占比差距，东部人均值应达到421.58元，为现有实际值的142.96%，为最佳比值测算值的79.92%；东北人均值应达到371.11元，为现有实际值的214.25%，为最佳比值测算值的95.37%；中部人均值应达到300.52元，为现有实际值的184.59%，为最佳比值测算值的72.33%；西部人均值应达到341.57元，为现有实际值的145.67%，为最佳比值测算值的69.40%。

29个省域同构占比差距小于全国总体差距；2个省域同构占比差距大于全国总体差距。其中，甘肃同构占比差距指数处于首位，低至全国总体差距指数的57.30%；上海同构占比差距指数处于末位，高达全国总体差距指数的153.43%。

2018年各省域同构占比二重平衡检测综合结果，按文化投入人均测算值高低，以下取首尾各3个省域，具体测算各自"应有"增长目标和增长差距，作为具体示例，其余省域依此类推。

西藏处于首位，人均值应达到1655.93元，为现有实际值的122.51%，为最佳比值测算值的76.85%；上海处于次位，人均值应达到1507.23元，为现有实际值的195.64%，为最佳比值测算值的153.25%；北京处于再次位，人均值应达到 935.53 元，为现有实际值的 82.42%，为最佳比值测算值的 69.42%。

广西处于倒数第 3 位，人均值应达到 262.92 元，为现有实际值的 202.82%，为最佳比值测算值的 59.24%；安徽处于倒数第 2 位，人均值应达到 258.67 元，为现有实际值的 203.96%，为最佳比值测算值的 66.84%；河北处于倒数第 1 位，人均值应达到 233.13 元，为现有实际值的 152.58%，为最佳比值测算值的 67.90%。

五　文化投入增长的应然测算

2018 年全国文化投入总量、人均值增长差距测算见图 8，其中增长目标测算值包括"最佳比值""同构占比""全国均等"三项，前一项属于协调增长"应然目标"测算，中间一项属于"民生目标"附加测算，后一项属于均衡发展"理想目标"测算。各地依此类推。

	现有实际值	最佳比值测算	同构占比测算	全国均等测算
■总量（左轴）	3537.86	7435.20	7422.91	15807.69
□人均值（右轴）	254.02	533.86	532.98	1135.01

图 8　2018 年全国文化投入总量、人均值增长目标测算

实线：现有实际值；虚线：目标测算值。最佳比值测算：假设全国产值—财政支出—教科文卫综合投入—文化投入间均实现 2000 年以来最佳比值；同构占比测算：假设在最佳比值基础上进一步实现文化投入占财政收入、支出比与文化消费占居民收入、支出比合理平衡；全国均等测算：假设全国及 31 个省域公共文化投入以人均值计算彻底实现均等化（按北京人均值测算）。

（1）最佳比值目标：假设全国产值—财政支出、财政支出—教科文卫综合投入、教科文卫综合投入—文化投入之间均实现2000年以来最佳比值，以三项最佳比值叠加测算。按照这一"应然目标"测算，2018年全国文化投入人均值应达到533.86元，总量应达到7435.20亿元，为现有实际值的210.16%。

（2）同构占比目标：假设文化投入占财政收入比与文化消费占居民收入比持平，同时文化投入占财政收入、支出比再予平衡。按照这一"民生目标"测算，2018年全国文化投入人均值应达到532.98元，总量应达到7422.91亿元，为现有实际值的209.81%。

（3）全国均等目标：假设全国各地之间产值人均值—财政支出人均值—教科文卫综合投入人均值—文化投入人均值全面消除地区差距，同时全面实现2000年以来三项最佳比值（唯有北京曾经在2012年实现），以北京文化投入人均值测算。按照这一"理想目标"测算，2018年全国文化投入人均值应达到1135.01元，总量应达到15807.69亿元，为现有实际值的446.82%。

实际上，以上假定测算得到重要发现：如果各地普遍实现三项最佳比值增长，或进一步实现同构占比二重倍差平衡，那么文化投入人均值地区差将普遍明显缩小，各地文化投入人均值将会十分接近，为今后实现全国文化投入均等化（以人均值衡量）奠定良好基础。最终达到全国各地文化投入均等化正是公共财政、公共文化服务追求的理想目标。

B.4
全国省域公共文化投入增长
综合评价排行

——2000 年以来纵向与 2018 年横向测评

王亚南　方　彧　陈勇强*

摘　要： 2000～2018 年，全国 16 个省域文化投入总量年均增长超过
15%，其中 1 个省域总量年均增长超过 20%，海南、北京、
青海、西藏、陕西处于总量增长及份额提升前 5 位；11 个省
域文化投入人均值年均增长超过 15%，海南、青海、西藏、
北京、陕西处于人均值增长前 5 位。各省域文化投入增长综
合评价排行：无差距理想值横向测评，西藏、北京、海南、
青海、上海为"2018 年文化投入指数排名"前 5 位；自身基
数值纵向测评，海南、青海、西藏、北京、陕西为"2000～
2018 年文化投入指数提升度"前 5 位；海南、西藏、青海、
北京、陕西为"2005～2018 年文化投入指数提升度"前 5
位；海南、湖南、湖北、山西、福建为"2010～2018 年文化
投入指数提升度"前 5 位；山西、海南、湖北、河北、北京
为"2017～2018 年文化投入指数提升度"前 5 位。

关键词： 全国省域　文化投入　历年检测　综合评价　指数排行

* 王亚南，云南省社会科学院研究员，文化发展研究中心主任，主要研究方向为民俗学、民族
学及文化理论、文化战略和文化产业；方彧，中国老龄科学研究中心副研究员，中国社会科
学院博士，主要研究方向为口头传统、老龄文化和文化产业；陈勇强，昆明市社会科学院副
院长，主要从事文化建设、文化产业研究。

本文分析面向全国及东部、中部、西部和东北四大区域、31个省级行政区划（以下统称"省域"，包括省、自治区和直辖市，不涉及港澳台），首先检测文化投入总量、人均值增长，其次检测经济、财政增长的相关社会背景，同时检测教科文卫投入增长的相邻同步关系，再次检测居民文化消费占收入、支出比的同构可比关系，最后检测文化投入人均值演算的地区差变动状况，由此形成多重关系交叉对比，综合测评2018年各省域文化投入增长指数排行。鉴于另有省域子报告详加考察，文中侧重于全国总体增长与东部、中部、西部及东北四大区域各自不同增长加以比较，对31个省域则着眼于各项检测指标排行。

一 各省域文化投入增长基本情况

全国及各省域文化投入总量增长态势可以提供一种宏观视角，便于把握基本态势，本文分析检测从各省域文化投入总量占全国份额增减变化状况为起点展开。

（一）文化投入总量份额增减变化

文化投入总量增长及其占全国份额变动状况见表1，全国总体数据及其相关衍生值作为演算基准，列于表1首行。各省域依所处地理方位，从北到南、由东至西分为东北和东部、中部、西部四大区域，按18年间文化投入总量占全国份额增减变化幅度高低排列。其中，省域主排行以1、2、3…为序，四大区域作为附加排行以［1］、［2］、［3］、［4］为序（后同）。

2000～2018年，全国文化投入总量从300.29亿元增长至3537.86亿元，增量绝对值为3237.57亿元，总增长1078.16%，年均增长14.69%。

同期，东部总量年均增长15.25%，高于全国年增0.56个百分点，占全国份额由40.84%提升为44.64%；东北总量年均增长11.92%，低于全国年增2.77个百分点，占全国份额由8.25%下降为5.31%；中部总量年均增长 14.79%，高于全国年增 0.10 个百分点，占全国份额由 16.75% 提升为 17.03%；西部总量年均增长 15.25%，高于全国年增 0.56 个百分点，占全国份额由 22.94% 提升为 25.07%。

2000~2018 年各省域文化投入总量年均增长幅度比较，17 个省域总量年均增长高于全国年增；14 个省域总量年均增长低于全国年增。海南占据首位，总量年均增长高于全国年增 5.82 个百分点；黑龙江处于末位，总量年均增长低于全国年增 4.87 个百分点。

各省域文化投入历年总量份额比较。2000 年，广东占据首位，文化投入总量占全国份额的 8.77%；青海处于末位，文化投入总量占全国份额的 0.46%。

到 2018 年，广东占据首位，文化投入总量占全国份额的 9.10%；宁夏处于末位，文化投入总量占全国份额的 0.66%。

这 18 年间，各省域文化投入总量占全国份额增减变化比较，17 个省域占全国份额各有提升；14 个省域占全国份额各有下降。海南占据首位，占全国份额提高 143.66%；黑龙江处于末位，占全国份额降低 54.24%。

表 1　文化投入总量增长及其占全国份额变动状况

地区	文化投入总量增长				占全国份额变动			
	2000 年总量（亿元）	2018 年总量（亿元）	18 年年均增长		2000 年份额（%）	2018 年份额（%）	18 年份额增减	
			增长指数（上年=1）	指数排序			增减（%）	增减排序
全国	300.29	3537.86	1.1469	—	100	100	—	—
中央财政	33.69	281.13	1.1251	—	11.2192	7.9463	−29.17	—
海南	1.65	47.37	1.2050	1	0.5495	1.3389	143.66	1
北京	9.26	245.43	1.1997	2	3.0837	6.9372	124.96	2
上海	11.67	186.52	1.1665	7	3.8862	5.2721	35.66	7
浙江	13.69	174.59	1.1519	15	4.5589	4.9349	8.25	15
广东	26.33	321.84	1.1492	17	8.7682	9.0970	3.75	17
江苏	17.05	197.22	1.1457	18	5.6778	5.5746	−1.82	18
天津	4.64	52.92	1.1448	21	1.5452	1.4958	−3.20	21
河北	10.73	115.17	1.1409	22	3.5732	3.2554	−8.89	22

续表

地区	文化投入总量增长				占全国份额变动			
	2000年总量（亿元）	2018年总量（亿元）	18年年均增长		2000年份额（%）	2018年份额（%）	18年份额增减	
			增长指数（上年=1）	指数排序			增减（%）	增减排序
山东	17.57	153.52	1.1280	26	5.8510	4.3393	-25.84	26
福建	10.05	84.73	1.1257	27	3.3468	2.3950	-28.44	27
东部	122.64	1579.31	1.1525	[1]	40.8405	44.6403	9.30	[1]
青海	1.39	35.49	1.1972	3	0.4629	1.0031	116.70	3
西藏	2.01	46.02	1.1900	4	0.6694	1.3008	94.32	4
陕西	7.60	126.11	1.1689	5	2.5309	3.5646	40.84	5
内蒙古	6.61	109.27	1.1686	6	2.2012	3.0886	40.31	6
重庆	3.37	49.31	1.1608	9	1.1222	1.3938	24.20	9
四川	10.627	154.91	1.1605	10	3.5389	4.3786	23.73	10
新疆	5.13	73.39	1.1593	12	1.7083	2.0744	21.43	12
宁夏	1.81	23.33	1.1526	14	0.6028	0.6594	9.39	14
甘肃	5.75	72.52	1.1512	16	1.9148	2.0498	7.05	16
贵州	5.78	60.80	1.1397	23	1.9248	1.7186	-10.71	23
广西	8.18	63.59	1.1207	28	2.7240	1.7974	-34.02	28
云南	10.634	72.20	1.1123	30	3.5412	2.0408	-42.37	30
西部	68.89	886.94	1.1525	[2]	22.9412	25.0700	9.28	[2]
湖南	9.03	134.54	1.1619	8	3.0071	3.8029	26.46	8
江西	5.48	79.10	1.1599	11	1.8249	2.2358	22.52	11
山西	6.50	92.85	1.1592	13	2.1646	2.6245	21.25	13
湖北	9.88	113.15	1.1451	20	3.2902	3.1983	-2.79	20
安徽	7.92	79.77	1.1369	24	2.6375	2.2548	-14.51	24
河南	11.49	103.04	1.1296	25	3.8263	2.9125	-23.88	25
中部	50.29	602.46	1.1479	[3]	16.7471	17.0289	1.68	[3]
吉林	6.09	70.24	1.1455	19	2.0280	1.9854	-2.10	19
辽宁	10.10	71.59	1.1149	29	3.3634	2.0235	-39.84	29
黑龙江	8.57	46.20	1.0981	31	2.8539	1.3059	-54.24	31
东北	24.77	188.03	1.1192	[4]	8.2487	5.3148	-35.57	[4]

注：①表中全国、中央财政及各地文化投入总量数据来源于《中国统计年鉴》，地方财政合计分解为东、中、西部和东北四大区域，其余均为演算衍生数值；②部分地区总量份额较小，故保留4位小数，份额增减百分比负值为下降百分比；③2000年四川与云南文化投入总量需以3位小数比较。

2018 年以上一年为基数，全国文化投入总量年度增长 4.30%，低于"十五"年均增长 14.26 个百分点，低于"十一五"年均增长 12.71 个百分点。同年，12 个省域总量增长高于全国年增；19 个省域总量增长低于全国年增。

由于各省域之间人口规模差异极大，各地文化投入总量数值本身不具可比性，增长幅度和份额变化却可以进行比较，此处仅提供各地总量增长幅度和份额增减排序。鉴于各省域之间文化投入总量占全国份额差距巨大，各地份额增减百分点并无比较意义，故采用份额增减百分比加以比较，便于进行排序。实际上，总量增长与份额增减是联系在一起的，总量年均增长排序与份额增减百分比排序也是一致的。

（二）文化投入人均值增长变化

以年平均人口衡量的文化投入人均值增长状况见表 2，各地按 18 年间文化投入人均值年均增长指数高低排列。

2000 ~ 2018 年，全国文化投入人均值从 23.78 元增长至 254.02 元，人均增量绝对值为 230.24 元，总增长 968.12%，年均增长 14.06%。

同期，东部人均值年均增长 13.84%，低于全国年增 0.22 个百分点，从全国人均值的 120.31% 降至 116.09%，人均增量为全国人均增量的 115.65%；东北人均值年均增长 11.80%，低于全国年增 2.26 个百分点，从全国人均值的 97.81% 降至 68.19%，人均增量为全国人均增量的 65.13%；中部人均值年均增长 14.55%，高于全国年增 0.49 个百分点，从全国人均值的 59.39% 升至 64.09%，人均增量为全国人均增量的 64.58%；西部人均值年均增长 14.94%，高于全国年增 0.88 个百分点，从全国人均值的 80.42% 升至 92.31%，人均增量为全国人均增量的 93.53%。

2000 ~ 2018 年各省域文化投入人均值年均增长幅度比较，15 个省域人均值年均增长高于全国年增；16 个省域人均值年均增长低于全国年增。海南占据首位，人均值年均增长高于全国年增 5.23 个百分点；黑龙江处于末位，人均值年均增长低于全国年增 4.22 个百分点。

各省域文化投入历年人均值比较。2000 年，13 个省域人均值高于全国人均值；18 个省域人均值低于全国人均值。西藏占据首位，人均值高达全国人均值的 328.53%；重庆处于末位，人均值仅为全国人均值的 46.01%。

表2　以年平均人口衡量的文化投入人均值增长状况

| 地区 | 文化投入人均绝对值 | | | | 人均值增长变动 | | | | |
| | 2000 年 | | 2018 年 | | 18 年增量及增量比 | | | 18 年年均增长 | |
	人均值（元）	排序	人均值（元）	排序	增量值（元）	增量比（全国=1）	增量比排序	增长指数（上年=1）	指数排序
全国	23.78	—	254.02	—	230.24	1	—	1.1406	—
青海	27.00	11	591.04	4	564.04	2.4498	4	1.1870	2
西藏	78.13	1	1351.68	1	1273.55	5.5314	1	1.1716	3
陕西	20.94	19	327.60	9	306.66	1.3319	8	1.1651	5
内蒙古	27.92	10	431.64	6	403.72	1.7535	6	1.1643	6
四川	12.39	29	186.16	20	173.77	0.7547	20	1.1625	7
重庆	10.94	31	159.64	24	148.70	0.6458	23	1.1606	8
甘肃	22.55	17	275.57	13	253.02	1.0989	12	1.1492	12
贵州	15.49	25	169.35	22	153.86	0.6683	22	1.1421	15
新疆	28.29	9	297.60	11	269.31	1.1697	11	1.1397	16
宁夏	32.99	6	340.62	7	307.63	1.3361	7	1.1385	18
广西	17.29	22	129.64	28	112.35	0.4880	29	1.1184	26
云南	25.22	12	149.93	27	124.71	0.5417	27	1.1041	30
西部	19.13	[3]	234.48	[2]	215.35	0.9353	[2]	1.1494	[1]
湖南	13.80	26	195.57	18	181.77	0.7895	18	1.1587	9
江西	13.08	27	170.66	21	157.58	0.6844	21	1.1534	10
山西	20.14	20	250.28	15	230.14	0.9996	15	1.1503	11
湖北	16.61	23	191.47	19	174.86	0.7595	19	1.1455	13
安徽	12.64	28	126.83	29	114.19	0.4960	28	1.1367	21
河南	12.17	30	107.53	31	95.36	0.4142	31	1.1287	23
中部	14.12	[4]	162.80	[4]	148.68	0.6458	[4]	1.1455	[2]
海南	21.29	18	509.33	5	488.04	2.1197	5	1.1929	1
北京	70.87	3	1135.01	2	1064.14	4.6219	2	1.1666	4
江苏	23.45	14	245.29	16	221.84	0.9635	16	1.1393	17
上海	74.94	2	770.41	3	695.47	3.0206	3	1.1382	19
浙江	30.19	7	306.46	10	276.27	1.1999	10	1.1374	20

地区	文化投入人均绝对值				人均值增长变动					
	2000 年		2018 年		18 年增量及增量比			18 年年均增长		
	人均值（元）	排序	人均值（元）	排序	增量值（元）	增量比（全国＝1）	增量比排序	增长指数（上年＝1）	指数排序
河北	16.14	24	152.79	26	136.65	0.5935	25	1.1330	22
广东	35.16	5	285.89	12	250.73	1.0890	13	1.1235	24
山东	19.66	21	153.12	25	133.46	0.5797	26	1.1208	25
福建	29.88	8	215.82	17	185.94	0.8076	17	1.1161	27
天津	47.30	4	339.59	8	292.29	1.2695	9	1.1157	28
东部	28.61	[1]	294.89	[1]	266.28	1.1565	[1]	1.1384	[3]
吉林	22.81	15	259.13	14	236.32	1.0264	14	1.1445	14
辽宁	24.19	13	164.05	23	139.86	0.6075	24	1.1122	29
黑龙江	22.56	16	122.20	30	99.64	0.4328	30	1.0984	31
东北	23.26	[2]	173.22	[3]	149.96	0.6513	[3]	1.1180	[4]

注：①表中均为衍生数值，演算依据：《中国统计年鉴》；②人均值"增量比"小于1为小于全国总体人均增量。

到 2018 年，14 个省域人均值高于全国人均值；17 个省域人均值低于全国人均值。西藏占据首位，人均值高达全国人均值的 532.11%；河南处于末位，人均值仅为全国人均值的 42.33%。

2018 年以上一年为基数，全国文化投入人均值年度增长 3.83%，低于"十五"年均增长 13.97 个百分点，低于"十一五"年均增长 12.58 个百分点。同年，12 个省域人均值年均增长高于全国年增；19 个省域人均值年均增长低于全国年增。

当然，文化投入增长状况分析不能孤立地进行，必须放到全国及各地经济、财政增长的相关社会背景当中，放到教科文卫投入增长的相邻同步关系当中，继续展开检测；同时有必要放到居民文化消费占收入、支出比的同构可比关联当中，放到检验各地之间协调性、均等性的地区差指标测算当中，深入展开检测。因基础数据未提供文化投入的城乡投向，故缺反映"中国现实"极为重要的城乡比指标，留下遗憾。在本项测评的具体演算过程中，文化投入相关性比值以总量进行测算，文化投入人均值地区差指数以人均值进行测算。

二 各省域文化投入相关背景协调状况

在本项测评里，全国及各省域文化投入增长首先需要放到经济、财政增长的相关社会背景中，考察其间的"背景协调增长"状况，从而得出背景关系平衡指标演算比值。

（一）文化投入与产值比变化

文化投入与产值相对比值变动状况见表3，各省域按文化投入总量与产值总量的相对比值高低排列。表3同时提供2000年和2018年各地产值总量数据，对照表1中各地文化投入总量数据，可以进行重复验算。

2000～2018年，全国产值总量从100280.10亿元增长至900309.50亿元，年均增长12.97%，低于同期文化投入总量年均增长1.72个百分点，文化投入与产值比从0.30%上升至0.39%。

同期，东部文化投入年均增长高于产值年增2.18个百分点，此项比值从0.23%上升至0.33%；东北文化投入年均增长高于产值年增1.65个百分点，此项比值从0.25%上升至0.33%；中部文化投入年均增长高于产值年增1.02个百分点，此项比值从0.27%上升至0.31%；西部文化投入年均增长高于产值年增1.13个百分点，此项比值从0.40%上升至0.48%。

表3　文化投入与产值相对比值变动状况

地区	2000年			2018年			18年比值升降变化	
	产值总量（亿元）	文化投入与产值比		产值总量（亿元）	文化投入与产值比		升降（%）	排序
		比例（%）	排序		比例（%）	排序		
全国	100280.10	0.2994	—	900309.50	0.3930	—	31.26	—
海南	526.82	0.3135	12	4832.05	0.9803	3	212.70	1
北京	3161.00	0.2930	14	30319.98	0.8095	5	176.28	2
上海	4771.17	0.2446	24	32679.87	0.5707	9	133.32	4

续表

地区	2000年			2018年			18年比值升降变化	
	产值总量（亿元）	文化投入与产值比		产值总量（亿元）	文化投入与产值比		升降（%）	排序
		比例（%）	排序		比例（%）	排序		
河北	5043.96	0.2126	28	36010.27	0.3198	19	50.42	9
浙江	6141.03	0.2230	26	56197.15	0.3107	21	39.33	14
广东	10741.25	0.2451	23	97277.77	0.3308	18	34.97	15
江苏	8553.69	0.1993	31	92595.40	0.2130	30	6.87	20
天津	1701.88	0.2724	18	18809.64	0.2814	25	3.30	22
山东	8337.47	0.2108	29	76469.67	0.2008	31	-4.74	26
福建	3764.54	0.2669	21	35804.04	0.2367	28	-11.32	28
东部	52742.81	0.2325	[4]	480995.84	0.3283	[3]	41.20	[1]
吉林	1951.51	0.3121	13	15074.62	0.4659	12	49.28	10
辽宁	4669.10	0.2164	27	25315.35	0.2828	23	30.68	17
黑龙江	3151.40	0.2720	19	16361.62	0.2824	24	3.82	21
东北	9772.01	0.2534	[3]	56751.59	0.3313	[2]	30.74	[2]
青海	263.68	0.5259	6	2865.23	1.2387	2	135.54	3
西藏	117.80	1.7046	1	1477.63	3.1148	1	82.73	5
甘肃	1052.88	0.5462	4	8246.07	0.8794	4	61.00	6
新疆	1363.56	0.3759	10	12199.08	0.6016	8	60.04	7
内蒙古	1539.12	0.4294	7	17289.22	0.6320	6	47.18	11
四川	3928.20	0.2705	20	40678.13	0.3808	15	40.78	13
陕西	1804.00	0.4215	8	24438.32	0.5160	11	22.42	18
重庆	1603.16	0.2105	30	20363.19	0.2421	27	15.01	19
宁夏	295.02	0.6133	2	3705.18	0.6297	7	2.67	24
广西	2080.04	0.3934	9	20352.51	0.3125	20	-20.56	29
云南	2011.19	0.5287	5	17881.12	0.4038	14	-23.62	30
贵州	1029.92	0.5615	3	14806.45	0.4106	13	-26.87	31
西部	17088.57	0.4032	[1]	184302.13	0.4812	[1]	19.35	[3]
山西	1845.72	0.3521	11	16818.11	0.5521	10	56.80	8
湖南	3551.49	0.2543	22	36425.78	0.3694	16	45.26	12
江西	2003.07	0.2736	16	21984.78	0.3598	17	31.51	16
湖北	3545.39	0.2787	15	39366.55	0.2874	22	3.12	23
安徽	2902.09	0.2727	17	30006.82	0.2658	26	-2.53	25
河南	5052.99	0.2274	25	48055.86	0.2144	29	-5.72	27
中部	18900.75	0.2661	[2]	192657.90	0.3127	[4]	17.51	[4]

注：①表中全国及各地产值总量数据来源于《中国统计年鉴》，其余为演算衍生数值，另需说明，国家统计局虽已公布第四次全国经济普查对于2018年全国产值修订数据，但未公布相应各地修订数据，因而仍统一采用《中国统计年鉴》2019年卷发布的全国及各地产值"初步核算数"，留待《中国统计年鉴》2020年卷发布时再统一修订；②比值太小保留4位小数，并按4位小数演算比值变化，正文表述按惯例保留2位小数；③比值升降百分比负值为下降百分比。

各省域文化投入与产值比历年高低对比。2000 年，13 个省域此项比值高于全国总体比值；18 个省域此项比值低于全国总体比值。西藏占据首位，此项比值高于全国总体比值 1.41 个百分点；江苏处于末位，此项比值低于全国总体比值 0.10 个百分点。

到 2018 年，14 个省域此项比值高于全国总体比值；17 个省域此项比值低于全国总体比值。西藏占据首位，此项比值高于全国总体比值 2.72 个百分点；山东处于末位，此项比值低于全国总体比值 0.19 个百分点。

2000～2018 年各省域文化投入与产值比升降变化比较，24 个省域此项比值上升；7 个省域此项比值下降。其中，海南、北京、青海、上海、西藏、甘肃、新疆、山西、河北、吉林、内蒙古、湖南、四川、浙江、广东、江西 16 个省域此项比值变动状况依次好于全国总体；其余 15 个省域此项比值变动状况依次逊于全国总体。海南占据首位，此项比值升高 212.70%；贵州处于末位，此项比值降低 26.87%。

这一相对比值分析表明，2000～2018 年，全国及大部分省域文化投入增长与产值增长相比较，其间背景增长协调性普遍向好。在全国及大部分省域，文化投入增长超过了产值增长，经济增长成果已经在提升文化投入上明显体现出来。

2018 年与上一年相比，全国此项比值下降 4.91%。同时，9 个省域此项比值上升；22 个省域此项比值下降。

（二）文化投入占财政收入比变化

文化投入占财政收入相对比值变动状况见表 4，各省域按文化投入总量与财政收入总量的相对比值高低排列。表 4 同时提供 2000 年和 2018 年各地财政收入总量数据，对照表 1 中各地文化投入总量数据，可以进行重复验算。

2000～2018 年，全国财政收入总量从 13395.23 亿元增长至 183359.84 亿元，年均增长 15.65%，高于同期文化投入总量年均增长 0.96 个百分点，文化投入占财政收入比从 2.24% 下降至 1.93%。

表 4　文化投入占财政收入相对比值变动状况

地区	2000 年			2018 年			18 年比值升降变化	
	财政收入总量（亿元）	文化投入占财政收入比		财政收入总量（亿元）	文化投入占财政收入比		升降（%）	排序
		比例（%）	排序		比例（%）	排序		
全国	13395.23	2.24	—	183359.84	1.93	—	-13.84	—
吉林	103.83	5.87	10	1240.89	5.66	6	-3.58	5
辽宁	295.63	3.42	28	2616.08	2.74	22	-19.88	12
黑龙江	185.34	4.62	16	1282.60	3.60	16	-22.08	13
东北	584.79	4.24	[3]	5139.57	3.66	[2]	-13.68	[1]
北京	345.00	2.68	30	5785.92	4.24	11	58.21	1
海南	39.20	4.21	22	752.67	6.29	4	49.41	3
上海	485.38	2.40	31	7108.15	2.62	26	9.17	4
广东	910.56	2.89	29	12105.26	2.66	24	-7.96	7
河北	248.76	4.31	20	3513.86	3.28	20	-23.90	14
天津	133.61	3.47	27	2106.24	2.51	28	-27.67	17
浙江	342.77	3.99	23	6598.21	2.65	25	-33.58	21
福建	234.11	4.29	21	3007.41	2.82	21	-34.27	22
山东	463.68	3.79	26	6485.40	2.37	29	-37.47	23
江苏	448.31	3.80	25	8630.16	2.29	30	-39.74	26
东部	3651.37	3.36	[4]	56093.27	2.82	[4]	-16.07	[2]
青海	16.58	8.36	4	272.89	13.01	2	55.62	2
甘肃	61.28	9.38	2	871.05	8.33	3	-11.19	8
四川	233.86	4.54	18	3911.01	3.96	13	-12.78	9
陕西	114.97	6.61	7	2243.14	5.62	7	-14.98	10
内蒙古	95.03	6.95	5	1857.65	5.88	5	-15.40	11
新疆	79.07	6.48	8	1531.42	4.79	9	-26.08	16
广西	147.05	5.56	12	1681.45	3.78	14	-32.01	19
宁夏	20.82	8.69	3	436.52	5.35	8	-38.43	24
云南	180.75	5.88	9	1994.35	3.62	15	-38.44	25
重庆	87.24	3.87	24	2265.54	2.18	31	-43.67	29
西藏	5.38	37.29	1	230.35	19.98	1	-46.42	30
贵州	85.23	6.78	6	1726.85	3.52	17	-48.08	31
西部	1127.29	6.11	[1]	19022.22	4.66	[1]	-23.73	[3]
湖南	177.04	5.10	13	2860.84	4.70	10	-7.84	6
湖北	214.35	4.61	17	3307.08	3.42	18	-25.81	15

续表

地区	2000 年			2018 年			18 年比值升降变化	
	财政收入总量（亿元）	文化投入占财政收入比		财政收入总量（亿元）	文化投入占财政收入比		升降（%）	排序
		比例（%）	排序		比例（%）	排序		
山西	114.48	5.68	11	2292.70	4.05	12	-28.70	18
江西	111.55	4.91	14	2373.01	3.33	19	-32.18	20
安徽	178.72	4.43	19	3048.67	2.62	27	-40.86	27
河南	246.47	4.66	15	3766.02	2.74	23	-41.20	28
中部	1042.60	4.82	[2]	17648.32	3.41	[3]	-29.25	[4]

注：表中全国及各地财政收入总量数据来源于《中国统计年鉴》，比值及其升降演算保留 2 位小数，其余同前表。

同期，东部文化投入年均增长低于财政收入年增 1.14 个百分点，此项比值从 3.36% 下降至 2.82%；东北文化投入年均增长低于财政收入年增 0.91 个百分点，此项比值从 4.24% 下降至 3.66%；中部文化投入年均增长低于财政收入年增 2.23 个百分点，此项比值从 4.82% 下降至 3.41%；西部文化投入年均增长低于财政收入年增 1.75 个百分点，此项比值从 6.11% 下降至 4.66%。

各省域文化投入占财政收入比历年高低对比。2000 年，全部 31 个省域此项比值高于全国总体比值。西藏占据首位，此项比值高于全国总体比值 35.05 个百分点；上海处于末位，此项比值高于全国总体比值 0.16 个百分点。

到 2018 年，全部 31 个省域此项比值高于全国总体比值。西藏占据首位，此项比值高于全国总体比值 18.05 个百分点；重庆处于末位，此项比值高于全国总体比值 0.25 个百分点。

2000~2018 年各省域文化投入占财政收入比升降变化比较，4 个省域此项比值上升；27 个省域此项比值下降。其中，北京、青海、海南、上海、吉林、湖南、广东、甘肃、四川 9 个省域此项比值变动状况依次好于全国总体；其余 22 个省域此项比值变动状况依次逊于全国总体。北京占据首位，此项比值升高 58.21%；贵州处于末位，此项比值降低

48.08%。

这一相对比值分析表明，2000~2018 年，全国及各省域文化投入增长与财政收入增长相比较，其间背景增长协调性普遍欠佳。在全国及绝大部分省域，文化投入增长滞后于财政收入增长，财政收入增长成效并未在提升文化投入上同时体现出来。

2018 年与上一年相比，全国此项比值下降 1.82%。同时，11 个省域此项比值上升；20 个省域此项比值下降。

（三）文化投入占财政支出比变化

文化投入占财政支出相对比值变动状况见表5，各省域按文化投入总量与财政支出总量的相对比值高低排列。表 5 同时提供 2000 年和 2018 年各地财政支出总量数据，对照表 1 中各地文化投入总量数据，可以进行重复验算。

2000~2018 年，全国财政支出总量从 15886.50 亿元增长至 220904.13 亿元，年均增长 15.75%，高于同期文化投入总量年均增长 1.06 个百分点，文化投入占财政支出比从 1.89% 下降至 1.60%。

表5 文化投入占财政支出相对比值变动状况

地区	2000 年			2018 年			18 年比值升降变化	
	财政支出总量（亿元）	文化投入占财政支出比		财政支出总量（亿元）	文化投入占财政支出比		升降（%）	排序
		比例（%）	排序		比例（%）	排序		
全国	15886.50	1.89	—	220904.13	1.60	—	-15.34	—
北京	443.00	2.09	27	7471.43	3.28	1	56.94	1
上海	608.56	1.92	30	8351.54	2.23	6	16.15	2
海南	64.12	2.58	18	1691.30	2.80	2	8.53	3
广东	1080.32	2.44	23	15729.26	2.05	9	-15.98	7
天津	187.05	2.48	20	3103.16	1.71	15	-31.05	12
浙江	431.30	3.17	2	8629.53	2.02	10	-36.28	15
江苏	591.28	2.88	8	11657.35	1.69	16	-41.32	18
河北	415.54	2.58	16	7726.21	1.49	21	-42.25	20

续表

地区	2000 年			2018 年			18 年比值升降变化	
	财政支出总量（亿元）	文化投入占财政支出比		财政支出总量（亿元）	文化投入占财政支出比		升降（%）	排序
		比例（%）	排序		比例（%）	排序		
福建	324.18	3.10	4	4832.69	1.75	14	−43.55	22
山东	613.08	2.87	10	10100.96	1.52	20	−47.04	25
东部	4758.42	2.58	[3]	79293.43	1.99	[1]	−22.87	[1]
吉林	260.67	2.34	25	3789.59	1.85	12	−20.94	8
辽宁	518.08	1.95	29	5337.72	1.34	24	−31.28	13
黑龙江	381.87	2.24	26	4676.75	0.99	31	−55.80	28
东北	1160.63	2.13	[4]	13804.05	1.36	[4]	−36.15	[2]
青海	68.26	2.03	28	1647.43	2.15	8	5.91	4
陕西	271.76	2.80	11	5302.44	2.38	3	−15.00	5
内蒙古	247.27	2.67	14	4831.46	2.26	5	−15.36	6
西藏	59.97	3.35	1	1970.68	2.34	4	−30.15	10
四川	452.00	2.35	24	9707.50	1.60	18	−31.91	14
甘肃	188.23	3.06	5	3772.23	1.92	11	−37.25	16
重庆	187.64	1.80	31	4540.95	1.09	30	−39.44	17
宁夏	60.84	2.97	6	1419.06	1.64	17	−44.78	23
新疆	190.95	2.68	12	5012.45	1.46	22	−45.52	24
云南	414.11	2.57	19	6075.03	1.19	28	−53.70	27
贵州	201.57	2.87	9	5029.68	1.21	26	−57.84	30
广西	258.49	3.17	3	5310.74	1.20	27	−62.15	31
西部	2601.09	2.65	[1]	54619.65	1.62	[2]	−38.87	[3]
山西	225.06	2.89	7	4283.91	2.17	7	−24.91	9
湖南	347.83	2.60	15	7479.61	1.80	13	−30.77	11
湖北	368.77	2.68	13	7258.27	1.56	19	−41.79	19
江西	223.47	2.45	21	5667.52	1.40	23	−42.86	21
安徽	323.47	2.45	22	6572.15	1.21	25	−50.61	26
河南	445.53	2.58	17	9217.73	1.12	29	−56.59	29
中部	1934.13	2.60	[2]	40479.19	1.49	[3]	−42.69	[4]

注：表中全国及各地财政支出总量数据来源于《中国统计年鉴》，比值及其升降演算保留 2 位小数，其余同前表。

同期，东部文化投入年均增长低于财政支出年增 1.67 个百分点，此项比值从 2.58% 下降至 1.99%；东北文化投入年均增长低于财政支出年增

2.83 个百分点，此项比值从 2.13% 下降至 1.36%；中部文化投入年均增长低于财政支出年增 3.62 个百分点，此项比值从 2.60% 下降至 1.49%；西部文化投入年均增长低于财政支出年增 3.18 个百分点，此项比值从 2.65% 下降至 1.62%。

各省域文化投入占财政支出比历年高低对比，2000 年，30 个省域此项比值高于全国总体比值；1 个省域此项比值低于全国总体比值。西藏占据首位，此项比值高于全国总体比值 1.46 个百分点；重庆处于末位，此项比值低于全国总体比值 0.09 个百分点。

到 2018 年，17 个省域此项比值高于全国总体比值；14 个省域此项比值低于全国总体比值。北京占据首位，此项比值高于全国总体比值 1.68 个百分点；黑龙江处于末位，此项比值低于全国总体比值 0.61 个百分点。

2000～2018 年各省域文化投入占财政支出比升降变化比较，4 个省域此项比值上升；27 个省域此项比值下降。其中，北京、上海、海南、青海、陕西 5 个省域此项比值变动状况依次好于全国总体；其余 26 个省域此项比值变动状况依次逊于全国总体。北京占据首位，此项比值升高 56.94%；广西处于末位，此项比值降低 62.15%。

这一相对比值分析表明，2000～2018 年，全国及各省域文化投入增长与财政支出增长相比较，其间背景增长协调性普遍欠佳。在全国及绝大部分省域，文化投入增长滞后于财政支出增长，财政支出增长效应并未在提升文化投入上同时体现出来。

2018 年与上一年相比，全国此项比值下降 4.11%。同时，5 个省域此项比值上升；26 个省域此项比值下降。

三 各省域文化投入相邻关系协调状况

在本项测评里，全国及各省域文化投入增长其次也需要放到教育、科技、卫生投入增长的相邻同步关系中，考察其间的"相邻协调增长"状况，从而得出相邻关系平衡指标演算比值。

（一）文化投入与教育投入相对比值变化

文化投入与教育投入相对比值变动状况见表6，各省域按文化投入总量与教育投入总量的相对比值高低排列。表6同时提供2000年和2018年各地教育投入总量数据，对照表1中各地文化投入总量数据，可以进行重复验算。

表6　文化投入与教育投入相对比值变动状况

地区	2000年			2018年			18年比值升降变化	
	教育投入总量（亿元）	文化投入与教育投入比		教育投入总量（亿元）	文化投入与教育投入比		升降（％）	排序
		比例(％)	排序		比例(％)	排序		
全国	1768.75	16.98	—	32169.47	11.00	—	-35.22	—
北京	60.07	15.42	21	1025.51	23.93	1	55.19	1
上海	84.10	13.88	30	917.99	20.32	2	46.40	2
海南	9.63	17.15	13	248.98	19.02	4	10.90	3
天津	30.87	15.01	23	448.19	11.81	12	-21.32	8
江苏	117.42	14.52	28	2055.56	9.59	19	-33.95	12
浙江	78.19	17.51	11	1572.47	11.10	15	-36.61	15
广东	144.75	18.19	9	2792.90	11.52	13	-36.67	16
河北	73.65	14.56	27	1385.59	8.31	23	-42.93	20
福建	61.97	16.21	20	925.06	9.16	20	-43.49	21
山东	118.10	14.88	24	2006.50	7.65	24	-48.59	25
东部	778.76	15.75	[4]	13378.75	11.80	[1]	-25.08	[1]
吉林	35.81	17.01	17	513.82	13.67	10	-19.64	7
辽宁	65.91	15.33	22	653.88	10.95	16	-28.57	10
黑龙江	48.98	17.50	12	544.38	8.49	22	-51.49	27
东北	150.70	16.43	[2]	1712.08	10.98	[2]	-33.17	[2]
青海	7.27	19.07	6	199.10	17.83	6	-6.50	4
内蒙古	29.75	22.21	3	576.33	18.96	5	-14.63	5
陕西	38.46	19.77	5	871.44	14.47	7	-26.81	9
西藏	6.98	28.77	1	232.15	19.83	3	-31.07	11
四川	64.80	16.40	18	1461.78	10.60	18	-35.37	13
宁夏	8.08	22.39	2	170.47	13.69	9	-38.86	18

地区	2000 年			2018 年			18 年比值升降变化	
	教育投入总量（亿元）	文化投入与教育投入比		教育投入总量（亿元）	文化投入与教育投入比		升降（%）	排序
		比例（%）	排序		比例（%）	排序		
甘肃	27.55	20.88	4	592.96	12.23	11	−41.43	19
新疆	31.35	16.35	19	812.88	9.03	21	−44.77	22
重庆	25.45	13.26	31	680.99	7.24	26	−45.40	23
云南	62.31	17.07	15	1077.43	6.70	29	−60.75	29
广西	44.71	18.30	7	933.22	6.81	28	−62.79	30
贵州	31.78	18.20	8	985.95	6.17	31	−66.10	31
西部	378.51	18.20	[1]	8594.69	10.32	[3]	−43.30	[3]
山西	38.16	17.03	16	668.03	13.90	8	−18.38	6
湖南	50.88	17.75	10	1186.72	11.34	14	−36.11	14
湖北	57.66	17.14	14	1065.64	10.62	17	−38.04	17
江西	38.14	14.37	29	1054.41	7.50	25	−47.81	24
安徽	53.99	14.66	26	1113.26	7.17	27	−51.09	26
河南	77.33	14.86	25	1664.67	6.19	30	−58.34	28
中部	316.17	15.91	[3]	6752.72	8.92	[4]	−43.93	[4]

注：表中全国及各地教育投入总量数据来源于《中国统计年鉴》，比值及其升降演算保留 2 位小数，其余同前表。

2000～2018 年，全国教育投入总量从 1768.75 亿元增长至 32169.47 亿元，年均增长 17.49%，高于同期文化投入总量年均增长 2.80 个百分点，文化投入与教育投入比从 16.98%下降至 11.00%。

同期，东部文化投入年均增长低于教育投入年增 1.86 个百分点，此项比值从 15.75%下降至 11.80%；东北文化投入年均增长低于教育投入年增 2.53 个百分点，此项比值从 16.43%下降至 10.98%；中部文化投入年均增长低于教育投入年增 3.75 个百分点，此项比值从 15.91%下降至 8.92%；西部文化投入年均增长低于教育投入年增 3.69 个百分点，此项比值从 18.20%下降至 10.32%。

各省域文化投入与教育投入比历年高低对比，2000 年，17 个省域此项比值高于全国总体比值；14 个省域此项比值低于全国总体比值。西藏占据首位，此项比值高于全国总体比值 11.80 个百分点；重庆处于末位，此项比值低于全国总体比值 3.72 个百分点。

到 2018 年，15 个省域此项比值高于全国总体比值；16 个省域此项比值低于全国总体比值。北京占据首位，此项比值高于全国总体比值 12.93 个百分点；贵州处于末位，此项比值低于全国总体比值 4.83 个百分点。

2000～2018 年各省域文化投入与教育投入比升降变化比较，3 个省域此项比值上升；28 个省域此项比值下降。其中，北京、上海、海南、青海、内蒙古、山西、吉林、天津、陕西、辽宁、西藏、江苏 12 个省域此项比值变动状况依次好于全国总体；其余 19 个省域此项比值变动状况依次逊于全国总体。北京占据首位，此项比值升高 55.19%；贵州处于末位，此项比值降低 66.10%。

这一相对比值分析表明，2000～2018 年，全国及各省域文化投入增长与教育投入增长相比较，其间相邻增长协调性普遍欠佳。在全国及绝大部分省域，文化投入增长滞后于教育投入增长，教育投入增长进展并未在相邻的文化投入上引发同步效应，反而在教科文卫综合投入中压低文化投入的比重。

2018 年与上一年相比，全国此项比值下降 2.24%。同时，11 个省域此项比值上升；20 个省域此项比值下降。

（二）文化投入与科技投入相对比值变化

文化投入与科技投入相对比值变动状况见表 7，各省域按文化投入总量与科技投入总量的相对比值高低排列。表 7 同时提供 2000 年和 2018 年各地科技投入总量数据，对照表 1 中各地文化投入总量数据，可以进行重复验算。

表7　文化投入与科技投入相对比值变动状况

地区	2000 年			2018 年			18 年比值升降变化	
	科技投入总量（亿元）	文化投入与科技投入比		科技投入总量（亿元）	文化投入与科技投入比		升降（%）	排序
		比例(%)	排序		比例(%)	排序		
全国	173.58	172.99	—	8326.65	42.49	—	−75.44	—
吉林	1.75	347.13	23	41.10	170.90	7	−50.77	5
黑龙江	2.73	313.99	27	39.52	116.89	12	−62.77	9
辽宁	3.26	309.76	28	75.05	95.40	16	−69.20	12
东北	7.75	319.72	[3]	155.67	120.79	[2]	−62.22	[1]
内蒙古	1.20	549.88	6	26.05	419.43	2	−23.72	1
甘肃	1.27	452.74	15	25.74	281.75	4	−37.77	3
西藏	0.19	1074.95	1	8.12	567.09	1	−47.24	4
云南	3.38	314.64	26	54.94	131.40	11	−58.24	6
青海	0.19	722.99	2	12.80	277.36	5	−61.64	8
新疆	1.04	492.22	10	42.25	173.71	6	−64.71	10
四川	3.30	322.40	24	147.91	104.74	13	−67.51	11
陕西	1.49	510.27	9	87.22	144.58	10	−71.67	14
广西	2.13	383.37	18	64.43	98.70	15	−74.25	17
宁夏	0.46	394.81	17	34.02	68.58	19	−82.63	20
贵州	1.54	374.33	19	102.88	59.10	22	−84.21	21
重庆	0.73	462.64	12	68.59	71.89	18	−84.46	22
西部	16.92	407.05	[2]	674.94	131.41	[1]	−67.72	[2]
海南	0.38	431.63	16	15.04	314.92	3	−27.04	2
北京	6.21	149.23	31	425.87	57.63	23	−61.38	7
河北	2.08	515.80	7	77.04	149.49	9	−71.02	13
上海	7.32	159.52	30	426.37	43.75	27	−72.57	15
福建	3.12	321.72	25	115.25	73.52	17	−77.15	18
山东	3.85	455.97	14	232.74	65.96	21	−85.53	23
天津	1.33	348.50	21	106.68	49.61	25	−85.76	24
浙江	3.94	347.52	22	379.66	45.99	26	−86.77	26
广东	10.96	240.28	29	1034.71	31.10	30	−87.06	27
江苏	4.63	368.58	20	507.31	38.88	29	−89.45	29
东部	43.82	279.89	[4]	3320.67	47.56	[4]	−83.01	[3]
山西	1.08	601.32	4	59.08	157.16	8	−73.86	16
湖南	1.75	514.89	8	129.94	103.54	14	−79.89	19

续表

地区	2000 年			2018 年			18 年比值升降变化	
	科技投入总量（亿元）	文化投入与科技投入比		科技投入总量（亿元）	文化投入与科技投入比		升降（%）	排序
		比例（%）	排序		比例（%）	排序		
河南	2.34	491.76	11	155.67	66.19	20	-86.54	25
江西	1.19	462.16	13	147.09	53.78	24	-88.36	28
湖北	1.54	640.79	3	268.49	42.14	28	-93.42	30
安徽	1.39	569.15	5	294.81	27.06	31	-95.25	31
中部	9.29	541.42	[1]	1055.09	57.10	[3]	-89.45	[4]

注：表中全国及各地科技投入总量数据来源于《中国统计年鉴》，比值及其升降演算保留 2 位小数，其余同前表。

2000~2018 年，全国科技投入总量从 173.58 亿元增长至 8326.65 亿元，年均增长 23.99%，高于同期文化投入总量年均增长 9.30 个百分点，文化投入与科技投入比从 172.99% 下降至 42.49%。

同期，东部文化投入年均增长低于科技投入年增 11.93 个百分点，此项比值从 279.89% 下降至 47.56%；东北文化投入年均增长低于科技投入年增 6.22 个百分点，此项比值从 319.72% 下降至 120.79%；中部文化投入年均增长低于科技投入年增 15.28 个百分点，此项比值从 541.42% 下降至 57.10%；西部文化投入年均增长低于科技投入年增 7.47 个百分点，此项比值从 407.05% 下降至 131.41%。

各省域文化投入与科技投入比历年高低对比，2000 年，29 个省域此项比值高于全国总体比值；2 个省域此项比值低于全国总体比值。西藏占据首位，此项比值高于全国总体比值 901.95 个百分点；北京处于末位，此项比值低于全国总体比值 23.76 个百分点。

到 2018 年，27 个省域此项比值高于全国总体比值；4 个省域此项比值低于全国总体比值。西藏占据首位，此项比值高于全国总体比值 524.60 个百分点；安徽处于末位，此项比值低于全国总体比值 15.43 个百分点。

2000~2018 年各省域文化投入与科技投入比升降变化比较，全部 31 个省域此项比值下降。其中，内蒙古、海南、甘肃、西藏、吉林、云南、北京、青海、黑龙江、新疆、四川、辽宁、河北、陕西、上海、山西、广西17个省域此项比值变动状况依次好于全国总体；其余14个省域此项比值变动状况依次逊于全国总体。内蒙古占据首位，此项比值降低23.72%；安徽处于末位，此项比值降低95.25%。

这一相对比值分析表明，2000～2018年，全国及各省域文化投入增长与科技投入增长相比较，其间相邻增长协调性普遍欠佳。在全国及绝大部分省域，文化投入增长滞后于科技投入增长，科技投入增长进展并未在相邻的文化投入上引发同步效应，反而在教科文卫综合投入中压低文化投入的比重。

2018年与上一年相比，全国此项比值下降8.97%。同时，9个省域此项比值上升；22个省域此项比值下降。

（三）文化投入与卫生投入相对比值变化

文化投入与卫生投入相对比值变动状况见表8，各省域按文化投入总量与卫生投入总量的相对比值高低排列。表8同时提供2000年和2018年各地卫生投入总量数据，对照表1中各地文化投入总量数据，可以进行重复验算。

表8　文化投入与卫生投入相对比值变动状况

地区	2000年			2018年			18年比值升降变化	
	卫生投入总量（亿元）	文化投入与卫生投入比		卫生投入总量（亿元）	文化投入与卫生投入比		升降（%）	排序
		比例（%）	排序		比例（%）	排序		
全国	494.26	60.75	—	15623.55	22.64	—	−62.73	—
北京	28.53	32.47	31	490.09	50.08	1	54.23	1
上海	32.58	35.82	30	470.12	39.67	3	10.75	2
海南	2.80	58.93	17	144.46	32.79	5	−44.36	4
浙江	27.24	50.27	24	626.20	27.88	6	−44.54	5
天津	8.69	53.36	19	192.76	27.46	8	−48.54	7

续表

地区	2000 年			2018 年			18 年比值升降变化	
	卫生投入总量（亿元）	文化投入与卫生投入比		卫生投入总量（亿元）	文化投入与卫生投入比		升降（%）	排序
		比例（%）	排序		比例（%）	排序		
江苏	32.57	52.35	21	845.32	23.33	13	-55.43	10
广东	47.73	55.16	18	1407.51	22.87	15	-58.54	12
福建	16.14	62.25	11	441.70	19.18	20	-69.19	19
山东	28.26	62.19	12	885.15	17.34	22	-72.12	23
河北	17.46	61.42	15	691.33	16.66	23	-72.88	24
东部	242.00	50.68	[4]	6194.64	25.49	[1]	-49.70	[1]
西藏	3.24	62.04	14	106.93	43.04	2	-30.63	3
新疆	10.65	48.13	27	286.14	25.65	10	-46.71	6
青海	2.82	49.14	25	141.60	25.07	11	-48.98	8
内蒙古	9.11	72.56	4	315.62	34.62	4	-52.29	9
四川	21.90	48.53	26	880.89	17.59	21	-63.75	15
甘肃	8.06	71.38	5	313.53	23.13	14	-67.60	17
重庆	8.04	41.97	29	372.79	13.23	26	-68.48	18
陕西	8.29	91.74	1	455.31	27.70	7	-69.81	20
宁夏	2.35	76.93	2	105.55	22.11	16	-71.26	21
云南	22.38	47.52	28	575.42	12.55	29	-73.59	25
贵州	11.06	52.30	22	481.80	12.62	28	-75.87	28
广西	11.64	70.30	6	546.52	11.64	30	-83.44	31
西部	119.52	57.64	[3]	4582.09	19.36	[3]	-66.41	[2]
吉林	9.38	64.95	9	281.22	24.98	12	-61.54	13
辽宁	17.13	58.98	16	350.62	20.42	18	-65.38	16
黑龙江	13.61	62.97	10	301.00	15.35	24	-75.62	27
东北	40.12	61.73	[2]	932.83	20.16	[2]	-67.34	[3]
山西	10.45	62.18	13	358.99	25.87	9	-58.39	11
湖北	19.09	51.76	23	575.74	19.65	19	-62.04	14
湖南	11.88	76.03	3	627.10	21.45	17	-71.79	22
江西	10.32	53.13	20	585.47	13.51	25	-74.57	26
安徽	11.71	67.58	7	627.10	12.72	27	-81.18	29
河南	17.30	66.41	8	928.95	11.09	31	-83.30	30
中部	80.74	62.29	[1]	3703.35	16.27	[4]	-73.88	[4]

注：表中全国及各地卫生投入总量数据来源于《中国统计年鉴》，比值及其升降演算保留 2 位小数，其余同前表。

2000～2018 年，全国卫生投入总量从 494.26 亿元增长至 15623.55 亿元，年均增长 21.15%，高于同期文化投入总量年均增长 6.46 个百分点，文化投入与卫生投入比从 60.75% 下降至 22.64%。

同期，东部文化投入年均增长低于卫生投入年增 4.49 个百分点，此项比值从 50.68% 下降至 25.49%；东北文化投入年均增长低于卫生投入年增 7.18 个百分点，此项比值从 61.73% 下降至 20.16%；中部文化投入年均增长低于卫生投入年增 8.89 个百分点，此项比值从 62.29% 下降至 16.27%；西部文化投入年均增长低于卫生投入年增 7.21 个百分点，此项比值从 57.64% 下降至 19.36%。

各省域文化投入与卫生投入比历年高低对比，2000 年，15 个省域此项比值高于全国总体比值；16 个省域此项比值低于全国总体比值。陕西占据首位，此项比值高于全国总体比值 30.98 个百分点；北京处于末位，此项比值低于全国总体比值 28.29 个百分点。

到 2018 年，15 个省域此项比值高于全国总体比值；16 个省域此项比值低于全国总体比值。北京占据首位，此项比值高于全国总体比值 27.43 个百分点；河南处于末位，此项比值低于全国总体比值 11.55 个百分点。

2000～2018 年各省域文化投入与卫生投入比升降变化比较，2 个省域此项比值上升；29 个省域此项比值下降。其中，北京、上海、西藏、海南、浙江、新疆、天津、青海、内蒙古、江苏、山西、广东、吉林、湖北 14 个省域此项比值变动状况依次好于全国总体；其余 17 个省域此项比值变动状况依次逊于全国总体。北京占据首位，此项比值升高 54.23%；广西处于末位，此项比值降低 83.44%。

这一相对比值分析表明，2000～2018 年，全国及各省域文化投入增长与卫生投入增长相比较，其间相邻增长协调性普遍欠佳。在全国及绝大部分省域，文化投入增长滞后于卫生投入增长，卫生投入增长进展并未在相邻的文化投入上引发同步效应，反而在教科文卫综合投入中压低文化投入的比重。

2018 年与上一年相比，全国此项比值下降 3.53%。同时，9 个省域此项比值上升；22 个省域此项比值下降。

四 各省域文化投入与居民文化消费同构关联对比

在本项测评里，全国及各省域文化投入增长再次还需要放到居民文化消费增长的同构可比关系中，考察其间的"同构协调增长"状况，从而得出占比倍差指数校正指标演算结果。此项测算与"中国文化消费需求景气评价体系"形成互动。

（一）文化消费与文化投入占收入比变化

文化消费与文化投入占收入比差距变动状况见表9，各省域按居民文化消费与公共文化投入占收入比之间的倍差指数增减变化排列。表9同时提供2000年和2018年各地居民文化消费占收入比演算结果，对照表4中各地公共文化投入占财政收入比演算结果，可以进行重复验算。

2000~2018年，全国文化消费占居民收入比从3.18%下降至2.89%，下降0.29个百分点；对照表4，同期全国文化投入占财政收入比下降0.31个百分点，降幅大于文化消费占居民收入比降幅。于是，在这18年间，全国文化消费占居民收入比与文化投入占财政收入比之间的倍差从1.4171增大至1.4990。这意味着，文化投入占财政收入比下降形成的不利态势，更甚于同期文化消费占居民收入比下降的不利态势。

与此同时，东部文化消费占居民收入比降低22.11%，文化投入占财政收入比降低16.07%，二者占比倍差从1.0420减至1.0318；东北文化消费占居民收入比升高27.24%，文化投入占财政收入比降低13.68%，二者占比倍差从1.3701减至1.0722；中部文化消费占居民收入比升高15.15%，文化投入占财政收入比降低29.25%，二者占比倍差从1.4439减至1.0951；西部文化消费占居民收入比降低10.67%，文化投入占财政收入比降低23.73%，二者占比倍差从1.4660减至1.3748。

各省域文化消费占居民收入比与文化投入占财政收入比之间历年倍差大小对比，2000年，11个省域此项倍差小于全国总体倍差；20个省域此项倍差大于全国总体。山东占据首位，此项倍差仅为全国总体倍差的 77.90%；北京处于末位，此项倍差达到全国总体倍差的 155.97%。

到 2018 年，27 个省域此项倍差小于全国总体倍差；4 个省域此项倍差大于全国总体。安徽占据首位，此项倍差仅为全国总体倍差的 67.67%；西藏处于末位，此项倍差达到全国总体倍差的 129.47%。

表 9　文化消费与文化投入占收入比差距变动状况

地区	2000 年			2018 年			18 年倍差增减变化	
	文化消费占收入比（%）	文化消费与投入占收入比倍差指数		文化消费占收入比（%）	文化消费与投入占收入比倍差指数		增减（%）	排序（倒序）
		无差距=1	差距排序（倒序）		无差距=1	差距排序（倒序）		
全国	3.1767	1.4171	—	2.8923	1.4990	—	5.78	—
河南	2.2573	1.5157	22	2.8248	1.0325	2	−31.88	3
安徽	2.5500	1.4242	13	2.6539	1.0143	1	−28.78	4
江西	2.2323	1.5457	24	2.7201	1.1840	13	−23.40	7
湖北	2.7948	1.3937	11	3.0315	1.1140	6	−20.07	8
山西	2.8907	1.4908	20	3.2233	1.2041	16	−19.23	10
湖南	3.3242	1.3484	9	4.0048	1.1484	10	−14.83	14
中部	2.6828	1.4439	[3]	3.0892	1.0951	[3]	−24.16	[1]
黑龙江	2.4524	1.4697	18	3.2176	1.1067	5	−24.70	6
吉林	2.8670	1.5113	21	3.4794	1.3853	24	−8.34	17
辽宁	2.7344	1.2000	6	3.4708	1.2683	18	5.69	30
东北	2.6677	1.3701	[2]	3.3943	1.0722	[2]	−21.74	[2]
贵州	2.7974	1.5877	27	3.0589	1.1312	9	−28.75	5
云南	3.4117	1.4201	12	3.0713	1.1516	11	−18.91	11
广西	3.0831	1.4459	15	2.9132	1.2297	17	−14.95	13
宁夏	3.9556	1.5447	23	3.4768	1.3495	22	−12.64	15
新疆	3.4856	1.4623	16	2.9615	1.3820	23	−5.49	19
内蒙古	3.1290	1.5500	25	2.8079	1.5226	28	−1.77	21
西藏	1.2967	1.9652	29	1.1831	1.9408	31	−1.24	22
陕西	3.7240	1.4370	14	3.2087	1.4293	26	−0.54	23
四川	3.0684	1.3247	8	2.5861	1.3471	21	1.69	25
甘肃	4.0716	1.5661	26	3.3190	1.6013	29	2.25	26
青海	2.6265	1.6859	28	2.8941	1.7775	30	5.43	29
重庆	3.4325	1.1124	3	2.9020	1.3334	20	19.87	31

续表

地区	2000 年			2018 年			18 年倍差增减变化	
	文化消费占收入比（%）	文化消费与投入占收入比倍差指数		文化消费占收入比（%）	文化消费与投入占收入比倍差指数		增减（%）	排序（倒序）
		无差距=1	差距排序（倒序）		无差距=1	差距排序（倒序）		
西部	3.2636	1.4660	[4]	2.9153	1.3748	[4]	-6.22	[3]
上海	5.2609	2.1878	30	3.1374	1.1957	15	-45.35	1
北京	5.9342	2.2102	31	2.5505	1.3987	25	-36.72	2
河北	2.1991	1.4899	19	2.6380	1.1951	14	-19.79	9
福建	2.7295	1.3640	10	2.4888	1.1166	8	-18.14	12
广东	3.4699	1.2000	5	2.9184	1.0977	4	-8.53	16
江苏	3.0484	1.1985	4	2.5467	1.1144	7	-7.02	18
浙江	3.5549	1.1101	2	2.4896	1.0591	3	-4.59	20
海南	2.2503	1.4658	17	3.2326	1.4863	27	1.40	24
天津	4.2986	1.2390	7	3.1892	1.2692	19	2.44	27
山东	3.3964	1.1039	1	2.7536	1.1632	12	5.37	28
东部	3.4997	1.0420	[1]	2.7261	1.0318	[1]	-0.98	[4]

注：①文化消费占收入比测算同"中国文化消费需要景气评价体系"形成互动，取文化消费与投入各占收入比之间倍差（倍差演算：无差距基准值 1 加同构收入比之间商值与之绝对偏差值）衡量差距及其变动；②为检测细微差异，倍差指数保留 4 位小数，增减百分比负值为倍差减小，其余同前表；③另需说明，近来年鉴始发布 2014 年以来城乡居民收入人均值数据，与总量数据之间存在演算误差，与对应年鉴同时发布的产值人均值和总量分别演算居民收入比有出入，本文恢复采用自行演算城乡人均值展开文化消费占居民收入比测算，以保证数据库测算模型的规范性及其历年通行测评的标准化。

2000～2018 年各省域文化消费与文化投入占收入比之间倍差指数增减变化比较，23 个省域此项倍差减小，即二者差距缩小；8 个省域此项倍差增大，即二者差距扩大。其中，上海、北京、河南、安徽、贵州、黑龙江、江西、湖北、河北、山西、云南、福建、广西、湖南、宁夏、广东、吉林、江苏、新疆、浙江、内蒙古、西藏、陕西、海南、四川、甘肃、天津、山东、青海、辽宁 30 个省域此项倍差变动状况依次好于全国总体；其余 1 个省域此项倍差变动状况依次逊于全国总体。上海占据首位，此项倍差减小45.35%；重庆处于末位，此项倍差增大 19.87%。

这一倍差指数分析表明，2000～2018 年，全国及各省域文化消费占居民收入比变化动态与文化投入占财政收入比变化动态相比较，其间"同构增长协调性"普遍欠佳。在全国及绝大部分省域，文化投入占财政收入比及其增减变动逊于文化消费占居民收入比及其增减变动，以财政收入占比来衡量的文化投入增长滞后于以居民收入占比来衡量的文化消费增长所体现出来的需求动态。

2018 年与上一年相比，全国此项倍差减小 9.21%。同时，13 个省域此项倍差减小；18 个省域此项倍差增大。

（二）文化消费与文化投入占支出比变化

文化消费与文化投入占支出比差距变动状况见表 10，各省域按居民文化消费与公共文化投入占支出比之间的倍差指数增减变化排列。表 10 同时提供 2000 年和 2018 年各地居民文化消费占支出比演算结果，对照表 5 中各地公共文化投入占财政支出比演算结果，可以进行重复验算。

2000～2018 年，全国文化消费占居民支出比从 4.10% 上升至 4.14%，提高 0.04 个百分点；对照表 5，同期全国文化投入占财政支出比下降 0.29 个百分点，降幅大于文化消费占居民支出比升幅。于是，在这 18 年间，全国文化消费占居民支出比与文化投入占财政支出比之间的倍差从 2.1706 增大至 2.5837。这意味着，文化投入占财政支出比下降形成的不利态势，更甚于同期文化消费占居民支出比上升的有利态势。

与此同时，东部文化消费占居民支出比降低 14.00%，文化投入占财政支出比降低 22.87%，二者占比倍差从 1.8167 增至 2.0216；东北文化消费占居民支出比升高 36.19%，文化投入占财政支出比降低 36.15%，二者占比倍差从 1.5878 增至 3.3876；中部文化消费占居民支出比升高 25.90%，文化投入占财政支出比降低 42.69%，二者占比倍差从 1.3431 增至 2.9544；西部文化消费占居民支出比降低 0.69%，文化投入占财政支出比降低 38.87%，二者占比倍差从 1.5149 增至 2.4538。

表 10　文化消费与文化投入占支出比差距变动状况

地区	2000 年			2018 年			18 年倍差增减变化	
	文化消费占支出比（％）	文化消费与投入占支出比倍差指数		文化消费占支出比（％）	文化消费与投入占支出比倍差指数		增减（％）	排序（倒序）
		无差距＝1	差距排序（倒序）		无差距＝1	差距排序（倒序）		
全国	4.1029	2.1706	—	4.1379	2.5837	—	19.03	—
北京	7.3109	3.4964	30	3.9922	1.2153	1	−65.24	1
上海	6.9614	3.6297	31	4.6463	2.0805	10	−42.68	2
天津	5.9563	2.4036	29	4.2129	2.4702	15	2.77	4
广东	4.3509	1.7852	27	4.0220	1.9657	8	10.11	6
浙江	4.6925	1.4780	13	3.8847	1.9201	7	29.91	11
海南	3.0832	1.1971	4	4.5503	1.6247	3	35.72	12
江苏	4.2060	1.4586	12	3.9045	2.3079	14	58.23	13
福建	3.6214	1.1685	1	3.5583	2.0295	9	73.68	18
山东	4.6576	1.6248	22	4.2990	2.8285	20	74.08	19
河北	3.4041	1.3189	7	3.7342	2.5051	17	89.94	21
东部	4.6822	1.8167	[4]	4.0266	2.0216	[1]	11.28	[1]
西藏	1.6455	1.5086	16	1.7704	1.2420	2	−17.67	3
青海	3.2331	1.5915	21	3.6698	1.7034	4	7.03	5
内蒙古	4.0366	1.5104	17	4.0820	1.8049	5	19.50	7
陕西	4.3981	1.5718	18	4.5390	1.9085	6	21.42	8
甘肃	5.0879	1.6652	24	4.0330	2.0979	12	25.98	9
四川	3.8221	1.6257	23	3.3378	2.0917	11	28.66	10
重庆	4.1380	2.3013	28	4.0109	3.6939	29	60.51	14
新疆	4.4889	1.6723	25	3.9420	2.6924	19	61.00	15
宁夏	4.7044	1.5818	19	4.7163	2.8684	21	81.34	20
云南	4.0744	1.5867	20	4.3938	3.6972	30	133.01	26
贵州	3.4206	1.1923	2	4.1782	3.4567	25	189.92	28
广西	3.7772	1.1932	3	4.2441	3.5443	26	197.04	29
西部	4.0124	1.5149	[2]	3.9846	2.4538	[2]	61.98	[2]
吉林	3.5163	1.5048	15	4.6161	2.4905	16	65.50	17
辽宁	3.4432	1.7654	26	4.8220	3.5951	27	103.64	24
黑龙江	3.2256	1.4372	11	4.3113	4.3642	31	203.66	31
东北	3.3882	1.5878	[3]	4.6144	3.3876	[4]	113.35	[3]

续表

地区	2000 年			2018 年			18 年倍差增减变化	
	文化消费占支出比（%）	文化消费与投入占支出比倍差指数		文化消费占支出比（%）	文化消费与投入占支出比倍差指数		增减（%）	排序（倒序）
		无差距＝1	差距排序（倒序）		无差距＝1	差距排序（倒序）		
山西	3.9421	1.3652	9	4.8213	2.2244	13	62.94	16
湖北	3.5806	1.3364	8	4.0446	2.5945	18	94.14	22
湖南	3.8649	1.4885	14	5.4489	3.0292	23	103.51	23
安徽	3.4369	1.4046	10	3.7970	3.1284	24	122.73	25
江西	3.0110	1.2277	6	4.1878	3.0005	22	144.40	27
河南	3.1317	1.2145	5	4.1186	3.6845	28	203.38	30
中部	3.4926	1.3431	[1]	4.3971	2.9544	[3]	119.97	[4]

注：①文化消费占总消费支出比测算同"中国文化消费需要景气评价体系"形成互动，取文化消费与投入各占支出比之间倍差（倍差演算：无差距基准值 1 加同构支出比之间商值与之绝对偏差值）衡量差距及其变动，其余同前表；②另需说明，近来年鉴始发布 2014 年以来城乡居民消费人均值数据，与总量数据之间存在演算误差，与对应年鉴同时发布的产量人均值和总量分别演算居民消费率有出入，本文恢复采用自行演算城乡人均值展开文化消费占居民支出比测算，以保证数据库测算模型的规范性及其历年通行测评的标准化。

各省域文化消费占居民支出比与文化投入占财政支出比之间历年倍差大小对比，2000 年，27 个省域此项倍差小于全国总体倍差；4 个省域此项倍差大于全国总体。福建占据首位，此项倍差仅为全国总体倍差的 53.83%；上海处于末位，此项倍差达到全国总体倍差的 167.22%。

到 2018 年，17 个省域此项倍差小于全国总体倍差；14 个省域此项倍差大于全国总体。北京占据首位，此项倍差仅为全国总体倍差的 47.04%；黑龙江处于末位，此项倍差达到全国总体倍差的 168.91%。

2000～2018 年各省域文化消费与文化投入占支出比之间倍差指数增减变化比较，3 个省域此项倍差减小，即二者差距缩小；28 个省域此项倍差增大，即二者差距扩大。其中，北京、上海、西藏、天津、青海、广东 6 个省域此项倍差变动状况依次好于全国总体；其余 25 个省域此项倍差变动状况依次逊于全国总体。北京占据首位，此项倍差减小 65.24%；黑龙江处于末位，此项倍差增大 203.66%。

这一倍差指数分析表明，2000～2018年，全国及各省域文化消费占居民支出比变化动态与文化投入占财政支出比变化动态相比较，其间"同构增长协调性"普遍欠佳。在全国及绝大部分省域，文化投入占财政支出比及其增减变动逊于文化消费占居民支出比及其增减变动，以财政支出占比来衡量的文化投入增长滞后于以居民支出占比来衡量的文化消费增长所体现出来的需求动态。

2018年与上一年相比，全国此项倍差减小6.63%。同时，23个省域此项倍差减小；8个省域此项倍差增大。

五 各省域文化投入人均值地区差状况检测

在本项测评里，全国及各省域文化投入增长最后仍需要展开人均值演算的地区差距检测，考察其间的"地区均衡增长"状况，从而得出地区差校正指标演算结果。这一点正是今后逐步实现公共文化服务、文化投入均等化理想目标的必然要求。

文化投入人均值地区差距变动状况见表11，各省域按地区差扩减变化排列。表11同时提供2000年和2018年各地文化投入人均值地区差演算结果，可以进行重复验算。

2000～2018年，全国文化投入人均值地区差从1.4571增至1.6468，扩大13.02%。

同期，东部文化投入人均值地区差从1.6737增至1.8155，扩大8.47%；东北文化投入人均值地区差从1.0364增至1.2977，扩大25.21%；中部文化投入人均值地区差从1.3802减至1.3161，缩小4.64%；西部文化投入人均值地区差从1.4203增至1.7588，扩大23.83%。

各省域文化投入人均值地区差历年对比，2000年，22个省域地区差小于全国总体地区差；9个省域地区差大于全国总体地区差。江苏占据首位，地区差仅为全国总体地区差的69.58%；西藏处于末位，地区差达到全国总体地区差的225.46%。

到 2018 年，25 个省域地区差小于全国总体地区差；6 个省域地区差大于全国总体地区差。山西占据首位，地区差仅为全国总体地区差的61.62%；西藏处于末位，地区差达到全国总体地区差的 323.12%。

2000～2018 年各省域文化投入人均值地区差增减变化比较，15 个省域地区差缩小，即与全国总体人均值的绝对偏差值减小；16 个省域地区差扩大，即与全国总体人均值的绝对偏差值增大。其中，天津、广东、四川、湖南、山西、重庆、福建、江西、浙江、湖北、上海、宁夏、吉林、新疆、贵州、江苏、安徽、甘肃、河北、河南 20 个省域地区差增减变动依次好于全国总体状况；其余 11 个省域地区差增减变动依次逊于全国总体状况。天津占据首位，地区差缩小 32.79%；青海处于末位，地区差扩大 104.91%。

地区差指数分析表明，2000～2018 年，在公共财政、公共文化服务体制和机制逐步完备，公共文化投入"均等化"的理想要求逐步明确的同时，各省域之间文化投入人均值变化动态的"增长均衡性"却明显欠佳。在较多省域，文化投入人均值及其增减变动向着与全国总体平均值更加偏离（包括偏高和偏低两个方面）的方向发展，不仅导致自身地区差扩大，而且带来全国总体地区差扩大。

表 11　文化投入人均值地区差距变动状况

地区	2000 年地区差距			2018 年地区差距			18 年地区差增减变化	
	地区差（无差距=1）	地区差倒数	倒数排序	地区差（无差距=1）	地区差倒数	倒数排序	增减（%）	排序（倒序）
全国	1.4571	0.6863	—	1.6468	0.6072	—	13.02	—
湖南	1.4199	0.7043	21	1.2301	0.8129	9	-13.37	4
山西	1.1530	0.8673	10	1.0147	0.9855	1	-11.99	5
江西	1.4500	0.6897	22	1.3282	0.7529	13	-8.40	8
湖北	1.3017	0.7683	17	1.2462	0.8024	10	-4.26	10
安徽	1.4685	0.6810	23	1.5007	0.6663	23	2.19	17
河南	1.4881	0.6720	26	1.5767	0.6342	25	5.95	20
中部	1.3802	0.7245	[2]	1.3161	0.7598	[2]	-4.64	[1]

续表

地区	2000 年地区差距			2018 年地区差距			18 年地区差增减变化	
	地区差（无差距=1）	地区差倒数	倒数排序	地区差（无差距=1）	地区差倒数	倒数排序	增减（%）	排序（倒序）
天津	1.9889	0.5028	28	1.3368	0.7480	15	-32.79	1
广东	1.4785	0.6764	24	1.1254	0.8885	5	-23.88	2
福建	1.2563	0.7960	14	1.1504	0.8693	6	-8.43	7
浙江	1.2695	0.7877	15	1.2064	0.8289	8	-4.97	9
上海	3.1510	0.3174	30	3.0328	0.3297	29	-3.75	11
江苏	1.0139	0.9863	1	1.0344	0.9668	3	2.02	16
河北	1.3212	0.7569	18	1.3985	0.7150	20	5.85	19
山东	1.1735	0.8522	11	1.3972	0.7157	19	19.06	23
北京	2.9800	0.3356	29	4.4682	0.2238	30	49.94	28
海南	1.1046	0.9053	7	2.0050	0.4987	27	81.51	30
东部	1.6737	0.5975	[4]	1.8155	0.5508	[4]	8.47	[2]
四川	1.4790	0.6761	25	1.2672	0.7892	11	-14.32	3
重庆	1.5399	0.6494	27	1.3715	0.7291	18	-10.94	6
宁夏	1.3871	0.7209	20	1.3409	0.7458	16	-3.33	12
新疆	1.1897	0.8405	13	1.1716	0.8536	7	-1.52	14
贵州	1.3487	0.7415	19	1.3333	0.7500	14	-1.14	15
甘肃	1.0517	0.9509	5	1.0848	0.9218	4	3.15	18
陕西	1.1194	0.8933	8	1.2897	0.7754	12	15.21	21
广西	1.2728	0.7857	16	1.4897	0.6713	22	17.04	22
云南	1.0604	0.9430	6	1.4098	0.7093	21	32.95	24
内蒙古	1.1739	0.8518	12	1.6992	0.5885	26	44.75	27
西藏	3.2853	0.3044	31	5.3211	0.1879	31	61.97	29
青海	1.1355	0.8807	9	2.3267	0.4298	28	104.91	31
西部	1.4203	0.7041	[3]	1.7588	0.5686	[3]	23.83	[3]
吉林	1.0408	0.9608	3	1.0201	0.9803	2	-1.99	13
辽宁	1.0171	0.9832	2	1.3542	0.7385	17	33.14	25
黑龙江	1.0515	0.9511	4	1.5190	0.6583	24	44.46	26
东北	1.0364	0.9648	[1]	1.2977	0.7706	[1]	25.21	[4]

注：①表中均为演算衍生数值；②为检测细微差异，地区差指数及其倒数保留 4 位小数，扩减百分比负值为地区差缩小。

2018 年与上一年相比，全国文化投入人均值地区差扩大 0.78%。同时，16 个省域地区差缩小；15 个省域地区差扩大。

六　各省域文化投入增长综合评价排行

基于以上几个方面各项指标的分析数值，按照本项测评体系的测算方式和演算权重，最后得出 2018 年各地文化投入增长综合指数评价排行。基于不同时间段、不同基准值的各类测评结果均落实在 2018 年之上。综合指数取百分制，以便横向衡量百分点高低，纵向衡量百分比升降。

全国及各地文化投入增长测评综合指数变动状况见表 12，各地以无差距理想状态横向测评的综合指数排行高低排列。

（一）各年度理想值横向测评

以文化投入人均值地区无差距、文化消费与投入同构占比无差距状态为"理想值" 100，在年度横向测评中，2018 年全国文化投入增长综合指数为 80.38，低于理想值 19.62%。此项测评中，由于全国文化投入总量份额值（全国份额为 100% 基准）、人均绝对值、各项比值作为演算基准，全国总体综合指数高低，都缘于文化投入人均值地区差、文化消费与投入同构占比缩小或扩大。

东部综合指数为 84.30，低于理想值 15.70%，同时高于全国总体指数 3.92 个点；东北综合指数为 80.63，低于理想值 19.37%，同时高于全国总体指数 0.25 个点；中部综合指数为 80.20，低于理想值 19.80%，同时低于全国总体指数 0.18 个点；西部综合指数为 81.11，低于理想值 18.89%，同时高于全国总体指数 0.73 个点。

在理想值横向测评中，四大区域和各省域综合指数高低，除了缘于自身文化投入人均值地区差、文化消费与投入同构占比倍差的存在及其扩减变化以外，更有可能缘于其文化投入总量份额值上升或下降，文化投入人均值、相关各项比值高于或低于全国总体平均值。

各省域综合测评结果比较，西藏、北京、海南、青海、上海占据"2018年文化投入指数排名"全国前5位。21个省域综合指数值高于全国总体指数值；10个省域综合指数值低于全国总体指数值。

表12　全国及各地文化投入增长测评综合指数变动状况

地区	2000年以来时段纵向测评（起点年基数值=100）						2018年测评			
	"十五"以来（2000~2018年）		"十一五"以来（2005~2018年）		"十二五"以来（2010~2018年）		基数值纵向权衡（2017年=100）		无差距横向权衡（理想值=100）	
	综合指数	排序	综合指数	排序	综合指数	排序	综合指数	排序	综合指数	排序
全国	281.56	—	163.12	—	123.23	—	99.87	—	80.38	—
北京	401.93	4	221.91	4	140.10	9	102.98	5	146.29	2
海南	553.72	1	326.16	1	159.05	1	113.53	2	123.63	3
上海	292.66	15	187.38	11	144.52	7	99.13	21	111.94	5
广东	252.61	23	179.37	13	119.57	22	101.96	8	97.00	11
浙江	276.39	20	162.08	19	123.88	19	100.25	14	95.82	13
江苏	279.69	19	159.06	21	125.72	18	98.45	22	93.30	15
天津	236.25	25	156.85	22	126.15	16	100.83	12	91.83	16
福建	218.66	26	144.63	24	153.30	5	93.98	27	87.71	18
河北	259.66	22	153.23	23	153.05	6	104.32	4	81.55	21
山东	217.67	27	124.15	28	117.79	24	102.67	6	77.55	24
东部	278.13	[3]	167.39	[2]	125.58	[2]	99.96	[2]	84.30	[1]
西藏	415.87	3	265.26	2	138.95	10	100.22	15	189.36	1
青海	496.45	2	248.72	3	141.91	8	99.42	19	116.52	4
甘肃	317.06	12	188.25	10	126.15	17	101.78	9	109.89	6
内蒙古	372.50	7	209.87	6	128.73	15	100.91	11	109.47	7
陕西	383.10	5	217.96	5	130.41	14	99.88	18	100.20	10
新疆	282.02	17	163.00	18	122.13	21	99.38	20	96.61	12
宁夏	280.78	18	180.68	12	119.48	23	100.15	16	95.81	14
四川	379.06	6	189.95	9	137.73	11	102.52	7	86.21	19
云南	177.31	30	126.77	27	112.81	26	98.42	23	78.02	23
贵州	283.44	16	131.93	26	132.84	13	92.75	28	76.91	25
重庆	364.38	8	161.42	20	112.14	27	98.31	24	75.97	26
广西	209.71	28	133.47	25	111.66	28	96.57	25	73.16	28
西部	307.99	[1]	168.29	[1]	122.53	[3]	99.43	[3]	81.11	[2]

| 地区 | 2000 年以来时段纵向测评(起点年基数值＝100) | | | | | | 2018 年测评 | | | |
| | "十五"以来
(2000～2018 年) | | "十一五"以来
(2005～2018 年) | | "十二五"以来
(2010～2018 年) | | 基数值纵向权衡
(2017 年＝100) | | 无差距横向权衡
(理想值＝100) | |
	综合指数	排序	综合指数	排序	综合指数	排序	综合指数	排序	综合指数	排序
吉林	299.30	14	169.38	16	123.21	20	101.28	10	102.60	9
辽宁	192.61	29	122.41	29	95.02	30	83.70	31	74.46	27
黑龙江	162.38	31	113.59	31	82.69	31	90.51	29	70.78	29
东北	209.47	[4]	132.92	[4]	98.60	[4]	91.11	[4]	80.63	[3]
山西	328.49	11	173.65	15	154.15	4	119.93	1	106.47	8
湖北	307.08	13	198.16	7	154.62	3	112.30	3	88.08	17
湖南	358.91	9	193.34	8	154.89	2	88.80	30	84.06	20
江西	334.72	10	174.85	14	137.54	12	100.14	17	79.56	22
安徽	267.26	21	167.00	17	95.16	29	96.31	26	70.27	30
河南	240.16	24	116.75	30	113.08	25	100.26	13	69.35	31
中部	301.65	[2]	164.41	[3]	130.65	[1]	101.59	[1]	80.20	[4]

(二)"十五"以来基数值纵向测评

以"九五"末年 2000 年为起点基数值 100,在"十五"以来 18 年间自身纵向测评中,2018 年全国文化投入增长综合指数为 281.56,高于 2000 年基数值 181.56%。此项测评中,全国总体综合指数升降,缘于与自身 2000 年相比,2018 年各项指标数值或有升降。四大区域和各省域亦然。

东部综合指数为 278.13,高于基数值 178.13%,同时低于全国总体指数 3.43 个点;东北综合指数为 209.47,高于基数值 109.47%,同时低于全国总体指数 72.09 个点;中部综合指数为 301.65,高于基数值 201.65%,同时高于全国总体指数 20.09 个点;西部综合指数为 307.99,高于基数值207.99%,同时高于全国总体指数 26.43 个点。

各省域综合测评结果比较,海南、青海、西藏、北京、陕西占据"2000～2018 年文化投入指数提升度"全国前 5 位。17 个省域综合指数提升高于全国总体指数提升;14 个省域综合指数提升低于全国总体指数提升。

（三）"十一五"以来基数值纵向测评

以"十五"末年2005年为起点基数值100，在"十一五"以来13年间自身纵向测评中，2018年全国文化投入增长综合指数为163.12，高于2005年基数值63.12%。此项测评中，全国总体综合指数升降，缘于与自身2005年相比，2018年各项指标数值或有升降。四大区域和各省域亦然。

东部综合指数为167.39，高于基数值67.39%，同时高于全国总体指数4.27个点；东北综合指数为132.92，高于基数值32.92%，同时低于全国总体指数30.20个点；中部综合指数为164.41，高于基数值64.41%，同时高于全国总体指数1.29个点；西部综合指数为168.29，高于基数值68.29%，同时高于全国总体指数5.17个点。

各省域综合测评结果比较，海南、西藏、青海、北京、陕西占据"2005～2018年文化投入指数提升度"全国前5位。17个省域综合指数提升高于全国总体指数提升；14个省域综合指数提升低于全国总体指数提升。

（四）"十二五"以来基数值纵向测评

以"十一五"末年2010年为起点基数值100，在"十二五"以来8年间自身纵向测评中，2018年全国文化投入增长综合指数为123.23，高于2010年基数值23.23%。此项测评中，全国总体综合指数升降，缘于与自身2010年相比，2018年各项指标数值或有升降。四大区域和各省域亦然。

东部综合指数为125.58，高于基数值25.58%，同时高于全国总体指数2.35个点；东北综合指数为98.60，低于基数值1.40%，同时低于全国总体指数24.63个点；中部综合指数为130.65，高于基数值30.65%，同时高于全国总体指数7.42个点；西部综合指数为122.53，高于基数值22.53%，同时低于全国总体指数0.70个点。

各省域综合测评结果比较，海南、湖南、湖北、山西、福建占据"2010～2018年文化投入指数提升度"全国前5位。19个省域综合指数提升高于全国总体指数提升；12个省域综合指数提升低于全国总体指数提升。

（五）逐年度基数值纵向测评

以最新数据年度的上年 2017 年为起点基数值 100，在逐年度自身纵向测评中，2018 年全国文化投入增长综合指数为 99.87，低于 2017 年基数值 0.13%。此项测评中，全国总体综合指数升降，缘于与自身 2017 年相比，2018 年各项指标数值或有升降。四大区域和各省域亦然。

东部综合指数为 99.96，低于基数值 0.04%，同时高于全国总体指数 0.09 个点；东北综合指数为 91.11，低于基数值 8.89%，同时低于全国总体指数 8.76 个点；中部综合指数为 101.59，高于基数值 1.59%，同时高于全国总体指数 1.72 个点；西部综合指数为 99.43，低于基数值 0.57%，同时低于全国总体指数 0.44 个点。

各省域综合测评结果比较，山西、海南、湖北、河北、北京占据"2017～2018 年文化投入指数提升度"全国前 5 位。18 个省域综合指数提升高于全国总体指数提升；13 个省域综合指数提升低于全国总体指数提升。

B.5
全国省域公共文化投入增长的应然目标

——2019~2020年预期增长测算

王亚南 刘婷 冯瑞*

摘 要： 以消解发展不平衡不充分为最终目的，测算2020年全国文化
投入预期增长目标：按照2000~2018年平均增速"自然增
长"，可达到4653.33亿元；实现产值—财政支出—教科文卫
综合投入—文化投入历年各项最佳比值"应然增长"，应达
到9488.58亿元；进而实现文化投入与消费同构占比平衡
"民生增长"，应达到9427.70亿元；最终实现文化投入各地
人均值均等化"理想增长"，将达到23065.29亿元。以到
2020年所需年均增长率衡量各类增长目标距离，分别测算各
省域排行：海南、北京、上海、内蒙古、西藏排在最佳比值
增长目标前5位，北京、青海、海南、内蒙古、甘肃排在同
构占比增长目标前5位，西藏、北京、上海、青海、海南排
在均等化增长目标前5位。

关键词： 全国省域 文化投入 增长目标 测算排行

---

* 王亚南，云南省社会科学院研究员，文化发展研究中心主任，主要研究方向为民俗学、民族
学及文化理论、文化战略和文化产业；刘婷，云南省社会科学院科研处处长、研究员，主要
研究方向为文化人类学；冯瑞，昆明市委宣传部理论处处长，主要从事哲学、文化发展战略
研究。

本文基于公共财政"协调增长"、基本公共服务建设"均衡发展"的要求，特别是基于公共财政、公共服务"均等化"的理想，检测 2000～2018 年全国及各地文化投入增长的"应然差距"和"理想差距"，测算此后年度直至 2020 年全国及各地文化投入增长的"应然空间"和"理想空间"，为"全面小康"建设进程最后冲刺几年间全国及各地公共文化投入增长目标提供预测参考。

有必要说明，国家统计局正式出版公布年度统计数据存在较长的滞后期，一般是在秋冬之际出版当年卷统计年鉴，而其中公布的数据为上一年度。这就是说，每年年鉴出版已经接近年底，而年鉴卷号年度与其中数据年度又错落一年。加之本书编撰出版也有一定周期，读者见到的"最新数据"已是两个年头前的数据。因此，当前最新数据年度为 2018 年，2019 年各类数据只能通过测算得出。

一 各省域文化投入增长基本态势

2019 年文化投入增长及其相关性比值动态检测见表 1，各地以测算人均值高低排列。表格结构设置方式同本书 B.3 排行报告，不再重复解释。实际说来，本文正是 B.3 文的延续伸展，在 2000～2018 年相关数据事实检测基础上，测算 2019 年全国及各地文化投入"自然增长"、"应然增长"和"理想增长"空间，并据此推算至 2020 年全国及各地文化投入增长的或然目标、应有目标和理想目标。

依照 2000～2018 年文化投入总量年均增长推算，2019 年全国文化投入总量将"自然增长"达到 4057.44 亿元，增长率同前保持在 14.69%。

17 个省域增长率高于全国，占全国份额上升；14 个省域增长率低于全国，占全国份额下降。其中，海南处于首位，总量达到 57.08 亿元，增长率为 20.50%，高于全国 5.81 个百分点；黑龙江处于末位，总量达到 50.73 亿元，增长率为 9.81%，低于全国 4.88 个百分点。

依照 2000～2018 年文化投入人均值年均增长推算，2019 年全国文化投入人均值将"自然增长"至289.75元，增长率同前保持在14.06%。

东部人均值增至335.69元，降低为全国人均值的115.86%，增长率为13.84%，低于全国人均值增长；东北人均值增至193.66元，降低为全国人均值的66.84%，增长率为11.80%，低于全国人均值增长；中部人均值增至186.49元，提高为全国人均值的64.36%，增长率为14.55%，高于全国人均值增长；西部人均值增至269.51元，提高为全国人均值的93.02%，增长率为14.94%，高于全国人均值增长。

14个省域人均值高于全国人均值；17个省域人均值低于全国人均值。其中，西藏处于首位，人均值增至1583.63元，继续提高为全国人均值的546.55%，增长率为17.16%；河南处于末位，人均值增至121.37元，继续降低为全国人均值的41.89%，增长率为12.87%。

在2019年全国及各地文化投入人均值增长测算基础上，即可推算文化投入人均值地区差。全国文化投入人均值地区差将扩大至1.6627，与2018年现有地区差相比扩大0.97%。

表1 2019年文化投入增长及其相关性比值动态检测

地区	2019年增长测算（基于2000~2018年年均增长）					2019年相关性比值（%）测算			
	文化投入总量（亿元）	既往实际年均增长		文化投入人均值（元）	排序	地区差（无差距=1）	与产值比	占财政收入比	占财政支出比	占教科文卫投入比
		增长率（%）	排序							
全国	4057.44	14.69	—	289.75	—	1.6627	0.40	1.91	1.59	5.71
北京	294.44	19.97	2	1324.10	2	4.5698	0.86	4.35	3.37	11.29
上海	217.56	16.65	7	876.88	3	3.0264	0.60	2.64	2.25	9.28
海南	57.08	20.50	1	607.57	5	2.0969	1.04	6.44	2.81	10.31
天津	60.59	14.48	21	378.89	9	1.3077	0.28	2.47	1.67	6.41
浙江	201.11	15.19	15	348.57	10	1.2030	0.32	2.59	1.97	6.11
广东	369.86	14.92	17	321.19	12	1.1085	0.34	2.65	2.03	5.53
江苏	225.95	14.57	18	279.46	16	1.0355	0.21	2.22	1.64	5.25
福建	95.38	12.57	27	240.88	17	1.1687	0.24	2.75	1.70	5.18
河北	131.40	14.09	22	173.11	25	1.4025	0.33	3.23	1.45	4.86
山东	173.17	12.80	26	171.61	26	1.4077	0.20	2.31	1.47	4.46
东部	1826.55	15.25	[1]	335.69	[1]	1.8327	0.34	2.80	1.97	6.26

续表

地区	2019年增长测算（基于2000～2018年年均增长）					2019年相关性比值（%）测算			
	文化投入总量（亿元）	既往实际年均增长		文化投入人均值（元）	排序	地区差（无差距=1）	与产值比	占财政收入比	占财政支出比	占教科文卫投入比
		增长率（%）	排序							
西藏	54.77	19.00	4	1583.63	1	5.4655	3.22	19.30	2.29	11.49
青海	42.49	19.72	3	701.58	4	2.4213	1.30	13.33	2.16	8.97
内蒙古	127.70	16.86	6	502.56	6	1.7345	0.65	5.83	2.24	10.45
宁夏	26.89	15.26	14	387.79	7	1.3384	0.63	5.20	1.59	6.68
陕西	147.41	16.89	5	381.68	8	1.3173	0.52	5.57	2.36	7.92
新疆	85.08	15.93	12	339.17	11	1.1706	0.62	4.71	1.42	5.85
甘肃	83.48	15.12	16	316.68	13	1.0930	0.90	8.27	1.87	6.95
四川	179.77	16.05	10	216.40	20	1.2532	0.39	3.93	1.56	5.65
贵州	69.29	13.97	23	193.41	22	1.3325	0.40	3.39	1.15	3.49
重庆	57.23	16.08	9	185.28	23	1.3606	0.24	2.11	1.06	4.02
云南	80.30	11.23	30	165.54	27	1.4287	0.40	3.52	1.14	3.83
广西	71.27	12.07	28	144.99	28	1.4996	0.31	3.70	1.13	3.69
西部	1025.68	15.25	[2]	269.51	[2]	1.7846	0.49	4.60	1.58	5.79
吉林	80.46	14.55	19	296.59	14	1.0236	0.48	5.65	1.83	7.56
辽宁	79.82	11.49	29	182.46	24	1.3703	0.29	2.70	1.31	6.02
黑龙江	50.73	9.81	31	134.22	30	1.5368	0.28	3.55	0.94	4.71
东北	211.01	11.92	[4]	193.66	[3]	1.3102	0.34	3.63	1.33	6.08
山西	107.64	15.92	13	287.89	15	1.0064	0.57	3.97	2.13	7.68
湖南	156.33	16.19	8	226.60	18	1.2179	0.38	4.68	1.76	6.21
湖北	129.56	14.51	20	219.33	19	1.2430	0.29	3.37	1.51	5.32
江西	91.75	15.99	11	196.84	21	1.3206	0.37	3.26	1.35	4.02
安徽	90.69	13.69	24	144.16	29	1.5025	0.27	2.54	1.17	3.51
河南	116.39	12.96	25	121.37	31	1.5811	0.21	2.66	1.07	3.38
中部	692.36	14.79	[3]	186.49	[4]	1.3119	0.32	3.35	1.44	4.72

注：①表中数据演算依据：《中国统计年鉴》，以既往年均增长率测算，未涉及人口增长及其分布变化，并省略中央财政部分，各地总量之和不等于全国总量，后同；②教科卫三项投入简化归入教科文卫综合测算；③对照上文各表相应各项数据，全国及各地相关协调性应然差距持续存在，除文化投入与产值比极普遍提高外，占财政收入和支出比普遍降低和极普遍降低，与教育、科技、卫生投入比极普遍降低（占教科文卫综合投入比亦同），各地人均值地区差大多扩大。由于各地诸方面绝对增长及其间相对关系变化的差异巨大，难免部分地区若干数据项出现逆向变动，譬如较多省域人均值地区差即为缩小。

13 个省域地区差趋于缩小；18 个省域地区差趋于扩大。其中，天津处于首位，地区差缩小至 1.3077，缩小 2.18%，变为全国地区差的 78.65%；海南处于末位，地区差扩大至 2.0969，扩大 4.58%，变为全国地区差的 126.11%。

需要注意，表 1 中推演测算值直接显示，25 个省域地区差小于全国地区差；仅有 6 个省域地区差大于全国地区差。地区差测算值大于全国总体的地区如此之少，却能够拉动全国地区差继续明显扩大，这表明，这几个省域文化投入人均值增长与其余地区相比悬殊。这一情形对于当地诚然体现出不错的增长态势，对于全国却更加不利于公共文化投入、公共文化服务必须逐步趋于"均等化"的理想追求。

进一步演绎推算。假如全国产值、财政收入和支出、教科文卫投入增长依然同前保持 2000～2018 年平均增长率，那么 2019 年全国文化投入与产值比将继续上升至 0.40%，占财政收入比将继续下降至 1.91%，占财政支出比将继续下降至 1.59%，占教科文卫综合投入比将继续下降至 5.71%。

对各地全面展开相关假定推算。有 24 个省域文化投入与产值比继续上升；仅有 4 个省域文化投入占财政收入比继续上升，按升幅高低依次为北京、青海、海南、上海；仅有 4 个省域文化投入占财政支出比继续上升，按升幅高低依次为北京、上海、海南、青海；仅有 1 个省域文化投入占教科文卫综合投入比继续上升，即为北京。

显然，如果继续全面维持 2000～2018 年相关各方面增长关系，尽管全国及各地文化投入总量、人均绝对值增长显著，但是占财政收入比、占财政支出比、占教科文卫综合投入比普遍降低，尤其是文化投入人均值地区差普遍扩大。这样一种增长格局的协调性、均衡性明显欠佳。

二　各省域文化投入增长协调性分析

在以上分析基础上，有必要层层深入检验全国及各地文化投入占教科文卫综合投入比、教科文卫投入占财政支出比、财政支出与产值比的历年关系动态，测算文化投入"应然增长"突破现有格局的合理空间。

（一）文化投入占教科文卫综合投入比变化态势检测

"中国公共文化投入增长测评体系"以"文化投入增长系数"来界定文化投入占教科文卫综合投入的比重，深入检验文化投入在教科文卫综合投入中的相关性比值。这一相关性比值历年发生变化，就是"文化投入增长系数"的演算依据，也是文化投入增长的"应有空间"测量依据。

2019年文化投入占教科文卫投入比动态及其差距检测见表2，各地以初次演算差距指数高低倒序排列。

依照本项测评的假定测算，2019年，全国文化投入占教科文卫综合投入比将为5.71%。16个省域此项比值高于全国比值；15个省域此项比值低于全国比值。其中，西藏处于首位，此项比值高于全国比值5.78个百分点；河南处于末位，此项比值低于全国比值2.33个百分点。

取假定测算的2019年此项比值与2000年相比，全国文化投入占教科文卫综合投入比将下降47.95%。仅有2个省域此项测算比值上升；29个省域此项测算比值下降。其中，北京处于首位，此项测算比值上升26.85%；广西处于末位，此项测算比值下降69.93%。

根据本项测评数据库筛测，2000~2018年，全国文化投入占教科文卫综合投入比的历年最佳（最高）值为11.52%。23个省域最佳比值高于全国最佳比值；8个省域最佳比值低于全国最佳比值。其中，西藏处于首位，最佳比值高于全国最佳比值4.66个百分点；上海处于末位，最佳比值低于全国最佳比值1.28个百分点。

全国及各地历年此项最佳比值与2019年测算比值之差，构成此项系数比值的差距指数，这就是假定测算"增长差距"的重要事实依据。演算结果，全国差距指数为2.0175，亦即对照历年最佳比值，"应有"比值为测算比值的201.75%。

13个省域差距指数低于全国差距指数；18个省域差距指数高于全国差

距指数。其中,北京处于首位,差距指数为 1.0213,即"应有"比值为测算比值的 102.13%,仅为全国差距指数的 50.62%;河南处于末位,差距指数为 4.0621,即"应有"比值为测算比值的 406.21%,高达全国差距指数的 201.34%。

据此差距指数测算,如果保持文化投入占教科文卫综合投入比历年最佳比值,那么 2019 年全国文化投入测算总量应达到 8185.89 亿元,与 2018 年现有总量相比,需增长 131.38%。

表 2　2019 年文化投入占教科文卫投入比动态及其差距检测

地区	2000 年		2019 年测算			2000~2018 年最佳比值(%)	2019 年最佳比值假定测算		
	教科文卫投入总量(亿元)	文化投入占其间比(%)	教科文卫投入总量(亿元)	文化投入占其间比(%)	比值升降(%)		初次演算差距指数(无差距=1)	差距排序(倒序)	文化投入总量(亿元)
全国	2736.88	10.97	71104.35	5.71	-47.95	11.52	2.0175	—	8185.89
北京	104.07	8.90	2607.66	11.29	26.85	11.53	1.0213	1	300.71
上海	135.67	8.60	2345.57	9.28	7.91	10.24	1.1034	2	240.06
海南	14.46	11.41	553.65	10.31	-9.64	11.69	1.1339	3	64.72
天津	45.53	10.19	945.69	6.41	-37.10	11.07	1.7270	9	104.64
浙江	123.07	11.12	3293.56	6.11	-45.05	11.31	1.8511	10	372.27
江苏	171.67	9.93	4307.37	5.25	-47.13	11.17	2.1276	17	480.73
广东	229.77	11.46	6692.68	5.53	-51.75	11.99	2.1682	19	801.93
河北	103.92	10.33	2704.60	4.86	-52.95	10.57	2.1749	20	285.78
福建	91.28	11.01	1842.03	5.18	-52.95	12.02	2.3205	22	221.33
山东	167.79	10.47	3885.73	4.46	-57.40	12.63	2.8318	25	490.38
东部	1187.23	10.33	29178.53	6.26	-39.40	10.88	1.7380	[1]	3362.56
吉林	53.04	11.48	1064.89	7.56	-34.15	14.14	1.8704	11	150.49
辽宁	96.41	10.48	1326.57	6.02	-42.56	11.84	1.9668	13	156.99
黑龙江	73.89	11.60	1076.39	4.71	-59.40	11.94	2.5350	23	128.60
东北	223.33	11.09	3467.85	6.08	-45.18	11.98	1.9704	[2]	436.08
内蒙古	46.67	14.16	1222.42	10.45	-26.20	14.16	1.3550	4	173.03
西藏	12.41	16.20	476.68	11.49	-29.07	16.18	1.4082	5	77.13
青海	11.67	11.91	473.96	8.96	-24.77	13.59	1.5167	6	64.44

地区	2000 年		2019 年测算			2000～2018 年最佳比值（%）	2019 年最佳比值假定测算		
	教科文卫投入总量（亿元）	文化投入占其间比（%）	教科文卫投入总量（亿元）	文化投入占其间比（%）	比值升降（%）		初次演算差距指数（无差距＝1）	差距排序（倒序）	文化投入总量（亿元）
陕西	55.84	13.61	1861.96	7.92	−41.81	13.62	1.7197	8	253.50
甘肃	42.63	13.49	1201.36	6.95	−48.48	13.49	1.9410	12	162.03
新疆	48.17	10.65	1454.54	5.85	−45.07	12.39	2.1179	16	180.19
宁夏	12.70	14.25	402.43	6.68	−53.12	14.37	2.1512	18	57.85
四川	100.62	10.56	3182.12	5.65	−46.50	12.60	2.2301	21	400.91
云南	98.70	10.77	2095.90	3.83	−64.44	10.77	2.8120	24	225.80
重庆	37.60	8.96	1424.28	4.02	−55.13	12.36	3.0746	28	175.96
广西	66.67	12.27	1930.78	3.69	−69.93	12.36	3.3252	29	236.99
贵州	50.16	11.52	1986.62	3.49	−69.70	13.27	3.8023	30	263.46
西部	583.85	11.80	17713.06	5.79	−50.93	12.19	2.1054	[3]	2271.29
山西	56.19	11.57	1401.53	7.68	−33.62	12.19	1.5872	7	170.85
湖南	73.55	12.28	2516.70	6.21	−49.43	12.75	2.0531	14	320.96
湖北	88.17	11.21	2435.97	5.32	−52.54	11.21	2.1071	15	273.00
江西	55.13	9.94	2284.69	4.02	−59.56	11.86	2.9502	26	270.68
安徽	75.01	10.56	2587.07	3.51	−66.76	10.59	3.0171	27	273.62
河南	108.46	10.59	3446.17	3.38	−68.08	13.73	4.0621	31	472.79
中部	456.50	11.02	14672.13	4.72	−57.17	12.04	2.5508	[4]	1781.89

注：①表中2000年教科文卫综合投入数据来源于《中国统计年鉴》，其余为演算衍生数值；②比值升降百分比负值为下降百分比；③全国及各地分别取最佳比值测算文化投入"应然"值，各地之和不等于全国总量。表3～表5同。

当然，这只是一种假定的"增长差距"测算，并不可能期待很快完成如此高增长。在此，所需增长率便起到"增长差距"衡量器的作用，所需增长率越低，意味着"增长目标"距离越小。

13个省域所需增长率低于全国所需增长率；18个省域所需增长率高于全国所需增长率。其中，北京处于首位，总量达到300.71亿元，需增长22.52%，仅为全国所需增长率的17.14%；河南处于末位，总量达到472.79亿元，需增长358.85%，高达全国所需增长率的273.14%。

这就是假设全国及各地保持 2000～2018 年文化投入占教科文卫综合投入比各自历年最佳值，文化投入总量"应然增长"绝对数值、所需增长率的目标距离检测结果。

（二）教科文卫投入占财政支出比变化态势检测

"中国公共文化投入增长测评体系"以"教科文卫投入增长系数"来界定教科文卫投入占财政支出的比重，深入检验教科文卫投入在财政支出中的相关性比值。这一相关性比值历年发生变化，就是"教科文卫投入增长系数"的演算依据，也是教科文卫综合投入增长带动文化投入增长的"应有空间"测量依据。

2019 年教科文卫投入占财政支出比动态及其差距检测见表 3，各地以二重演算差距指数高低倒序排列。

表3　2019 年教科文卫投入占财政支出比动态及其差距检测

地区	2000 年		2019 年测算			2000～2018 年最佳比值（%）	2019 年最佳比值假定测算		
	财政支出总量（亿元）	教科文卫占支出比（%）	财政支出总量（亿元）	教科文卫占支出比（%）	比值升降（%）		二重演算差距指数（无差距=1）	差距排序（倒序）	文化投入总量（亿元）
全国	15886.50	17.23	255689.91	27.81	61.40	27.95	2.0277	—	8227.27
北京	443.00	23.49	8741.19	29.83	26.99	33.39	1.1431	1	336.57
海南	64.12	22.55	2028.52	27.29	21.02	27.85	1.1571	2	66.05
上海	608.56	22.29	9659.59	24.28	8.93	27.83	1.2648	3	275.17
天津	187.05	24.34	3627.21	26.07	7.11	28.95	1.9178	9	116.20
浙江	431.30	28.53	10192.40	32.31	13.25	34.69	1.9874	10	399.69
广东	1080.32	21.27	18252.74	36.67	72.40	35.33	2.0889	12	772.60
江苏	591.28	29.03	13757.31	31.31	7.85	31.93	2.1698	15	490.27
福建	324.18	28.16	5615.36	32.80	16.48	32.42	2.2936	18	218.76
河北	415.54	25.01	9088.37	29.76	18.99	31.69	2.3159	19	304.31
山东	613.08	27.37	11802.26	32.92	20.28	33.43	2.8757	24	497.98
东部	4758.42	24.95	92764.97	31.45	26.05	31.74	1.7540	[1]	3477.60
内蒙古	247.27	18.87	5698.96	21.45	13.67	22.87	1.4447	4	184.49

续表

地区	2000年		2019年测算			2000~2018年最佳比值（%）	2019年最佳比值假定测算		
	财政支出总量（亿元）	教科文卫占支出比（%）	财政支出总量（亿元）	教科文卫占支出比（%）	比值升降（%）		二重演算差距指数（无差距=1）	差距排序（倒序）	文化投入总量（亿元）
青海	68.26	17.10	1966.16	24.11	40.99	24.02	1.5111	5	64.21
西藏	59.97	20.69	2392.63	19.92	−3.72	22.26	1.5736	6	86.19
陕西	271.76	20.55	6254.01	29.77	44.87	31.66	1.8289	8	269.60
甘肃	188.23	22.65	4455.81	26.62	19.03	28.96	2.0850	11	174.06
四川	452.00	22.26	11510.80	27.64	24.17	29.31	2.3648	20	425.12
新疆	190.95	25.23	6010.22	24.20	−4.08	28.35	2.4812	21	211.10
宁夏	60.84	20.87	1690.41	23.81	14.09	29.18	2.6364	22	70.89
云南	414.11	23.83	7052.62	29.72	24.72	29.30	2.7723	23	222.62
重庆	187.64	20.04	5420.32	26.28	31.14	25.80	3.0185	27	172.75
广西	258.49	25.79	6281.80	30.74	19.19	32.88	3.5567	29	253.49
贵州	201.57	24.88	6013.92	33.03	32.76	32.44	3.7344	30	258.76
西部	2601.09	22.45	64747.66	27.36	21.87	27.66	2.1284	[2]	2393.26
吉林	260.67	20.35	4397.19	24.22	19.02	27.67	2.1368	14	171.93
辽宁	518.08	18.61	6076.18	21.83	17.30	24.34	2.1929	16	175.04
黑龙江	381.87	19.35	5375.14	20.03	3.51	25.32	3.2045	28	162.56
东北	1160.63	19.24	15848.52	21.88	13.72	25.45	2.2919	[3]	509.53
山西	225.06	24.97	5045.76	27.78	11.25	30.15	1.7227	7	185.43
湖南	347.83	21.15	8869.67	28.37	34.14	29.24	2.1161	13	330.81
湖北	368.77	23.91	8564.97	28.44	18.95	30.08	2.2287	17	288.75
江西	223.47	24.67	6782.70	33.68	36.52	32.93	2.8846	25	264.66
安徽	323.47	23.19	7769.03	33.30	43.60	32.18	2.9156	26	264.42
河南	445.53	24.34	10907.39	31.59	29.79	33.39	4.2936	31	499.73
中部	1934.13	23.60	47939.53	30.61	29.70	30.69	2.5575	[4]	1833.80

注：表中2000年财政支出数据来源于《中国统计年鉴》，其余为演算衍生数值。

依照本项测评的假定测算，2019年，全国教科文卫投入占财政支出比将为27.81%。16个省域此项比值高于全国比值；15个省域此项比值低于全国比值。其中，广东处于首位，此项比值高于全国比值8.86个百分点；西藏处于末位，此项比值低于全国比值7.89个百分点。

取假定测算的 2019 年此项比值与 2000 年相比，全国教科文卫投入占财政支出比将上升 61.40%。29 个省域此项测算比值上升；2 个省域此项测算比值下降。其中，广东处于首位，此项测算比值上升 72.40%；新疆处于末位，此项测算比值下降 4.08%。

根据本项测评数据库筛测，2000~2018 年，全国教科文卫投入占财政支出比的历年最佳（最高）值为 27.95%。22 个省域最佳比值高于全国最佳比值；9 个省域最佳比值低于全国最佳比值。其中，广东处于首位，最佳比值高于全国最佳比值 7.38 个百分点；西藏处于末位，最佳比值低于全国最佳比值 5.69 个百分点。

全国及各地历年此项最佳比值与 2019 年测算比值之差，构成此项系数比值的差距指数，与前一项系数比值的差距指数形成二重演算，就是假定测算"增长差距"的重要事实依据。二重演算结果，全国差距指数为 2.0277，亦即对照历年最佳比值，"应有"比值为测算比值的 202.77%。

10 个省域差距指数低于全国差距指数；21 个省域差距指数高于全国差距指数。其中，北京处于首位，差距指数为 1.1431，即"应有"比值为测算比值的 114.31%，仅为全国差距指数的 56.38%；河南处于末位，差距指数为 4.2936，即"应有"比值为测算比值的 429.36%，高达全国差距指数的 211.75%。

据此差距指数测算，如果保持文化投入占教科文卫综合投入比、教科文卫投入占财政支出比二重历年最佳比值，那么 2019 年全国文化投入测算总量应达到 8227.27 亿元，与 2018 年现有总量相比，需增长 132.55%。

这只是一种假定的"增长差距"测算，鉴于全国及各地教科文卫投入占财政支出比动态普遍向好，两项系数比值叠加演算的"增长差距"普遍缩短，总量"增长目标"数值普遍减小。

10 个省域所需增长率低于全国所需增长率；21 个省域所需增长率高于全国所需增长率。其中，北京处于首位，总量达到 336.57 亿元，需增长 37.14%，仅为全国所需增长率的 28.02%；河南处于末位，总量达到 499.73 亿元，需增长 385.00%，高达全国所需增长率的 290.45%。

这就是假设全国及各地保持2000～2018年以来文化投入占教科文卫综合投入比、教科文卫投入占财政支出比各自历年最佳值，文化投入总量"应然增长"绝对数值、所需增长率的目标距离检测结果。

（三）财政支出与产值比变化态势检测

"中国公共文化投入增长测评体系"以"财政支出增长系数"来界定财政支出与产值的比例，深入检验财政支出在产值增长所体现的经济发展中的相关性比值。这一相关性比值历年发生变化，就是"财政支出增长系数"的演算依据，也是财政支出增长带动教科文卫投入增长，继而教科文卫综合投入增长带动文化投入增长的"应有空间"测量依据。

2019年财政支出与产值比动态及其差距检测见表4，各地以三重演算差距指数高低倒序排列。

表4 2019年财政支出与产值比动态及其差距检测

地区	2000年		2019年测算			2000～2018年最佳比值（%）	2019年最佳比值假定测算		
	产值总量（亿元）	财政支出与产值比（%）	产值总量（亿元）	财政支出与产值比（%）	比值升降（%）		三重演算差距指数（无差距=1）	差距排序（倒序）	文化投入总量（亿元）
全国	100280.10	15.84	1017058.92	25.14	58.71	25.64	2.0680	—	8390.79
海南	526.82	12.17	5465.15	37.12	205.01	35.00	1.0910	1	62.27
北京	3161.00	14.01	34377.89	25.43	81.51	24.96	1.1220	2	330.36
上海	4771.17	12.75	36366.84	26.56	108.31	25.56	1.2172	3	264.81
浙江	6141.03	7.02	63552.04	16.04	128.49	15.50	1.9205	8	386.23
河北	5043.96	8.24	40165.36	22.63	174.64	21.46	2.1962	14	288.58
广东	10741.25	10.06	109945.63	16.60	65.01	17.62	2.2173	15	820.09
江苏	8553.69	6.91	105695.88	13.02	88.42	13.82	2.3031	16	520.39
天津	1701.88	10.99	21495.62	16.87	53.50	20.68	2.3509	17	142.44
福建	3764.54	8.61	40576.78	13.84	60.77	15.40	2.5521	21	243.42
山东	8337.47	7.35	86488.61	13.65	85.71	13.21	2.7830	24	481.93
东部	52742.81	9.02	544129.80	17.05	89.02	17.01	1.7499	[1]	3540.53
内蒙古	1539.12	16.07	19775.92	28.82	79.34	28.14	1.4106	4	180.13

续表

地区	2000 年		2019 年测算			2000~2018年最佳比值（%）	2019 年最佳比值假定测算		
	产值总量（亿元）	财政支出与产值比（%）	产值总量（亿元）	财政支出与产值比（%）	比值升降（%）		三重演算差距指数（无差距=1）	差距排序（倒序）	文化投入总量（亿元）
西藏	117.80	50.91	1700.55	140.70	176.37	137.82	1.5414	5	84.42
青海	263.68	25.89	3271.29	60.10	132.14	62.69	1.5762	6	66.97
甘肃	1052.88	17.88	9244.99	48.20	169.57	45.75	1.9790	9	165.21
陕西	1804.00	15.06	28245.62	22.14	47.01	24.28	2.0056	10	295.65
四川	3928.20	11.51	46319.00	24.85	115.90	25.37	2.4143	18	434.02
新疆	1363.56	14.00	13778.33	43.62	211.57	42.89	2.4396	20	207.56
宁夏	295.02	20.62	4264.45	39.64	92.24	39.86	2.6510	22	71.29
云南	2011.19	20.59	20188.95	34.93	69.65	34.88	2.7683	23	222.29
广西	2080.04	12.43	23101.93	27.19	118.74	26.50	3.4664	28	247.05
重庆	1603.16	11.70	23451.57	23.11	97.52	26.70	3.4874	29	199.58
贵州	1029.92	19.57	17169.78	35.03	79.00	40.22	4.2877	31	297.09
西部	17088.57	15.22	210512.37	30.76	102.10	29.95	2.0724	[2]	2471.27
吉林	1951.51	13.36	16887.79	26.04	94.91	25.14	2.0629	12	165.98
辽宁	4669.10	11.10	27808.02	21.85	96.85	21.09	2.1166	13	168.95
黑龙江	3151.40	12.12	17929.43	29.98	147.36	29.18	3.1190	27	158.23
东北	9772.01	11.88	62625.24	25.31	113.05	24.41	2.2104	[3]	493.15
山西	1845.72	12.19	19014.68	26.54	117.72	26.81	1.7402	7	187.32
湖南	3551.49	9.79	41454.86	21.40	118.59	20.53	2.0301	11	317.37
湖北	3545.39	10.40	44999.60	19.03	82.98	20.75	2.4301	19	314.84
江西	2003.07	11.16	25114.44	27.01	142.03	26.38	2.8173	25	258.49
安徽	2902.09	11.15	34165.01	22.74	103.95	23.81	3.0528	26	276.86
河南	5052.99	8.82	54461.64	20.03	127.10	19.18	4.1114	30	478.53
中部	18900.75	10.23	219210.23	21.87	113.78	21.60	2.5259	[4]	1833.40

注：表中 2000 年产值数据来源于《中国统计年鉴》，其余为演算衍生数值。

依照本项测评的假定测算，2019 年，全国财政支出与产值比将为 25.14%。16 个省域此项比值高于全国比值；15 个省域此项比值低于全国比值。其中，西藏处于首位，此项比值高于全国比值 115.56 个百分点；江苏处于末位，此项比值低于全国比值 12.12 个百分点。

取假定测算的 2019 年此项比值与 2000 年相比，全国财政支出与产值比将上升 58.71%。全部 31 个省域此项测算比值上升。其中，新疆处于首位，此项测算比值上升 211.57%；陕西处于末位，此项测算比值上升 47.01%。

根据本项测评数据库筛测，2000～2018 年，全国财政支出与产值比的历年最佳（最高）值为 25.64%。14 个省域最佳比值高于全国最佳比值；17 个省域最佳比值低于全国最佳比值。其中，西藏处于首位，最佳比值高于全国最佳比值 112.18 个百分点；山东处于末位，最佳比值低于全国最佳比值 12.43 个百分点。

全国及各地历年此项最佳比值与 2019 年测算比值之差，构成此项系数比值的差距指数，与前两项系数比值的差距指数形成三重演算，就是假定测算"增长差距"的重要事实依据。三重演算结果，全国差距指数为 2.0680，亦即对照历年最佳比值，"应有"比值为测算比值的 206.80%。

12 个省域差距指数低于全国差距指数；19 个省域差距指数高于全国差距指数。其中，海南处于首位，差距指数为 1.0910，即"应有"比值为测算比值的 109.10%，仅为全国差距指数的 52.76%；贵州处于末位，差距指数为 4.2877，即"应有"比值为测算比值的 428.77%，高达全国差距指数的 207.33%。

据此差距指数测算，如果保持文化投入占教科文卫综合投入比、教科文卫投入占财政支出比、财政支出与产值比三重历年最佳比值，那么 2019 年全国文化投入测算总量应达到 8390.79 亿元，与 2018 年现有总量相比，需增长 137.17%。

这只是一种假定的"增长差距"测算，鉴于全国及各地财政支出与产值比动态极普遍向好，三项系数比值多重演算的"增长差距"极普遍缩短，总量"增长目标"数值极普遍减小。

13 个省域所需增长率低于全国所需增长率；18 个省域所需增长率高于全国所需增长率。其中，海南处于首位，总量达到 62.27 亿元，需增长 31.47%，仅为全国所需增长率的 22.94%；贵州处于末位，总量达到 297.09 亿元，需增长 388.68%，高达全国所需增长率的 283.35%。

文化蓝皮书·公共文化投入

这就是假设全国及各地保持 2000~2018 年文化投入占教科文卫综合投入比、教科文卫投入占财政支出比、财政支出与产值比各自历年最佳值，文化投入总量"应然增长"绝对数值、所需增长率的目标距离检测结果。

三　各省域文化投入应然增长差距检测

在表 2~表 4 分别检测各单项最佳比值增长预期基础上，有必要汇集各项最佳比值增长测算结果进行综合演算，并与表 1"自然增长"测算结果各项数值形成直接对比。

（一）多重最佳比值测算预期结果

2019 年文化投入多重最佳比值增长假定测算见表 5，各地以总量增长测算增长率高低倒序排列。

依照 2000~2018 年全国及各地三项系数最佳比值测算总量增长空间，表 5 中首列总量数值移自表 4，文字不再复述。

同样测算人均值增长空间（与总量演算基数不同，所需增长测算有微小差异），2019 年全国文化投入测算人均值应增至 599.20 元，与 2018 年现有人均值相比，需增长 135.88%。

东部人均值增至 650.69 元，降低为全国人均值的 108.59%，需增长 120.66%，低于全国所需增长；东北人均值增至 452.59 元，提高为全国人均值的 75.53%，需增长 161.28%，高于全国所需增长；中部人均值增至 493.82 元，提高为全国人均值的 82.41%，需增长 203.33%，高于全国所需增长；西部人均值增至 649.36 元，提高为全国人均值的 108.37%，需增长 176.93%，高于全国所需增长。

18 个省域人均值高于全国人均值；13 个省域人均值低于全国人均值。其中，西藏处于首位，人均值增至 2441.07 元，降低为全国人均值的 407.39%，需增长 80.60%；河北处于末位，人均值增至 380.18 元，提高为全国人均值的 63.45%，需增长 148.83%。

在全国及各地三项系数最佳比值多重演算文化投入人均值基础上，即可演算得出 2019 年全国及各地文化投入人均值地区差指数。

全国文化投入人均值地区差应缩小至 1.3880，与 2018 年现有地区差相比缩小 15.71%。21 个省域地区差趋于缩小；10 个省域地区差趋于扩大。其中，海南处于首位，地区差缩小至 1.1063，缩小 44.83%，变为全国地区差的 79.70%；宁夏处于末位，地区差扩大至 1.7155，扩大 27.94%，变为全国地区差的 123.59%。

表5 2019 年文化投入多重最佳比值增长假定测算

地区	2019 年多重最佳比值假定测算（基于 2000~2018 年最佳比值）					2019 年相关性比值假定测算（%，各项增长取既往年均增长）			
	文化投入总量（亿元）	所需年度增长		文化投入人均值（元）	地区差（无差距=1）	与产值比	占财政收入比	占财政支出比	占教科文卫投入比
		增长率（%）	排序（倒序）						
全国	8390.79	137.17	—	599.20	1.3880	0.83	3.96	3.28	11.80
海南	62.27	31.47	1	662.87	1.1063	1.14	7.02	3.07	11.25
北京	330.36	34.61	2	1485.63	2.4793	0.96	4.88	3.78	12.67
上海	264.81	41.98	3	1067.33	1.7813	0.73	3.21	2.74	11.29
浙江	386.23	121.22	8	669.42	1.1172	0.61	4.97	3.79	11.73
河北	288.58	150.57	14	380.18	1.3655	0.72	7.09	3.18	10.67
广东	820.09	154.81	15	712.17	1.1885	0.75	5.87	4.49	12.25
江苏	520.39	163.86	16	643.63	1.0741	0.49	5.12	3.78	12.08
天津	142.44	169.14	17	890.76	1.4866	0.66	5.80	3.93	15.06
福建	243.42	187.29	21	614.71	1.0259	0.60	7.02	4.33	13.21
山东	481.93	213.92	24	477.60	1.2029	0.56	6.42	4.08	12.40
东部	3540.53	124.18	[1]	650.69	1.3828	0.65	5.42	3.82	12.13
辽宁	168.95	135.98	12	386.19	1.3555	0.61	5.72	2.78	12.74
吉林	165.98	136.31	13	611.85	1.0211	0.98	11.65	3.77	15.59
黑龙江	158.23	242.47	26	418.61	1.3014	0.88	11.08	2.94	14.70
东北	493.15	162.27	[2]	452.59	1.2260	0.79	8.49	3.11	14.22
内蒙古	180.13	64.85	4	708.93	1.1831	0.91	8.22	3.16	14.74
西藏	84.42	83.43	5	2441.07	4.0739	4.96	29.75	3.53	17.71
青海	66.97	88.70	6	1105.79	1.8454	2.05	21.01	3.41	14.13
甘肃	165.21	127.82	9	626.71	1.0459	1.79	16.37	3.71	13.75
陕西	295.65	134.43	10	765.50	1.2775	1.05	11.17	4.73	15.88
四川	434.02	180.18	19	522.45	1.1281	0.94	9.49	3.77	13.64

续表

地区	2019 年多重最佳比值假定测算 （基于 2000~2018 年最佳比值）					2019 年相关性比值假定测算 （%，各项增长取既往年均增长）			
	文化投入 总量 （亿元）	所需年度增长		文化投入 人均值 （元）	地区差 （无差 距=1）	与产值 比	占财政 收入比	占财政 支出比	占教科 文卫投 入比
		增长率 （%）	排序 （倒序）						
新疆	207.56	182.82	20	827.44	1.3809	1.51	11.50	3.45	14.27
宁夏	71.29	205.52	22	1027.92	1.7155	1.67	13.79	4.22	17.71
云南	222.29	207.90	23	458.24	1.2352	1.10	9.75	3.15	10.61
广西	247.05	288.48	28	502.61	1.1612	1.07	12.83	3.93	12.80
重庆	199.58	304.78	29	646.10	1.0783	0.85	7.35	3.68	14.01
贵州	297.09	388.68	31	829.34	1.3841	1.73	14.56	4.94	14.95
西部	2471.27	178.63	[3]	649.36	1.5424	1.17	11.08	3.82	13.95
山西	187.32	101.73	7	501.00	1.1639	0.99	6.92	3.71	13.37
湖南	317.37	135.88	11	460.03	1.2323	0.77	9.50	3.58	12.61
湖北	314.84	178.25	18	532.97	1.1105	0.70	8.18	3.68	12.92
江西	258.49	226.77	25	554.56	1.0745	1.03	9.19	3.81	11.31
安徽	276.86	247.08	27	440.10	1.2655	0.81	7.76	3.56	10.70
河南	478.53	364.42	30	498.99	1.1672	0.88	10.92	4.39	13.89
中部	1833.40	204.32	[4]	493.82	1.1690	0.84	8.87	3.82	12.50

注：①表中数据演算依据：《中国统计年鉴》；②最佳比值测算取全国及各地最佳比值，各地之和不等于全国总量；经校正各项"应然差距"，全国及各地相关协调性、均衡性普遍增强，比值提高，地区差缩小（对照表1相应数值），极少数地区个别数据项例外。

另与表 1"自然增长"测算值相比，全国文化投入人均值地区差应缩小16.52%。23 个省域地区差趋于缩小；仅有 8 个省域地区差趋于扩大。其中，海南处于首位，地区差缩小 47.24%；宁夏处于末位，地区差扩大28.18%。

对照表 1 清晰可见，若因循既往"自然增长"状况，全国及各地文化投入人均值地区差普遍明显扩大；而在最佳比值"应然增长"情况下，全国及各地文化投入人均值地区差普遍明显缩小。其间高下优劣一目了然。

不过尚需注意，以表 5 中演算得出的各地地区差指数来看，25 个省域地区差小于全国地区差；6个省域地区差大于全国地区差。地区差演算值大于全国总体的地区仍然很少，却能够支撑全国地区差明显存在，这同样表明，这几个省域文化投入人均值增长与其余地区相比仍然悬殊。

进一步演绎推算。在全国三项系数最佳比值多重演算情况下，2019年全国文化投入与产值比测算值应上升至0.83%，与2018年现有比值相比提高0.44个百分点；占财政收入比测算值应上升至3.96%，与2018年现有比值相比提高2.03个百分点；占财政支出比测算值应上升至3.28%，与2018年现有比值相比提高1.68个百分点；占教科文卫综合投入比测算值应上升至11.80%，与2018年现有比值相比提高5.87个百分点。

同样在各地三项系数最佳比值多重演算情况下，全部31个省域文化投入与产值比上升；全部31个省域文化投入占财政收入比上升；全部31个省域文化投入占财政支出比上升；全部31个省域文化投入占教科文卫综合投入比上升。

在三项系数最佳比值多重演算假定条件下，全国及各地文化收入增长及其相关关系数值呈现几点重要态势。

（1）全国及各地文化投入总量、人均值极普遍、极显著增长，特别是中部增长突出，占全国份额明显上升。这无疑表明，正是在三项系数最佳比值多重演算中，检测出中部"增长差距"明显。

（2）北京文化投入总量、人均值增长与既往年均增速"自然增长"相比略微降低，相关各项比值也相应略微下降，原因在于北京既往年度（准确时间为2012年，可参看北京子报告）已经实现三项系数最佳比值增长，但不可也不应期待三项系数比值无休止提高。于是，全国及各地统一取2000~2018年各自三项系数最佳比值展开假定演算，这样可合理保持已有三项系数最佳比值增长的"良好势头"，而抑制三项系数最佳比值永续"向好"的不现实期许。

（3）全国及各地文化投入各项相关性比值极普遍、极显著提高。

（4）全国及各地文化投入人均值地区差普遍明显缩小。以四大区域整体人均值测算来看，显示出向全国人均值"均等化"趋近的态势，仅有中部人均值还显得稍微偏低。再以人均值最高与最低的几个省域来看，既往年均增长情况下其间差距继续增大（见表1人均值演算），而最佳比值增长情况下其间差距明显减小（见表5人均值演算）。

设置三项系数最佳比值多重演算的假定条件，无疑提供了全国各地文化投入协调增长、均衡增长的一种可资参考的预测示例。认真说来，这一点本来就是应当做到的，而据以进行演算的三项系数最佳比值，也是全国及各地既往年度曾经出现的数据事实，本项测评体系不过是通过精心设计，集中取值，综合演算而已。在此基础上，进一步测算全国各地文化投入人均值"均等化"理想增长目标，便成了理所当然的逻辑推导。正因为北京既往已成为三项系数最佳比值增长的范例，随后"均等化"理想增长测算即以北京人均值为基准。

（二）同构占比平衡测算预期结果

"中国公共文化投入增长测评体系"以"文化民生需求系数"来界定文化消费与文化投入同构占比关系的平衡检测差距值，增补一项别开生面的附加测算。在保持2000～2018年三项系数最佳比值多重演算基础上，同样假定全国及各地保持2018年文化消费占居民收入、支出比不变，据此进行文化消费与文化投入同构占比平衡假定测算。

2019年文化投入同构占比平衡、地区均等假定测算见表6，各地以同构占比倍差平衡差距指数倒序排列。表6另附人均值地区均等假定测算。

测算2019年文化消费与文化投入各占收入比之间倍差，全国文化消费与投入占收入比倍差应减至1.2691，与2018年现有占比倍差相比减小15.34%。1个省域此项倍差减小，30个省域此项倍差增大。

同样测算2019年文化消费与文化投入各占支出比之间倍差，全国文化消费与投入占支出比倍差亦减至1.2609，与2018年现有占比倍差相比减小51.20%。30个省域此项倍差减小，1个省域此项倍差增大。

表6　2019年文化投入同构占比平衡、地区均等假定测算

地区	最佳比值之下同构占比检测				2019年同构占比平衡假定测算				2019年地区均等假定测算总量（亿元）
	收入比倍差（无差距=1）	支出比倍差（无差距=1）	收支占比倍差平衡差距指数	差距排序（倒序）	文化投入总量（亿元）	所需年度增长率（%）	文化投入人均值（元）	地区差（无差距=1）	
全国	1.2691	1.2609	0.9936	—	6195.79	75.13	442.45	1.4294	20803.66
青海	1.8622	1.0774	0.5785	1	38.74	9.16	639.67	1.4457	89.98
甘肃	1.7972	1.0877	0.6052	2	99.99	37.88	379.29	1.1428	391.63
陕西	1.7129	1.0398	0.6071	3	179.49	42.33	464.74	1.0504	573.77
广西	1.7730	1.0792	0.6087	4	150.38	136.47	305.94	1.3085	730.24
宁夏	1.7479	1.1184	0.6398	6	45.61	95.49	657.70	1.4865	103.03
贵州	1.7899	1.1542	0.6449	9	191.59	215.14	534.83	1.2088	532.20
四川	1.7275	1.1148	0.6453	10	280.07	80.80	337.14	1.2380	1234.17
新疆	1.7424	1.1415	0.6551	11	135.97	85.28	542.05	1.2251	372.67
重庆	1.6052	1.0893	0.6786	14	135.43	174.68	438.44	1.0091	458.92
西藏	1.9602	1.4982	0.7643	23	64.52	40.19	1865.65	4.2166	51.38
内蒙古	1.6584	1.2914	0.7787	24	140.27	28.37	552.03	1.2477	377.49
云南	1.6851	1.3940	0.8272	25	183.88	154.69	379.05	1.1433	720.68
西部	1.7369	1.0440	0.6011	[1]	1645.95	85.58	432.49	1.4769	5636.13
河南	1.7413	1.0612	0.6094	5	291.62	183.02	304.08	1.3127	1424.71
安徽	1.6579	1.0655	0.6427	7	177.94	123.07	282.85	1.3607	934.58
江西	1.7041	1.0989	0.6449	8	166.70	110.74	357.64	1.1917	692.46
湖北	1.6293	1.1003	0.6753	13	212.61	87.90	359.91	1.1866	877.61
山西	1.5340	1.2987	0.8466	26	158.59	70.79	424.16	1.0413	555.45
湖南	1.5786	1.5229	0.9647	29	306.17	127.56	443.80	1.0031	1024.89
中部	1.6519	1.1497	0.6960	[2]	1313.62	118.04	353.82	1.1827	5509.71
山东	1.5709	1.0528	0.6702	12	322.99	110.39	320.09	1.2766	1499.10
浙江	1.4987	1.0251	0.6840	15	264.18	51.32	457.88	1.0349	857.16
江苏	1.5022	1.0322	0.6871	16	357.56	81.30	442.24	1.0005	1201.16
北京	1.4776	1.0563	0.7149	17	236.17	-3.77	1062.07	2.4004	330.36
福建	1.6457	1.1791	0.7165	18	174.41	105.84	440.44	1.0045	588.29
河北	1.6279	1.1760	0.7224	20	208.47	81.01	274.64	1.3793	1127.67
广东	1.5026	1.1048	0.7353	21	603.01	87.36	523.66	1.1835	1710.75
天津	1.4503	1.0728	0.7397	22	105.36	99.08	658.89	1.4892	237.57
海南	1.5396	1.4822	0.9627	28	59.95	26.56	638.10	1.4422	139.57
上海	1.0224	1.6948	1.6577	31	438.98	135.36	1769.29	3.9988	368.60

续表

地区	最佳比值之下同构占比检测				2019年同构占比平衡假定测算				2019年地区均等假定测算总量（亿元）
	收入比倍差（无差距=1）	支出比倍差（无差距=1）	收支占比倍差平衡差距指数	差距排序（倒序）	文化投入总量（亿元）	所需年度增长率（%）	文化投入人均值（元）	地区差（无差距=1）	
东部	1.4970	1.0550	0.7047	[3]	2771.08	75.46	509.28	1.6210	8060.22
吉林	1.7014	1.2229	0.7187	19	119.29	69.84	439.73	1.0061	403.02
黑龙江	1.7096	1.4646	0.8567	27	135.56	193.40	358.63	1.1895	561.54
辽宁	1.3933	1.7342	1.2447	30	210.29	193.73	480.70	1.0864	649.92
东北	1.6004	1.4829	0.9266	[4]	465.14	147.37	426.88	1.0940	1614.48

注：①文化消费与投入各占收入、支出比倍差演算：无差距基准值1加同构收入比或支出比之间商值与之绝对偏差值；②同构占比平衡测算取全国及各地最佳比值并假设占比平衡，各地之和不等于全国总量；③地区均等测算以北京人均值推演至各地，各地之间彻底回归"合理性"平衡；④另需说明，近来年鉴始发布2014年以来城乡居民收入、消费人均值数据，与总量数据之间存在演算误差，与对应年鉴同时发布的产值人均值和总量分别演算居民收入比、消费率有出入，本文恢复采用自行演算城乡人均值展开文化消费占居民收入、支出比测算，以保证数据库测算模型的规范性及其历年通行测评的标准化。

收支两项同构占比倍差之间商值形成二重倍差指数，直接作为同构占比倍差平衡演算的差距指数。2019年，全国同构占比平衡差距指数为0.9936。29个省域平衡差距指数小于全国；2个省域平衡差距指数大于全国。其中，青海处于首位，平衡差距指数为0.5785，仅为全国差距的58.23%；上海处于末位，平衡差距指数为1.6577，高达全国差距的166.84%。

假定同构占比差距得以在2019年实现平衡，全国文化投入测算总量应达到6195.79亿元，与2018年现有总量相比，需增长75.13%。10个省域增长目标距离小于全国；21个省域增长目标距离大于全国。其中，北京处于首位，总量达到236.17亿元，下降（现有实际值已超此数值，因趋向平衡而减增）3.77%；贵州处于末位，总量达到191.59亿元，需增长215.14%。

在同构占比平衡情况下测算人均值增长空间（与总量演算基数不同，所需增长测算有微小差异），全国文化投入测算人均值应增至442.45元，与2018年现有人均值相比，需增长74.18%。

东部人均值增至 509.28 元，降低为全国人均值的 115.10%，需增长 72.70%，低于全国所需增长；东北人均值增至 426.88 元，提高为全国人均值的 96.48%，需增长 146.44%，高于全国所需增长；中部人均值增至 353.82 元，提高为全国人均值的 79.97%，需增长 117.33%，高于全国所需增长；西部人均值增至 432.49 元，提高为全国人均值的 97.75%，需增长 84.45%，高于全国所需增长。

15 个省域人均值高于全国人均值；16 个省域人均值低于全国人均值。其中，西藏处于首位，人均值增至 1865.65 元，降低为全国人均值的 421.66%，需增长 38.02%；河北处于末位，人均值增至 274.64 元，提高为全国人均值的 62.07%，需增长 79.75%。

基于人均值即可得出地区差指数。全国文化投入人均值地区差应缩小至 1.4294，与 2018 年现有地区差相比缩小 13.20%。24 个省域地区差趋于缩小；仅有 7 个省域地区差趋于扩大。其中，北京处于首位，地区差缩小至 2.4004，缩小 46.28%，变为全国地区差的 167.94%；上海处于末位，地区差扩大至 3.9988，扩大 31.85%，变为全国地区差的 279.76%。

另与表 1 "自然增长"测算值相比，全国文化投入人均值地区差应缩小 14.03%。24 个省域地区差趋于缩小；仅有 7 个省域地区差趋于扩大。其中，北京处于首位，地区差缩小 47.47%；上海处于末位，地区差扩大 32.13%。

再与表 5 "最佳比值增长"测算值相比，全国文化投入人均值地区差应扩大 2.98%。17 个省域地区差趋于缩小；14 个省域地区差趋于扩大。其中，青海处于首位，地区差缩小 21.66%；上海处于末位，地区差扩大 124.49%。

应当看到，各地在保持三项最佳比值增长基础上，再进一步实现同构占比平衡增长，在此假定增长中各自增幅普遍翻番，各地之间数值关系变化颇大，于是地区差指数各有扩减。关键在于综合体现全部省域数值关系的全国人均值地区差，在各种对比测算里，全国地区差均呈现明显缩小趋势。同时，除极少数省域外，各地人均值普遍接近，包括原先人均值畸高者也向大多数省域相对接近。这表明，本项测评体系的精心设计具有可行性和建设性，最佳比值增长测算、同构占比平衡测算相继为全国各地均等测算做了步步趋近的良好铺垫。

（三）人均值地区均等测算预期结果

为了制表方便，全国各地均等测算结果置于表6中。

在三项系数最佳比值多重演算基础上，取北京人均值（见表5）测算"均等化"理想增长。2019年全国文化投入测算总量应达到20803.66亿元，与2018年现有总量相比，需增长488.03%。

14个省域增长目标距离小于全国；17个省域增长目标距离大于全国。其中，西藏处于首位，总量达到51.38亿元，需增长11.63%；河南处于末位，总量达到1424.71亿元，需增长1282.70%。

四 至2020年各省域文化投入 增长测算

以上部分针对下一数据年度2019年进行假定测算，意图在于着眼现实检测所存在的增长差距。以下部分将把视野扩展至2020年，面向"全面建成小康社会"目标年，分别测算保持既往年均增速的"自然增长"目标、基于各项最佳比值的"应然增长"目标、实现同构占比平衡的"民生增长"目标、达到人均值均等化的"理想增长"目标，从中探寻促进文化投入协调、均衡增长的可行路径及合理目标。

（一）保持既往相关各项年均增长率测算

取既往历年相关各项年均增长测算2020年文化投入见表7，各地以既往总量增长年均增长率高低排列。

表7 取既往历年相关各项年均增长测算 2020 年文化投入

地区	至2020年保持年均增长测算（基于2000~2018年年均增长）					至2020年产值年增按7%推算			
	文化投入总量（亿元）	所需年均增长		文化投入人均值（元）	地区差（无差距=1）	文化投入总量（亿元）	所需年均增长		文化投入人均值（元）
		增长率（%）	排序				增长率（%）	排序	
全国	4653.33	14.69	—	330.49	1.6792	4174.67	8.63	—	296.50
海南	68.78	20.50	1	724.75	2.1929	61.56	14.00	1	648.66
北京	353.23	19.97	2	1544.68	4.6738	314.58	13.21	2	1375.64
上海	253.77	16.65	7	998.08	3.0200	234.62	12.16	4	922.75
浙江	231.66	15.19	15	396.46	1.1996	207.39	8.99	14	354.93
广东	425.05	14.92	17	360.85	1.0918	380.96	8.80	15	323.42
江苏	258.87	14.57	18	318.39	1.0366	227.46	7.39	20	279.76
天津	69.37	14.48	21	422.74	1.2791	60.81	7.19	22	370.60
河北	149.93	14.09	22	196.14	1.4065	137.98	9.45	9	180.50
山东	195.33	12.80	26	192.35	1.4180	174.82	6.71	26	172.15
福建	107.38	12.57	27	268.85	1.1865	95.72	6.29	28	239.65
东部	2113.36	15.25	[1]	382.14	1.8505	1895.89	9.57	[1]	342.81
青海	50.89	19.72	3	832.78	2.5198	44.69	12.22	3	731.44
西藏	65.18	19.00	4	1855.39	5.6140	56.34	10.64	5	1603.82
陕西	172.30	16.89	5	444.68	1.3455	147.67	8.21	18	381.12
内蒙古	149.24	16.86	6	585.14	1.7705	130.59	9.32	11	512.04
重庆	66.42	16.08	9	215.02	1.3494	57.34	7.84	19	185.61
四川	208.63	16.05	10	251.55	1.2389	184.22	9.05	13	222.13
新疆	98.64	15.93	12	386.53	1.1696	88.53	9.83	7	346.91
宁夏	31.00	15.26	14	441.49	1.3358	26.79	7.16	24	381.58
甘肃	96.10	15.12	16	363.92	1.1011	87.53	9.87	6	331.48
贵州	78.96	13.97	23	220.90	1.3316	67.23	5.16	31	188.07
广西	79.87	12.07	28	162.16	1.5094	70.97	5.64	29	144.09
云南	89.32	11.23	30	182.77	1.4470	80.22	5.41	30	164.15
西部	1186.54	15.25	[2]	309.78	1.8110	1042.13	8.40	[3]	272.08
湖南	181.64	16.19	8	262.57	1.2055	160.56	9.24	12	232.11
江西	106.42	15.99	11	227.03	1.3131	93.36	8.64	16	199.18
山西	124.78	15.92	13	331.14	1.0020	111.76	9.71	8	296.59
湖北	148.36	14.51	20	251.24	1.2398	129.99	7.18	23	220.13
安徽	103.11	13.69	24	163.86	1.5042	91.07	6.85	25	144.72
河南	131.48	12.96	25	136.98	1.5855	117.20	6.65	27	122.11

续表

地区	至2020年保持年均增长测算（基于2000~2018年年均增长）					至2020年产值年增按7%推算			
	文化投入总量（亿元）	所需年均增长		文化投入人均值（元）	地区差（无差距=1）	文化投入总量（亿元）	所需年均增长		文化投入人均值（元）
		增长率（%）	排序				增长率（%）	排序	
中部	795.78	14.79	[3]	213.61	1.3083	703.94	8.09	[4]	188.96
吉林	92.16	14.55	19	339.46	1.0271	84.08	9.41	10	309.67
辽宁	88.99	11.49	29	202.94	1.3860	84.44	8.60	17	192.56
黑龙江	55.71	9.81	31	147.43	1.5539	53.12	7.22	21	140.57
东北	236.87	11.92	[4]	216.51	1.3223	221.63	8.57	[2]	202.58

注：全国及各地皆取既往年均增长测算，演算未涉及人口增长及其分布变化，各地之和不等于全国总量。

依照2000~2018年全国文化投入总量年均增长推算，2020年全国文化投入总量将"自然增长"达到4653.33亿元，年均增长率同前保持在14.69%。17个省域年均增长率高于全国，占全国份额上升；14个省域年均增长率低于全国，占全国份额下降。其中，海南处于首位，总量将达到68.78亿元，年均增长率为20.50%，高于全国5.81个百分点；黑龙江处于末位，总量将达到55.71亿元，年均增长率为9.81%，低于全国4.88个百分点。

同样推算人均值增长，2020年全国文化投入人均值将"自然增长"至330.49元，年均增长率同前保持在14.06%。

东部人均值增至382.14元，降低为全国人均值的115.63%，年均增长率为13.84%，低于全国人均值增长；东北人均值增至216.51元，降低为全国人均值的65.51%，年均增长率为11.80%，低于全国人均值增长；中部人均值增至213.61元，提高为全国人均值的64.63%，年均增长率为14.55%，高于全国人均值增长；西部人均值增至309.78元，提高为全国人均值的93.73%，年均增长率为14.94%，高于全国人均值增长。

15个省域人均值高于全国人均值；16个省域人均值低于全国人均值。其中，西藏处于首位，人均值增至1855.39元，继续提高为全国人均值的

561.40%，年均增长率为17.16%；河南处于末位，人均值增至136.98元，继续降低为全国人均值的41.45%，年均增长率为12.87%。省域间人均值两极差距持续增大。

继而演算地区差指数。全国文化投入人均值地区差将扩大至1.6792，与2018年现有地区差相比扩大1.97%。13个省域地区差趋于缩小；18个省域地区差趋于扩大。其中，天津处于首位，地区差缩小至1.2791，缩小4.32%，变为全国地区差的76.17%；海南处于末位，地区差扩大至2.1929，扩大9.37%，变为全国地区差的130.59%。

假设把全国及各地产值增长速度统一控制在年均7%，在此情况下测算2020年全国及各地文化投入增长目标，应当更加容易实现。全国文化投入总量将相应"缩减"达到4174.67亿元，年均增长率仅需（指自身相比在此情况下所需增长率降低，下同）8.63%。

16个省域年均增长率高于全国，占全国份额上升；15个省域年均增长率低于全国，占全国份额下降。其中，海南处于首位，总量达到61.56亿元，年均增长率为14.00%，高于全国5.37个百分点；贵州处于末位，总量达到67.23亿元，年均增长率为5.16%，低于全国3.47个百分点。

全国文化投入人均值将相应"缩减"增至296.50元，年均增长率仅需8.04%。

东部人均值增至342.81元，降低为全国人均值的115.62%，年均增长率仅需7.82%，低于全国人均值增长；东北人均值增至202.58元，提高为全国人均值的68.32%，年均增长率仅需8.14%，高于全国人均值增长；中部人均值增至188.96元，降低为全国人均值的63.73%，年均增长率仅需7.73%，低于全国人均值增长；西部人均值增至272.08元，降低为全国人均值的91.76%，年均增长率仅需7.72%，低于全国人均值增长。

15个省域人均值高于全国人均值；16个省域人均值低于全国人均值。其中，西藏处于首位，人均值增至1603.82元，为全国人均值的540.92%，年均增长率为8.93%；河南处于末位，人均值增至122.11元，为全国人均值的41.18%，年均增长率为6.56%。

如果全面保持既往年度相应关系中的文化投入增长，意味着相关背景比值、相邻关系比值大多继续趋向下滑，尤其是人均值地区差继续趋向扩大，这些显然都不是协调性、均衡性、均等化期待的应有结果。因此，"保持既往相关各项年均增长率测算"恰恰是为了说明不可继续维持这样的增长格局。

（二）实现多重最佳比值增长目标测算

所谓"增长"不仅在于增长的数量，而且在于增长的质量。如果说，数量绝对值的增长总有局限，不可能无节制地增长下去，那么，相关关系值的调节则是无限制的，总有必要探寻更加协调、更加均衡的增长方式。在本项测评体系的预测模型设计中，各项系数最佳比值演算就是符合既有理念、具有事实依据的一种"应然"测算方式。

取既往历年多重最佳比值测算 2020 年文化投入见表 8，各地以总量增长测算所需增长率高低倒序排列。

表 8　取既往历年多重最佳比值测算 2020 年文化投入

地区	至2020年多重最佳比值测算 （基于2000~2018年最佳比值）						至2020年产值 年增按7%推算		
	文化投入 总量 （亿元）	所需年均增长			文化投入 人均值 （元）	地区差 （无差 距=1）	文化投入 总量 （亿元）	所需年均增长	
		增长率 （%）	排序 （倒序）	对比既往 （既往=1）				增长率 （%）	对比既往 （既往=1）
全国	9488.58	63.77	—	4.3421	673.91	1.3877	8512.56	55.12	3.7530
海南	70.43	21.94	1	1.0699	742.16	1.1013	63.03	15.36	0.7490
北京	374.61	23.55	2	1.1790	1638.18	2.4308	333.62	16.59	0.8307
上海	294.84	25.73	3	1.5456	1159.58	1.7207	272.58	20.89	1.2550
浙江	437.18	58.24	8	3.8337	748.19	1.1102	391.38	49.72	3.2730
河北	321.96	67.20	14	4.7678	421.18	1.3750	296.29	60.39	4.2850
广东	927.19	69.73	15	4.6734	787.14	1.1680	831.01	60.69	4.0673
江苏	594.73	73.66	16	5.0555	731.47	1.0854	522.58	62.78	4.3091
天津	162.83	75.40	17	5.2074	992.27	1.4724	142.74	64.23	4.4358
福建	276.07	80.50	21	6.4026	691.19	1.0256	246.09	70.42	5.6007
山东	545.72	88.54	24	6.9184	537.39	1.2026	488.42	78.37	6.1236

续表

地区	至2020年多重最佳比值测算（基于2000~2018年最佳比值）					至2020年产值年增按7%推算		
	文化投入总量（亿元）	所需年均增长		文化投入人均值（元）	地区差（无差距=1）	文化投入总量（亿元）	所需年均增长	
		增长率（%）	排序（倒序）	对比既往（既往=1）				增长率（%）	对比既往（既往=1）
东部	4005.54	59.26	[1]	3.8846	724.28	1.3692	3587.74	50.72	3.3251
辽宁	185.67	61.04	10	5.3107	423.40	1.3717	176.17	56.87	4.9476
吉林	186.09	62.77	11	4.3139	685.41	1.0171	169.76	55.47	3.8118
黑龙江	173.40	93.73	26	9.5533	458.89	1.3191	165.33	89.17	9.0881
东北	545.17	70.27	[2]	5.8957	498.30	1.2360	511.26	64.89	5.4444
内蒙古	206.10	37.34	4	2.2140	808.10	1.1991	180.36	28.47	1.6884
西藏	97.15	45.29	5	2.3838	2765.44	4.1036	83.98	35.08	1.8465
青海	76.41	46.73	6	2.3693	1250.50	1.8556	67.11	37.51	1.9020
甘肃	185.27	59.84	9	3.9574	701.60	1.0411	168.76	52.55	3.4753
陕西	341.79	64.63	13	3.8266	882.13	1.3090	292.93	52.41	3.1030
四川	494.14	78.60	19	4.8976	595.80	1.1159	436.33	67.83	4.2265
新疆	234.37	78.70	20	4.9407	918.38	1.3628	210.34	69.30	4.3501
云南	251.00	86.46	22	7.6986	513.62	1.2378	225.42	76.70	6.8300
宁夏	82.03	87.50	23	5.7337	1168.25	1.7335	70.89	74.31	4.8696
广西	280.46	110.00	28	9.1156	569.43	1.1550	249.21	97.96	8.1177
重庆	229.93	115.95	29	7.2129	744.33	1.1045	198.48	100.64	6.2603
贵州	344.57	138.07	31	9.8858	963.97	1.4304	293.37	119.67	8.5685
西部	2823.21	78.41	[3]	5.1408	737.08	1.5540	2477.19	67.12	4.4006
山西	211.78	51.02	7	3.2048	562.03	1.1660	189.68	42.93	2.6963
湖南	361.03	63.81	12	3.9409	521.90	1.2256	319.14	54.01	3.3358
湖北	359.81	78.32	18	5.3995	609.32	1.0958	315.27	66.92	4.6134
江西	295.54	93.29	25	5.8353	630.52	1.0644	259.29	81.05	5.0695
安徽	315.50	98.88	27	7.2217	501.38	1.2560	278.64	86.90	6.3468
河南	542.66	129.49	30	9.9911	565.37	1.1611	483.73	116.67	9.0021
中部	2086.32	86.09	[4]	5.8199	560.03	1.1615	1845.74	75.03	5.0724

注：全国及各地皆取多重最佳比值测算，演算未涉及人口增长及其分布变化，各地之和不等于全国总量。

依照2000~2018年三项系数最佳比值测算总量增长目标，2020年全国文化投入预期总量应达到9488.58亿元，与2018年现有总量相比，所需年均增长率（依此倒序测量目标距离，所需增率越低距离越小，下同）为63.77%，为既往年增的434.21%。

11个省域增长目标距离小于全国；20个省域增长目标距离大于全国。其中，海南处于首位，总量达到70.43亿元，所需年均增长率为21.94%，低于全国41.83个百分点，仅为既往年增的106.99%；贵州处于末位，总量达到344.57亿元，所需年均增长率为138.07%，高于全国74.30个百分点，高达既往年增的988.58%。

同样测算人均值增长目标。2020年全国文化投入预期人均值应增至673.91元，与2018年现有人均值相比，所需年均增长率为62.88%。

东部人均值增至724.28元，为全国人均值的107.47%，所需年均增长率为56.72%，低于全国所需增长；东北人均值增至498.30元，为全国人均值的73.94%，所需年均增长率为69.61%，高于全国所需增长；中部人均值增至560.03元，为全国人均值的83.10%，所需年均增长率为85.47%，高于全国所需增长；西部人均值增至737.08元，为全国人均值的109.37%，所需年均增长率为77.30%，高于全国所需增长。

18个省域人均值高于全国人均值；13个省域人均值低于全国人均值。其中，西藏处于首位，人均值增至2765.44元，为全国人均值的410.36%，所需年均增长率为43.04%；河北处于末位，人均值增至421.18元，为全国人均值的62.50%，所需年均增长率为66.03%。省域间人均值两极差距明显减小。

继而演算地区差指数。全国文化投入人均值地区差应缩小至1.3877，与2018年现有地区差相比缩小15.74%。22个省域地区差趋于缩小；仅有9个省域地区差趋于扩大。其中，北京处于首位，地区差缩小至2.4308，缩小45.60%，变为全国地区差的175.18%；宁夏处于末位，地区差扩大至1.7335，扩大29.28%，变为全国地区差的124.93%。

另与表7"自然增长"测算值相比，全国文化投入人均值地区差应缩小17.36%。23个省域地区差趋于缩小；仅有8个省域地区差趋于扩大。其中，海南处于首位，地区差缩小49.78%；宁夏处于末位，地区差扩大29.77%。

假设把全国及各地产值增速统一控制在年均7%，2020年全国文化投入总量将相应"缩减"达到8512.56亿元，年均增长率仅需55.12%，为既往年增的375.30%。

11个省域增长目标距离小于全国；20个省域增长目标距离大于全国。其中，海南处于首位，总量达到63.03亿元，年均增长率仅需15.36%，低于全国39.76个百分点，仅为既往年增的74.90%；贵州处于末位，总量达到293.37亿元，年均增长率为119.67%，高于全国64.55个百分点，高达既往年增的856.85%。

在"实现多重最佳比值增长目标测算"假定情况下，不仅全国及各地文化投入总量、人均值极普遍显著增长，而且文化投入人均值地区差普遍明显缩小。特别应当看到，中部整体及所属各省域文化投入显著增长，以人均值衡量的中部"文化塌陷"迹象不复存在。至此或许可以得出一点启示，追求"均等化"理想需从落实"协调性"起步，在实现文化投入增长的相关协调性的同时亦可实现文化投入增长的地区均衡性。

（三）实现同构占比平衡增长目标测算

在三项系数最佳比值多重演算基础上，再进行文化消费与文化投入同构占比平衡假定测算。

取既往最佳比值同构占比平衡测算2020年文化投入见表9，各地以总量增长测算所需增长率高低倒序排列。

基于2000~2018年三项系数最佳比值，假定实现同构占比平衡，以此测算总量增长目标。2020年全国文化投入预期总量应达到9427.70亿元，与2018年现有总量相比，所需年均增长率为63.24%，为既往年增的430.62%。

24个省域增长目标距离小于全国；7个省域增长目标距离大于全国。其中，北京处于首位，总量达到267.81亿元，所需年均增长率为4.46%，低于全国58.78个百分点，仅为既往年增的22.33%；贵州处于末位，总量达到222.20亿元，所需年均增长率为91.18%，高于全国27.94个百分点，高达既往年增的652.85%。

表9　取既往最佳比值同构占比平衡测算 2020 年文化投入

地区	至2020年同构占比平衡测算（基于2000~2018年最佳比值）						至2020年产值年增按7%推算		
	文化投入总量（亿元）	所需年均增长			文化投入人均值（元）	地区差（无差距=1）	文化投入总量（亿元）	所需年均增长	
		增长率（%）	排序（倒序）	对比既往（既往=1）				增长率（%）	对比既往（既往=1）
全国	9427.70	63.24	—	4.3062	669.59	1.4050	8457.94	54.62	3.7191
北京	267.81	4.46	1	0.2233	1171.13	1.7490	238.50	-1.42	-0.0712
海南	67.80	19.64	3	0.9580	714.49	1.0671	60.68	13.19	0.6432
浙江	299.03	30.87	8	2.0322	511.77	1.2357	267.71	23.83	1.5685
河北	232.59	42.11	11	2.9878	304.27	1.5456	214.05	36.33	2.5775
江苏	408.66	43.95	13	3.0165	502.61	1.2494	359.08	34.93	2.3978
广东	681.72	45.54	15	3.0521	578.75	1.1357	611.00	37.79	2.5323
天津	120.44	50.85	18	3.5122	733.98	1.0962	105.59	41.25	2.8485
福建	197.81	52.79	19	4.1986	495.25	1.2604	176.33	44.26	3.5199
山东	365.72	54.34	20	4.2465	360.14	1.4621	327.33	46.02	3.5958
上海	488.74	61.88	24	3.7171	1922.18	2.8707	451.85	55.65	3.3429
东部	3130.32	40.79	[1]	2.6738	566.02	1.4672	2812.11	33.44	2.1921
青海	44.21	11.60	2	0.5883	723.46	1.0805	38.83	4.59	0.2328
内蒙古	160.50	21.19	4	1.2567	629.28	1.0602	140.45	13.37	0.7928
甘肃	112.13	24.35	5	1.6104	424.63	1.3658	102.14	18.68	1.2353
西藏	74.26	27.02	6	1.4222	2113.69	3.1567	64.19	18.10	0.9525
陕西	207.49	28.27	7	1.6738	535.52	1.2002	177.83	18.75	1.1101
四川	318.87	43.47	12	2.7087	384.47	1.4258	281.57	34.82	2.1696
新疆	153.54	44.64	14	2.8023	601.64	1.1015	137.80	37.03	2.3243
宁夏	52.48	49.98	17	3.2752	747.50	1.1164	45.36	39.43	2.5840
广西	170.70	63.84	25	5.2901	346.59	1.4824	151.69	54.44	4.5116
云南	207.63	69.59	26	6.1963	424.88	1.3655	186.48	60.71	5.4063
重庆	156.03	77.89	27	4.8453	505.09	1.2457	134.68	65.27	4.0606
贵州	222.20	91.18	31	6.5285	621.64	1.0716	189.19	76.40	5.4706
西部	1880.04	45.59	[2]	2.9890	490.83	1.3893	1650.19	36.40	2.3865
山西	179.30	38.96	10	2.4471	475.83	1.2894	160.59	31.51	1.9792
湖北	242.99	46.54	16	3.2086	411.49	1.3855	212.91	37.17	2.5626
江西	190.58	55.22	21	3.4540	406.60	1.3928	167.21	45.39	2.8390
安徽	202.77	59.44	22	4.3410	322.23	1.5188	179.08	49.83	3.6396
湖南	348.27	60.89	23	3.7605	503.46	1.2481	307.86	51.27	3.1663
河南	330.71	79.15	28	6.1073	344.56	1.4854	294.80	69.15	5.3352
中部	1494.62	57.51	[3]	3.8876	401.20	1.3866	1322.44	48.16	3.2556

地区	至2020年同构占比平衡测算 (基于2000~2018年最佳比值)					至2020年产值 年增按7%推算		
	文化投入 总量 (亿元)	所需年均增长			文化投入 人均值 (元)	地区差 (无差 距=1)	文化投入 总量 (亿元)	所需年均增长	
		增长率 (%)	排序 (倒序)	对比既往 (既往=1)				增长率 (%)	对比既往 (既往=1)
吉林	133.75	38.00	9	2.6112	492.63	1.2643	122.02	31.80	2.1856
黑龙江	148.56	79.32	29	8.0839	393.13	1.4129	141.64	75.09	7.6532
辽宁	231.10	79.66	30	6.9309	526.99	1.2130	219.28	75.01	6.5259
东北	513.41	65.24	[4]	5.4734	469.27	1.2967	482.93	60.26	5.0556

注：全国及各地皆取多重最佳比值并以同构占比平衡测算，演算未涉及人口增长及其分布变化，各地之和不等于全国总量。

同样测算人均值增长目标。2020年全国文化投入预期人均值应增至669.59元，与2018年现有人均值相比，所需年均增长率为62.36%。

东部人均值增至566.02元，为全国人均值的84.53%，所需年均增长率为38.54%，低于全国所需增长；东北人均值增至469.27元，为全国人均值的70.08%，所需年均增长率为64.60%，高于全国所需增长；中部人均值增至401.20元，为全国人均值的59.92%，所需年均增长率为56.98%，低于全国所需增长；西部人均值增至490.83元，为全国人均值的73.30%，所需年均增长率为44.68%，低于全国所需增长。

7个省域人均值高于全国人均值；24个省域人均值低于全国人均值。其中，西藏处于首位，人均值增至2113.69元，为全国人均值的315.67%，所需年均增长率为25.05%；河北处于末位，人均值增至304.27元，为全国人均值的45.44%，所需年均增长率为41.12%。省域间人均值两极差距继续明显减小。

继而演算地区差指数。全国文化投入人均值地区差应缩小至1.4050，与2018年现有地区差相比缩小14.68%。17个省域地区差趋于缩小；14个省域地区差趋于扩大。其中，北京处于首位，地区差缩小至1.7490，缩小60.86%，变为全国地区差的124.49%；山西处于末位，地区差扩大至1.2894，扩大27.06%，变为全国地区差的91.77%。

另与表7"自然增长"测算值相比,全国文化投入人均值地区差应缩小16.33%。17个省域地区差趋于缩小;14个省域地区差趋于扩大。其中,北京处于首位,地区差缩小62.58%;山西处于末位,地区差扩大28.68%。

再与表8"最佳比值增长"测算值相比,全国文化投入人均值地区差应扩大1.25%。12个省域地区差趋于缩小;19个省域地区差趋于扩大。其中,青海处于首位,地区差缩小41.77%;上海处于末位,地区差扩大66.84%。

假设把全国及各地产值增速统一控制在年均7%,2020年全国文化投入总量将相应"缩减"达到8457.94亿元,年均增长率仅需54.62%,为既往年增的371.91%。

24个省域增长目标距离小于全国;7个省域增长目标距离大于全国。其中,北京处于首位,总量达到238.50亿元,年均增长率仅需负增长1.42%,低于全国56.04个百分点;贵州处于末位,总量达到189.19亿元,年均增长率为76.40%,高于全国21.78个百分点,高达既往年增的547.06%。

在"实现同构占比平衡增长目标测算"假定情况下,不仅全国及各地文化投入总量、人均值继续普遍显著增长,而且文化投入人均值地区差继续普遍明显缩小。尤其重要的是,此项假定测算所突出的协调性和均衡性已经不限于文化投入本身,而在于文化投入增长与文化需求增长之间的协调性,在于各地之间文化投入与文化需求同步增长的均衡性。

(四)实现人均值地区均等增长目标测算

在三项系数最佳比值多重演算基础上,取北京文化投入人均值(见表8)进一步测算全国"均等化"理想增长。在此假定情况下,全国各地人均值全面均等,人均值地区差彻底消除,仅仅需要测算全国及各地总量。

基于既往历年多重最佳比值测算2020年地区均等文化投入见表10,各地以总量增长测算所需增长率高低倒序排列。

表10　基于既往历年多重最佳比值测算2020年地区均等文化投入

地区	至2020年地区均等测算（基于多重最佳比值测算）					至2020年产值年增按7%推算			
	文化投入总量（亿元）	所需年均增长				文化投入总量（亿元）	所需年均增长		
		增长率（%）	排序（倒序）	对比既往增长率			增长率（%）	排序（倒序）	对比既往（既往＝1）
				既往＝1	排序（倒序）				
全国	23065.29	155.33	—	10.5769	—	20541.21	140.96	—	9.5981
北京	374.61	23.55	2	1.1790	2	333.62	16.59	2	0.8307
上海	416.52	49.44	3	2.9700	3	370.94	41.03	3	2.4646
海南	155.46	81.16	5	3.9583	5	138.44	70.96	5	3.4609
天津	268.82	125.37	9	8.6585	9	239.40	112.68	9	7.7822
浙江	957.21	134.15	10	8.8302	11	852.46	120.97	10	7.9625
广东	1929.63	144.86	13	9.7084	13	1718.47	131.07	13	8.7845
江苏	1331.94	159.88	16	10.9736	16	1186.18	145.25	16	9.9694
福建	654.30	177.89	17	14.1475	22	582.70	162.24	17	12.9032
山东	1663.56	229.18	25	17.9081	25	1481.51	210.65	25	16.4600
河北	1252.26	229.74	26	16.3006	24	1115.22	211.18	26	14.9834
东部	9004.30	138.78	[1]	9.0975	[1]	8018.94	125.33	[1]	8.2162
西藏	57.55	11.82	1	0.6223	1	51.25	5.53	1	0.2909
青海	100.10	67.94	4	3.4448	4	89.14	58.48	4	2.9654
内蒙古	417.81	95.54	6	5.6652	6	372.09	84.53	6	5.0124
宁夏	115.02	122.03	7	7.9965	8	102.43	109.53	7	7.1773
陕西	634.72	124.35	8	7.3624	7	565.26	111.71	8	6.6146
新疆	418.06	138.67	11	8.7052	10	372.31	125.24	11	7.8617
甘肃	432.60	144.24	12	9.5393	12	385.26	130.49	12	8.6299
四川	1358.65	196.15	20	12.2221	18	1209.97	179.48	20	11.1832
贵州	585.56	210.35	21	15.0611	23	521.48	192.88	21	13.8101
重庆	506.06	220.37	24	13.7085	21	450.68	202.33	24	12.5865
云南	800.55	232.99	27	20.7471	28	712.94	214.90	27	19.0777
广西	806.84	256.19	28	21.2300	29	718.54	236.14	28	19.5682
西部	6233.51	165.11	[2]	10.8245	[2]	5551.36	150.18	[2]	9.8460
吉林	444.77	151.64	14	10.4215	15	396.10	137.47	14	9.4478
辽宁	718.38	216.77	23	18.8591	26	639.76	198.93	23	17.3075
黑龙江	619.03	266.04	30	27.1152	31	551.29	245.43	30	25.0148

续表

地区	至2020年地区均等测算（基于多重最佳比值测算）					至2020年产值年增按7%推算			
	文化投入总量（亿元）	所需年均增长				文化投入总量（亿元）	所需年均增长		
		增长率（%）	排序（倒序）	对比既往增长率			增长率（%）	排序（倒序）	对比既往（既往=1）
				既往=1	排序（倒序）				
东北	1782.18	207.86	[3]	17.4391	[4]	1587.15	190.53	[3]	15.9849
山西	617.28	157.83	15	9.9140	14	549.73	143.32	15	9.0022
湖南	1133.22	190.22	18	11.7478	17	1009.21	173.88	18	10.7387
湖北	967.36	192.39	19	13.2631	20	861.50	175.93	19	12.1283
江西	767.86	211.56	22	13.2330	19	683.83	194.02	22	12.1358
安徽	1030.84	259.49	29	18.9521	27	918.03	239.25	29	17.4739
河南	1572.36	290.64	31	22.4249	30	1400.30	268.65	31	20.7280
中部	6088.92	217.91	[4]	14.7312	[3]	5422.60	200.01	[4]	13.5212

注：全国及各地皆取多重最佳比值测算结果之北京人均值（见表8）进行地区均等测算，演算未涉及人口增长及其分布变化，各地总量可能会存在误差，各地之和不等于全国总量。在此假定情况下，全国及各地人均值均等，地区差消除，各地总量份额仅与人口规模相关，无须再列出人均值部分。

按照"均等化"理想增长目标测算，2020年全国文化投入预期总量应达到23065.29亿元，与2018年现有总量相比，所需年均增长率为155.33%，为既往年增的1057.69%。

14个省域增长目标距离小于全国；17个省域增长目标距离大于全国。其中，西藏处于首位，总量达到57.55亿元，所需年均增长率为11.82%，低于全国143.51个百分点，仅为既往年增的62.23%；河南处于末位，总量达到1572.36亿元，所需年均增长率为290.64%，高于全国135.31个百分点，高达既往年增的2242.49%。

假设把全国及各地产值增速统一控制在年均7%，2020年全国文化投入总量将相应"缩减"达到20541.21亿元，年均增长率仅需140.96%，为既往年增的959.81%。

14个省域增长目标距离小于全国；17个省域增长目标距离大于全国。其中，西藏处于首位，总量达到51.25亿元，年均增长率仅需5.53%，低于全国 135.43 个百分点，仅为既往年增的 29.09%；河南处于末位，总量达到 1400.30 亿元，年均增长率需为 268.65%，高于全国 127.69 个百分点，高达既往年增的 2072.80%。

"实现人均值地区均等增长目标测算"毕竟只是一种假定演算方式。实事求是地说，真正要实现这一"理想增长"目标，恐怕不是为时已经不远的"全面小康"目标年就能够做到的。以上分析测算表明，"实现多重最佳比值增长目标测算"和"实现同构占比平衡增长目标测算"正好向着"均等化"目标逐步趋近。寄期 2020 年有可能向各项最佳比值"应然增长"目标、同构占比平衡"民生增长"目标逼近。

省 域 报 告[*]

Reports on Provinces

B.6
西藏：2018年文化投入指数排名第1位

王亚南^{**}

摘　要： 2000~2018年，西藏文化投入总量由2.01亿元增至46.02亿元，年均增长19.00%，明显高于全国平均增长4.31个百分点。西藏综合评价排行：在省域横向测评中，处于2018年文化投入指数排名第1位；在自身纵向测评中，处于2000~2018年文化投入指数提升度第3位、2005~2018年文化投入指数提升度第2位、2010~2018年文化投入指数提升度第10

---

* 限于篇幅无法全面展开省域单独分析，以兼顾区域分布方式选取子报告：按B.4测评排行报告表12（排行汇总表）年度横向及各类纵向测评结果，取东、中、西部和东北（为平衡数量东北归并邻近河北、山东）四大区域各自省排名、直辖市单列排名、自治区单列排名前两位，共8省2自治区2直辖市；剩余篇幅不再分区域，取各项测评前列湖北1地；最后统一按各地最高位次拟题排文，相同位次以先横向后较长时段纵向测评为序。未有独立子报告的省域见该报告详尽展开列表的各地分析对比及各类排行。

** 王亚南，云南省社会科学院研究员，文化发展研究中心主任，主要研究方向为民俗学、民族学及文化理论、文化战略和文化产业。

位、2017～2018 年文化投入指数提升度第 15 位。

关键词： 西藏　文化投入　综合评价

一　文化投入及其相关背景基本态势

（一）经济财政基本面背景状况

2000 年以来西藏文化投入总量增长及相关背景关系态势见图 1。

	2000年	2005年	2010年	2014年	2015年	2016年	2017年	2018年
□（1）预算赤字	54.58	173.42	514.39	1061.24	1244.33	1431.99	1496.11	1740.32
▨（2）教科卫投入	10.40	27.77	95.55	195.37	235.48	244.42	329.49	347.19
▦（3）文化投入	2.01	3.79	12.48	34.10	34.73	34.85	44.93	46.02
■（4）其他支出	47.56	153.89	443.01	956.04	1111.25	1308.71	1307.52	1577.46
⸽（5）产值总量	11.78	25.12	50.75	92.08	102.64	115.14	131.09	147.76

图1　2000 年以来西藏文化投入总量增长及相关背景关系态势

　　左轴面积：本级财政预算赤字（中央财政税收返还和转移支付等，"财政包干"地区可为国债份额）、教科卫投入、文化投入、其他支出总量（亿元转换为%），（2）＋（3）＋（4）＝财政支出总量，（2）＋（3）＋（4）－（1）＝财政收入总量，各项数值呈直观比例。右轴柱形：产值总量（10 亿元，增长演算取亿元）。

2000～2018 年，西藏产值总量增长 1154.33%，年均增长 15.09%；财政收入总量增长 4173.65%，年均增长 23.21%；财政支出总量增长 3186.09%，年均增长 21.41%；教科文卫综合投入（图 1 中教科卫投入与文化投入之和，后同）总量增长 3068.49%，年均增长 21.17%；教科文卫综合投入之外财政支出统归为"其他支出"，其总量增长 3216.78%，年均增长 21.47%。

在此期间，西藏教科文卫综合投入总量年均增长高于产值年增 6.08 个百分点，低于财政收入年增 2.04 个百分点，低于财政支出年增 0.24 个百分点，低于其他支出年增 0.30 个百分点。

"十五"以来，西藏教科文卫建设作为公共服务的一个重要方面，确实处于一种高增长状态。"十一五"以来，西藏教科文卫综合投入增长反超明显高于其他支出增长。

（二）文化投入总量增长状况

2000 年以来西藏文化投入总量及相邻关系、占全国份额变动态势见图 2。

2000～2018 年，西藏文化投入总量由 2.01 亿元增至 46.02 亿元，总增长 2189.55%，年均增长 19.00%，省域间增长位次排序第 4 位。其中，"十五"期间年增 13.52%，"十一五"期间年增 26.92%，"十二五"以来年均增长 17.72%。最高增长年度为 2007 年，增长 70.17%；最低增长年度为 2013 年，下降 6.93%。

相比之下，西藏文化投入总量年均增长高于产值年增 3.91 个百分点，其中"十五"期间低于产值年增 2.83 个百分点，"十一五"期间高于产值年增 11.82 个百分点，"十二五"以来高于产值年增 3.43 个百分点；同时低于财政收入年增 4.21 个百分点，其中"十五"期间低于财政收入年增 3.94 个百分点，"十一五"期间高于财政收入年增 1.96 个百分点，"十二五"以来低于财政收入年增 8.11 个百分点；低于财政支出年增 2.41 个百分点，其中"十五"期间低于财政支出年增 11.81 个百分点，

"十一五"期间高于财政支出年增 2.59 个百分点，"十二五"以来高于财政支出年增 0.45 个百分点。

	2000年	2005年	2010年	2014年	2015年	2016年	2017年	2018年
卫生投入	3.24	7.11	32.04	48.86	62.80	69.97	93.80	106.93
文化投入	2.01	3.79	12.48	34.10	34.73	34.85	44.93	46.02
科技投入	0.19	0.28	2.71	4.42	5.41	4.81	8.49	8.12
教育投入	6.98	20.38	60.80	142.08	167.27	169.64	227.20	232.15
◆ 文化份额	0.67	0.54	0.81	1.27	1.13	1.10	1.32	1.30
■ 文化年增	0.9490	1.0694	0.9339	1.5152	1.0184	1.0035	1.2894	1.0243

图2 2000 年以来西藏文化投入总量及相邻关系、占全国份额变动态势

左轴面积：教、科、文、卫投入总量（亿元转换为%），各项数值呈直观比例。右轴曲线：文化投入年增指数（上年=1，小于1为负增长，保留4位小数，正文转换为2位小数增长百分比，后同）；文化投入占全国份额（%）。标注历年投入增长、份额省域位次。

细致对比，西藏文化投入总量年均增长低于教科卫三项投入年增 2.52 个百分点，其中"十五"期间低于教科卫投入年增 8.19 个百分点，"十一五"期间低于教科卫投入年增 1.12 个百分点，"十二五"以来高于教科卫投入年增 0.22 个百分点。在 2000 年以来西藏教科文卫综合投入高增长当中，文化投入增长处于明显失衡状态。从图 2 亦可清楚、直观地看出，文化投入所占面积呈逐渐收窄之势，表明其在教科文卫综合投入中的比例份额持续降低。

与此同时，全国文化投入总量增长 1078.15%，年增 14.69%。2000 年以来，西藏文化投入总量年均增长高于全国年增 4.31 个百分点，占全国份额从 2000 年的 0.67% 上升至 2018 年的 1.30%。由于各地不同变动,西藏份额位次从第 28 位下降为第 29 位。

(三)人均值增长及其地区差变动状况

2000 年以来西藏文化投入人均值及其地区差变动态势见图 3。

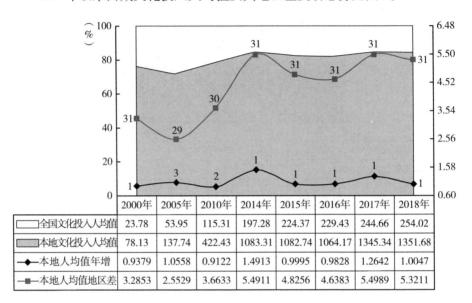

	2000年	2005年	2010年	2014年	2015年	2016年	2017年	2018年
全国文化投入人均值	23.78	53.95	115.31	197.28	224.37	229.43	244.66	254.02
本地文化投入人均值	78.13	137.74	422.43	1083.31	1082.74	1064.17	1345.34	1351.68
本地人均值年增	0.9379	1.0558	0.9122	1.4913	0.9995	0.9828	1.2642	1.0047
本地人均值地区差	3.2853	2.5529	3.6633	5.4911	4.8256	4.6383	5.4989	5.3211

图 3　2000 年以来西藏文化投入人均值及其地区差变动态势

　　左轴面积:本地、全国文化投入人均值(元转换为%),二者历年变动呈直观比例。右轴曲线:本地人均值年增指数(上年 =1,小于 1 为负增长,由于历年人口增长,人均值年增指数略低于总量年增指数);本地人均值地区差指数(无差距 =1,保留 4 位小数检测细微差异)。标注人均值及其地区差省域位次。

　　2000~2018 年,西藏文化投入人均值由 78.13 元增至 1351.68 元,总增长 1630.04%,年均增长 17.16%,省域间增长位次排序第 3 位。其中,"十五"期间年增 12.01%,"十一五"期间年增 25.12%,"十二五"以来年均增长 15.65%。最高增长年度为 2007 年,增长 68.06%;最低增长年度为 2010 年,下降 8.78%。

　　与此同时,全国文化投入人均值总增长 968.21%,年均增长 14.06%。2000 年以来,西藏文化投入人均值年均增长高于全国年增 3.10 个百分点,人均绝对数值从 2000 年为全国人均值的 328.55% 上升至 2018 年为全国人均值的 532.12%，省域间人均绝对值高低位次前后保持在第 1 位。

同期，西藏文化投入人均值地区差由 3.2853 扩大至 5.3211，扩大61.97%，省域间地区差扩减变化位次排序第 29 位，地区差指数大小（倒序）位次前后保持在第 31 位。其中，"十五"期间缩小 22.29%，"十一五"期间扩大 43.50%，"十二五"以来地区差扩大 45.25%。最小地区差为 2006 年的 2.3713，最大地区差为 2017 年的 5.4989。

据既往历年动态推演测算，2020 年西藏公共文化投入人均值地区差将为 5.6140，相比当前显著扩增；2035 年西藏公共文化投入人均值地区差将为 8.3905，相比当前继续极显著扩增。这是长期预测的理论演算值，基于既往增长态势合理推演供参考。

二 文化投入相关协调性态势

（一）相关背景变动状况

2000 年以来西藏文化投入相关背景比值变动态势见图 4。

1. 文化投入与产值比

2000~2018 年，西藏文化投入总量年均增长高于产值年增 3.91 个百分点，其中"十五"期间年增偏低 2.83 个百分点，"十一五"期间年增偏高 11.82 个百分点，"十二五"以来年均增长偏高 3.43 个百分点。基于二者历年不同增长，西藏文化投入与产值比从 1.71% 增高至 3.11%，上升1.40 个百分点，省域间升降变化位次排序第 5 位，比值高低位次前后保持在第 1 位。最高比值为 2014 年的 3.70%，最低比值为 2006 年的 1.46%。

2. 文化投入占财政收入比

2000~2018 年，西藏文化投入总量年均增长低于财政收入年增 4.21 个百分点，其中"十五"期间年增偏低 3.94 个百分点，"十一五"期间年增偏高 1.96 个百分点，"十二五"以来年均增长偏低 8.11 个百分点。基于二

	2000年	2005年	2010年	2014年	2015年	2016年	2017年	2018年
□ 文化投入与产值比	1.7089	1.5112	2.4810	3.7034	3.3837	3.0246	3.4261	3.1146
■ 文化投入占财政收入比	37.2902	31.5397	34.0462	27.4418	25.3263	22.3412	24.1799	19.9800
■ 文化投入占财政支出比	3.3484	2.0462	2.2643	2.8766	2.5140	2.1946	2.6716	2.3355

图4　2000年以来西藏文化投入相关背景比值变动态势

左轴面积：文化投入与产值比、占财政收入和支出比（%），各项比值历年升降呈直观比例。比值过小保留4位小数演算，正文按惯例保留2位小数。标注各项比值省域位次。

者历年不同增长，西藏文化投入占财政收入比从37.29%降低至19.98%，下降17.31个百分点，省域间升降变化位次排序第30位，比值高低位次前后保持在第1位。最高比值为2002年的44.50%，最低比值为2018年的19.98%。

3.文化投入占财政支出比

2000~2018年，西藏文化投入总量年均增长低于财政支出年增2.41个百分点，其中"十五"期间年增偏低11.81个百分点，"十一五"期间年增偏高2.59个百分点，"十二五"以来年均增长偏高0.45个百分点。基于二者历年不同增长，西藏文化投入占财政支出比从3.35%降低至2.34%，下降1.01个百分点，省域间升降变化位次排序第10位，比值高低位次从第1位下降为第4位。最高比值为2000年的3.35%，最低比值为2005年的2.05%。

（二）相邻关系变动状况

2000年以来西藏文化投入相邻关系比值变动态势见图5。

	2000年	2005年	2010年	2014年	2015年	2016年	2017年	2018年
□ 文化投入与教育投入比	28.77	18.62	20.52	24.00	20.76	20.54	19.78	19.83
▨ 文化投入与科技投入比	1074.95	1355.21	460.20	771.30	641.96	724.53	529.06	567.09
▨ 文化投入与卫生投入比	62.04	53.38	38.94	69.79	55.30	49.81	47.91	43.04

图 5　2000 年以来西藏文化投入相邻关系比值变动态势

左轴面积: 文化投入与教育、科技、卫生投入比 (%), 各项比值历年升降呈直观比例。标注各项比值省域位次。

1. 文化投入与教育投入比

2000 ~ 2018 年, 西藏文化投入总量年均增长低于教育投入年增 2.49 个百分点, 其中"十五"期间年增偏低 10.38 个百分点,"十一五"期间年增偏高 2.49 个百分点,"十二五"以来年均增长偏低 0.51 个百分点。基于二者历年不同增长, 西藏文化投入与教育投入比从 28.77% 降低至 19.83%, 下降 8.94 个百分点, 省域间升降变化位次排序第 11 位, 比值高低位次从第 1 位下降为第 3 位。最高比值为 2000 年的 28.77%, 最低比值为 2005 年的 18.62%。

2. 文化投入与科技投入比

2000 ~ 2018 年, 西藏文化投入总量年均增长低于科技投入年增 4.20 个百分点, 其中"十五"期间年增偏高 5.46 个百分点,"十一五"期间年增偏低 30.54 个百分点,"十二五"以来年均增长偏高 3.02 个百分点。基于二者历年不同增长, 西藏文化投入与科技投入比从 1074.95% 降低至 567.09%, 下降 507.86 个百分点, 省域间升降变化位次排序第 4 位, 比值高低位次前后保持在第 1 位。最高比值为 2003 年的 1410.33%，最低比值为 2008 年的 317.34%。

3. 文化投入与卫生投入比

2000～2018 年，西藏文化投入总量年均增长低于卫生投入年增 2.44 个百分点，其中"十五"期间年增偏低 3.50 个百分点，"十一五"期间年增偏低 8.21 个百分点，"十二五"以来年均增长偏高 1.46 个百分点。基于二者历年不同增长，西藏文化投入与卫生投入比从 62.04% 降低为 43.04%，下降 19.00 个百分点，省域间升降变化位次排序第 3 位。由于各地不同变动，西藏比值高低位次从第 14 位上升为第 2 位。最高比值为 2014 年的 69.79%，最低比值为 2010 年的 38.94%。

（三）同构占比变动状况

2000 年以来西藏文化消费与投入同构占比倍差变动态势见图 6。

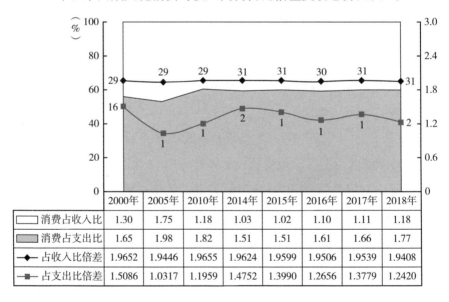

图 6　2000 年以来西藏文化消费与投入同构占比倍差变动态势

左轴面积：文化消费占居民收入、总消费支出比（%），两项比值历年升降呈直观比例叠加。
右轴曲线：文化消费占居民收入比与文化投入占财政收入比、文化消费占居民支出比与文化投入占财政支出比倍差指数（无差距＝1，保留 4 位小数检测细微差异）。标注各项倍差省域位次。

1. 文化消费与投入占收入比

2000～2018 年，西藏城乡居民文化消费占居民收入比从 1.30% 降低至 1.18%。逐年比较，最高比值为 2013 年的 2.39%，最低比值为 2006 年的 0.84%。

对照本文图 4，同期，西藏文化投入占财政收入比下降 17.31 个百分点，2018 年比值高于文化消费占居民收入比 18.80 个百分点。二者之间占比倍差由 1.9652 减小至 1.9408，减小 1.24%，省域间增减变化位次排序第 22 位。由于各地不同变动，西藏倍差指数高低（倒序）位次从第 29 位下降为第 31 位。

2. 文化消费与投入占支出比

2000～2018 年，西藏城乡居民文化消费占居民支出比从 1.65% 增高至 1.77%。逐年比较，最高比值为 2013 年的 4.15%，最低比值为 2006 年的 1.12%。

对照本文图 4，同期，西藏文化投入占财政支出比下降 1.01 个百分点，2018 年比值高于文化消费占居民支出比 0.57 个百分点。二者之间占比倍差由 1.5086 减小至 1.2420，减小 17.67%，省域间增减变化位次排序第 3 位，倍差指数高低（倒序）位次从第 16 位上升为第 2 位。

以上分析检测显示，2000 年以来，西藏文化消费占居民收入比较明显下降，文化投入占财政收入比也极显著下降，二者同构占比倍差指数略微减小；文化消费占居民支出比较明显上升，文化投入占财政支出比却显著下降，二者同构占比倍差指数明显减小。西藏文化投入占财政收入比远高于文化消费占居民收入比，占支出比则明显相反，公共文化投入与居民文化消费需求同构占比关系严重失衡。

三　2018年文化投入纵横向双重测评

综合以上分析，2000 年以来西藏文化投入总量年均增长 19.00%，明显高于全国平均增长 4.31 个百分点，人均值地区差扩大 61.97%；当地文化投入增长明显高于产值增长，但明显低于财政收入增长，也较明显低于财政支出增长；同时较明显低于教育投入增长，也明显低于科技投入增长，亦较明显低于卫生投入增长；文化投入占财政收入比极显著高于文化消费占居民收入比，占财政支出比也略微高于文化消费占居民支出比。

这些都集中体现在文化投入增长综合指数测评演算之中。2000 年以来西藏文化投入增长综合指数变动态势见图 7。

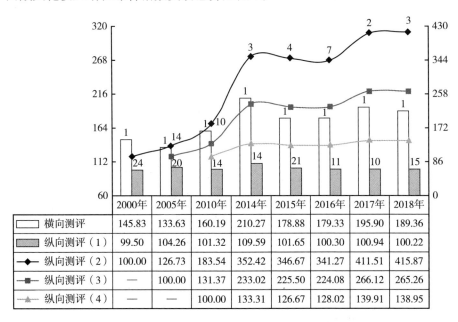

	2000年	2005年	2010年	2014年	2015年	2016年	2017年	2018年
横向测评	145.83	133.63	160.19	210.27	178.88	179.33	195.90	189.36
纵向测评（1）	99.50	104.26	101.32	109.59	101.65	100.30	100.94	100.22
纵向测评（2）	100.00	126.73	183.54	352.42	346.67	341.27	411.51	415.87
纵向测评（3）	—	100.00	131.37	233.02	225.50	224.08	266.12	265.26
纵向测评（4）	—	—	100.00	133.31	126.67	128.02	139.91	138.95

图 7　2000 年以来西藏文化投入增长综合指数变动态势

左轴柱形：左横向测评（无差距理想值＝100）；右纵向测评（1），上年＝100。右轴曲线：纵向测评（起点年基数值＝100），（2）以 2000 年为起点，（3）以 2005 年为起点，（4）以 2010 年为起点。标注横向测评、纵向测评（1）（2）省域排行，纵向测评（2）起点年不计。

（一）各年度理想值横向检测指数

以文化投入人均值地区无差距、文化消费与投入同构占比无差距状态为"理想值"100，2018 年西藏文化投入增长状况此项综合指数为189.36，处于省域间第 1 位，高于无差距理想值89.36%，但低于上年测评指数 6.54 个点。

（二）2000年以来基数值纵向检测指数

以"九五"末年2000年为起点基数值100，2018年西藏文化投入增长状况此项综合指数为415.87，处于省域间第3位，高出2000年起点基数315.87%，也高出上年测评指数4.36个点。

（三）2005年以来基数值纵向检测指数

以"十五"末年2005年为起点基数值100，2018年西藏文化投入增长状况此项综合指数为265.26，处于省域间第2位，高出2005年起点基数165.26%，但低于上年测评指数0.86个点。

（四）2010年以来基数值纵向检测指数

以"十一五"末年2010年为起点基数值100，2018年西藏文化投入增长状况此项综合指数为138.95，处于省域间第10位，高出2010年起点基数38.95%，但低于上年测评指数0.96个点。

（五）逐年度基数值纵向检测指数

以上一年2017年为起点基数值100，2018年西藏文化投入增长状况此项综合指数为100.22，处于省域间第15位，高出2017年起点基数0.22%，但低于上年基于2016年基数值的测评指数0.72个点。

B.7

海南：2000～2018年文化投入
指数提升度第1位

孔志坚*

摘　要：　2000～2018 年，海南文化投入总量由 1.65 亿元增至 47.37 亿元，年均增长 20.50%，明显高于全国平均增长 5.81 个百分点。海南综合评价排行：在省域横向测评中，处于 2018 年文化投入指数排名第 3 位；在自身纵向测评中，处于 2000～2018 年文化投入指数提升度第 1 位、2005～2018 年文化投入指数提升度第 1 位、2010～2018 年文化投入指数提升度第 1位、2017～2018 年文化投入指数提升度第 2 位。

关键词：　海南　文化投入　综合评价

一　文化投入及其相关背景基本态势

（一）经济财政基本面背景状况

2000 年以来海南文化投入总量增长及相关背景关系态势见图 1。

2000～2018 年，海南产值总量增长 817.26%，年均增长 13.10%；财政收入总量增长 1820.08%，年均增长 17.84%；财政支出总量增长

---

* 孔志坚，云南省社会科学院老挝研究所副所长、副研究员，主要从事老挝问题研究。

	2000年	2005年	2010年	2014年	2015年	2016年	2017年	2018年
□（1）预算赤字	24.92	82.56	310.35	544.44	611.73	738.97	769.87	938.64
▨（2）教科卫投入	12.81	31.27	140.62	277.94	319.76	344.10	360.71	408.48
▨（3）文化投入	1.65	3.47	11.61	23.51	25.48	26.90	29.86	47.37
■（4）其他支出	49.66	116.51	429.10	798.29	894.19	1005.48	1053.39	1235.45
⊡（5）产值总量	52.68	89.46	206.45	350.07	370.28	405.32	446.25	483.21

图1　2000年以来海南文化投入总量增长及相关背景关系态势

左轴面积：本级财政预算赤字（中央财政税收返还和转移支付等，"财政包干"地区可为国债份额）、教科卫投入、文化投入、其他支出总量（亿元转换为%），（2）＋（3）＋（4）＝财政支出总量，（2）＋（3）＋（4）－（1）＝财政收入总量，各项数值呈直观比例。右轴柱形：产值总量（10亿元，增长演算取亿元）。

2537.71%，年均增长19.94%；教科文卫综合投入（图1中教科卫投入与文化投入之和，后同）总量增长3052.49%，年均增长21.13%；教科文卫综合投入之外财政支出统归为"其他支出"，其总量增长2387.82%，年均增长19.55%。

在此期间，海南教科文卫综合投入总量年均增长高于产值年增8.03个百分点，高于财政收入年增3.29个百分点，高于财政支出年增1.19个百分点，高于其他支出年增1.58个百分点。

"十五"以来，海南教科文卫建设作为公共服务的一个重要方面，确实处于一种极为特殊的优先发展地位。"十一五"以来，海南教科文卫综合投入增长高于其他支出增长的情况更加明显。

（二）文化投入总量增长状况

2000 年以来海南文化投入总量及相邻关系、占全国份额变动态势见图 2。

图 2 2000 年以来海南文化投入总量及相邻关系、占全国份额变动态势

左轴面积：教、科、文、卫投入总量（亿元转换为%），各项数值呈直观比例。右轴曲线：文化投入年增指数（上年 =1，小于 1 为负增长，保留 4 位小数，正文转换为 2 位小数增长百分比，后同）；文化投入占全国份额（%）。标注历年投入增长、份额省域位次。

	2000年	2005年	2010年	2014年	2015年	2016年	2017年	2018年
卫生投入	2.80	6.52	34.82	88.46	100.54	114.17	127.37	144.46
文化投入	1.65	3.47	11.61	23.51	25.48	26.90	29.86	47.37
科技投入	0.38	0.54	7.47	13.53	12.38	15.69	12.47	15.04
教育投入	9.63	24.21	98.33	175.95	206.84	214.24	220.87	248.98
文化份额	0.55	0.49	0.75	0.87	0.83	0.85	0.88	1.34
文化年增	1.0860	1.1992	1.1915	1.0733	1.0840	1.0557	1.1101	1.5862

2000～2018 年，海南文化投入总量由 1.65 亿元增至 47.37 亿元，总增长 2770.91%，年均增长 20.50%，省域间增长位次排序第 1 位。其中，"十五"期间年增 16.03%，"十一五"期间年增 27.32%，"十二五"以来年均增长 19.22%。最高增长年度为 2018 年，增长 58.62%；最低增长年度为 2016 年，增长 5.57%。

相比之下，海南文化投入总量年均增长高于产值年增 7.40 个百分点，其中"十五"期间高于产值年增 4.86 个百分点，"十一五"期间高于产值年增9.11个百分点,"十二五"以来高于产值年增8.00个百分点;同时高于财政收入年增2.66个百分点,其中"十五"期间高于财政收入年增4.16个百分点,"十一五"期间低于财政收入年增4.27个百分点,"十二五"以来高于财政收入年增5.60个百分点;高于财政支出年增0.56个百分点,其中"十五"期间低于财政支出年增2.69个百分点,"十一五"期间低于财政支出年增3.58个百分点,"十二五"以来高于财政支出年增4.94个百分点。

细致对比,海南文化投入总量年均增长低于教科卫三项投入年增0.71个百分点,其中"十五"期间低于教科卫投入年增3.51个百分点,"十一五"期间低于教科卫投入年增7.76个百分点,"十二五"以来高于教科卫投入年增4.96个百分点。在2000年以来海南教科文卫综合投入优先高增长当中,文化投入增长处于基本平衡状态。从图2亦可清楚、直观地看出,文化投入所占面积大体上呈保持之势,表明其在教科文卫综合投入中的比例份额基本稳定。

与此同时,全国文化投入总量增长1078.15%,年增14.69%。2000年以来,海南文化投入总量年均增长高于全国年增5.81个百分点,占全国份额从2000年的0.55%上升至2018年的1.34%,省域间份额位次从第30位上升为第27位。

(三)人均值增长及其地区差变动状况

2000年以来海南文化投入人均值及其地区差变动态势见图3。

2000~2018年,海南文化投入人均值由21.29元增至509.33元,总增长2292.34%,年均增长19.29%,省域间增长位次排序第1位。其中,"十五"期间年增14.62%,"十一五"期间年增26.05%,"十二五"以来年均增长18.16%。最高增长年度为2018年,增长57.17%;最低增长年度为2016年,增长4.79%。

与此同时,全国文化投入人均值总增长968.21%,年均增长14.06%。2000年以来,海南文化投入人均值年均增长高于全国年增5.23个百分点,

	2000年	2005年	2010年	2014年	2015年	2016年	2017年	2018年
☐全国文化投入人均值	23.78	53.95	115.31	197.28	224.37	229.43	244.66	254.02
▨本地文化投入人均值	21.29	42.12	134.05	261.36	280.88	294.34	324.07	509.33
◆本地人均值年增	1.0608	1.1869	1.1815	1.0632	1.0747	1.0479	1.1010	1.5717
■本地人均值地区差	1.1046	1.2194	1.1625	1.3248	1.2518	1.2829	1.3246	2.0050

图3　2000年以来海南文化投入人均值及其地区差变动态势

左轴面积：本地、全国文化投入人均值（元转换为%），二者历年变动呈直观比例。右轴曲线：本地人均值年增指数（上年＝1，小于1为负增长，由于历年人口增长，人均值年增指数略低于总量年增指数）；本地人均值地区差指数（无差距＝1，保留4位小数检测细微差异）。标注人均值及其地区差省域位次。

人均绝对数值从2000年为全国人均值的89.53%上升至2018年为全国人均值的200.51%，省域间人均绝对值高低位次从第18位上升为第5位。

同期，海南文化投入人均值地区差由1.1046扩大至2.0050，扩大81.51%，省域间地区差扩减变化位次排序第30位，地区差指数大小（倒序）位次从第7位下降为第27位。其中，"十五"期间扩大10.39%，"十一五"期间缩小4.67%，"十二五"以来地区差扩大72.47%。最小地区差为2008年的1.0298，最大地区差为2018年的2.0050。

据既往历年动态推演测算，2020年海南公共文化投入人均值地区差将为2.1929，相比当前明显扩增；2035年海南公共文化投入人均值地区差将为4.2932，相比当前继续极显著扩增。这是长期预测的理论演算值，基于既往增长态势合理推演供参考。

二 文化投入相关协调性态势

（一）相关背景变动状况

2000年以来海南文化投入相关背景比值变动态势见图4。

	2000年	2005年	2010年	2014年	2015年	2016年	2017年	2018年
□文化投入与产值比	0.3132	0.3874	0.5625	0.6715	0.6881	0.6637	0.6691	0.9803
▨文化投入占财政收入比	4.2128	5.0470	4.2852	4.2329	4.0593	4.2195	4.4300	6.2933
▦文化投入占财政支出比	2.5755	2.2919	1.9976	2.1374	2.0558	1.9543	2.0681	2.8006

图4　2000年以来海南文化投入相关背景比值变动态势

左轴面积：文化投入与产值比、占财政收入和支出比（%），各项比值历年升降呈直观比例。比值过小保留4位小数演算，正文按惯例保留2位小数。标注各项比值省域位次。

1. 文化投入与产值比

2000～2018年，海南文化投入总量年均增长高于产值年增7.40个百分点，其中"十五"期间年增偏高4.86个百分点，"十一五"期间年增偏高9.11个百分点，"十二五"以来年均增长偏高8.00个百分点。基于二者历年不同增长，海南文化投入与产值比从0.31%增高至0.98%，上升0.67个百分点，省域间升降变化位次排序第1位，比值高低位次从第12位上升为第3位。最高比值为2018年的0.98%，最低比值为2000年的0.31%。

2. 文化投入占财政收入比

2000~2018 年，海南文化投入总量年均增长高于财政收入年增 2.66 个百分点，其中"十五"期间年增偏高 4.16 个百分点，"十一五"期间年增偏低 4.27 个百分点，"十二五"以来年均增长偏高 5.60 个百分点。基于二者历年不同增长，海南文化投入占财政收入比从 4.21% 增高至 6.29%，上升 2.08 个百分点，省域间升降变化位次排序第 3 位，比值高低位次从第 22 位上升为第 4 位。最高比值为 2018 年的 6.29%，最低比值为 2015 年的 4.06%。

3. 文化投入占财政支出比

2000~2018 年，海南文化投入总量年均增长高于财政支出年增 0.56 个百分点，其中"十五"期间年增偏低 2.69 个百分点，"十一五"期间年增偏低 3.58 个百分点，"十二五"以来年均增长偏高 4.94 个百分点。基于二者历年不同增长，海南文化投入占财政支出比从 2.58% 增高至 2.80%，上升 0.22 个百分点，省域间升降变化位次排序第 3 位，比值高低位次从第 18 位上升为第 2 位。最高比值为 2018 年的 2.80%，最低比值为 2007 年的 1.86%。

（二）相邻关系变动状况

2000 年以来海南文化投入相邻关系比值变动态势见图 5。

1. 文化投入与教育投入比

2000~2018 年，海南文化投入总量年均增长高于教育投入年增 0.70 个百分点，其中"十五"期间年增偏低 4.22 个百分点，"十一五"期间年增偏低 5.03 个百分点，"十二五"以来年均增长偏高 6.91 个百分点。基于二者历年不同增长，海南文化投入与教育投入比从 17.15% 增高至 19.02%，上升 1.87 个百分点，省域间升降变化位次排序第 3 位，比值高低位次从第 13 位上升为第 4 位。最高比值为 2018 年的 19.02%，最低比值为 2007 年的 11.32%。

	2000年	2005年	2010年	2014年	2015年	2016年	2017年	2018年
□文化投入与教育投入比	17.15	14.32	11.81	13.36	12.32	12.56	13.52	19.02
▨文化投入与科技投入比	431.63	641.67	155.51	173.74	205.82	171.45	239.44	314.92
▨文化投入与卫生投入比	58.93	53.17	33.35	26.57	25.34	23.56	23.45	32.79

图5　2000年以来海南文化投入相邻关系比值变动态势

左轴面积：文化投入与教育、科技、卫生投入比（％），各项比值历年升降呈直观比例。标注各项比值省域位次。

2. 文化投入与科技投入比

2000～2018年，海南文化投入总量年均增长低于科技投入年增2.17个百分点，其中"十五"期间年增偏高8.75个百分点，"十一五"期间年增偏低41.80个百分点，"十二五"以来年均增长偏高10.08个百分点。基于二者历年不同增长，海南文化投入与科技投入比从431.63％降低至314.92％，下降116.71个百分点，省域间升降变化位次排序第2位。由于各地不同变动，海南比值高低位次从第16位上升为第3位。最高比值为2005年的641.67％，最低比值为2008年的151.57％。

3. 文化投入与卫生投入比

2000～2018年，海南文化投入总量年均增长低于卫生投入年增3.99个百分点，其中"十五"期间年增偏低2.39个百分点，"十一五"期间年增偏低12.48个百分点，"十二五"以来年均增长偏低0.24个百分点。基于二者历年不同增长，海南文化投入与卫生投入比从58.93％降低为32.79％，下降26.14个百分点，省域间升降变化位次排序第4位。由于各地不同变

动，海南比值高低位次从第 17 位上升为第 5 位。最高比值为 2001 年的
65.26%，最低比值为 2017 年的 23.45%。

（三）同构占比变动状况

2000 年以来海南文化消费与投入同构占比倍差变动态势见图 6。

	2000年	2005年	2010年	2014年	2015年	2016年	2017年	2018年
□ 消费占收入比	2.25	3.04	3.01	3.38	2.75	3.00	3.04	3.23
▨ 消费占支出比	3.08	4.30	4.37	4.73	3.85	4.36	4.47	4.55
◆ 占收入比倍差	1.4658	1.3977	1.2980	1.2023	1.3226	1.2882	1.3127	1.4863
■ 占支出比倍差	1.1971	1.8776	2.1857	2.2136	1.8723	2.2298	2.1628	1.6247

图 6　2000 年以来海南文化消费与投入同构占比倍差变动态势

左轴面积：文化消费占居民收入、总消费支出比（%），两项比值历年升降呈直观比例
叠加。右轴曲线：文化消费占居民收入比与文化投入占财政收入比、文化消费占居民支出比
与文化投入占财政支出比倍差指数（无差距＝1，保留 4 位小数检测细微差异）。标注各项倍
差省域位次。

1. 文化消费与投入占收入比

2000～2018 年，海南城乡居民文化消费占居民收入比从 2.25% 增高至
3.23%。逐年比较，最高比值为 2013 年的 4.12%，最低比值为 2000 年的
2.25%。

对照本文图 4，同期，海南文化投入占财政收入比上升 2.08 个百分点，
2018 年比值高于文化消费占居民收入比 3.06 个百分点。二者之间占比倍差
由 1.4658 增大至 1.4863，增大 1.40%，省域间增减变化位次排序第 24 位，

倍差指数高低（倒序）位次从第 17 位下降为第 27 位。

2. 文化消费与投入占支出比

2000～2018 年，海南城乡居民文化消费占居民支出比从 3.08% 增高至 4.55%。逐年比较，最高比值为 2013 年的 6.11%，最低比值为 2000 年的 3.08%。

对照本文图 4，同期，海南文化投入占财政支出比上升 0.22 个百分点，2018 年比值低于文化消费占居民支出比 1.75 个百分点。二者之间占比倍差由 1.1971 增大至 1.6247，增大 35.72%，省域间增减变化位次排序第 12 位。由于各地不同变动，海南倍差指数高低（倒序）位次从第 4 位上升为第 3 位。

以上分析检测显示，2000 年以来，海南文化消费占居民收入比极显著上升，文化投入占财政收入比也极显著上升，二者同构占比倍差指数略微增大；文化消费占居民支出比极显著上升，文化投入占财政支出比也较明显上升，二者同构占比倍差指数显著增大。这意味着，海南公共文化投入增长占比变动滞后于居民文化消费需求变化态势的差距继续明显扩大。

三　2018年文化投入纵横向双重测评

综合以上分析，2000 年以来海南文化投入总量年均增长 20.50%，明显高于全国平均增长 5.81 个百分点，人均值地区差扩大 81.51%；当地文化投入增长显著高于产值增长，也较明显高于财政收入增长，亦略微高于财政支出增长；同时略微高于教育投入增长，但较明显低于科技投入增长，也明显低于卫生投入增长；文化投入占财政收入比明显高于文化消费占居民收入比，占财政支出比却较明显低于文化消费占居民支出比。

这些都集中体现在文化投入增长综合指数测评演算之中。2000 年以来海南文化投入增长综合指数变动态势见图 7。

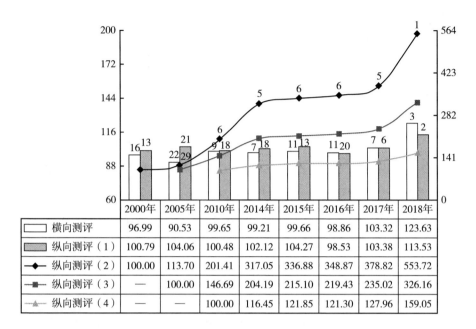

	2000年	2005年	2010年	2014年	2015年	2016年	2017年	2018年
□ 横向测评	96.99	90.53	99.65	99.21	99.66	98.86	103.32	123.63
■ 纵向测评（1）	100.79	104.06	100.48	102.12	104.27	98.53	103.38	113.53
◆ 纵向测评（2）	100.00	113.70	201.41	317.05	336.88	348.87	378.82	553.72
■ 纵向测评（3）	—	100.00	146.69	204.19	215.10	219.43	235.02	326.16
▲ 纵向测评（4）	—	—	100.00	116.45	121.85	121.30	127.96	159.05

图7 2000年以来海南文化投入增长综合指数变动态势

左轴柱形：左横向测评（无差距理想值＝100）；右纵向测评（1），上年＝100。右轴曲线：纵向测评（起点年基数值＝100），（2）以2000年为起点，（3）以2005年为起点，（4）以2010年为起点。标注横向测评、纵向测评（1）（2）省域排行，纵向测评（2）起点年不计。

（一）各年度理想值横向检测指数

以文化投入人均值地区无差距、文化消费与投入同构占比无差距状态为"理想值"100，2018年海南文化投入增长状况此项综合指数为123.63，处于省域间第3位，高于无差距理想值23.63%，也高于上年测评指数20.31个点。

（二）2000年以来基数值纵向检测指数

以"九五"末年2000年为起点基数值100，2018年海南文化投入增长状况此项综合指数为553.72，处于省域间第1位，高出2000年起点基数453.72%，也高出上年测评指数174.90个点。

（三）2005年以来基数值纵向检测指数

以"十五"末年2005年为起点基数值100，2018年海南文化投入增长状况此项综合指数为326.16，处于省域间第1位，高出2005年起点基数226.16%，也高出上年测评指数91.14个点。

（四）2010年以来基数值纵向检测指数

以"十一五"末年2010年为起点基数值100，2018年海南文化投入增长状况此项综合指数为159.05，处于省域间第1位，高出2010年起点基数59.05%，也高出上年测评指数31.09个点。

（五）逐年度基数值纵向检测指数

以上一年2017年为起点基数值100，2018年海南文化投入增长状况此项综合指数为113.53，处于省域间第2位，高出2017年起点基数13.53%，也高出上年基于2016年基数值的测评指数10.15个点。

B.8
山西：2017~2018年文化投入
指数提升度第1位

付丙峰*

摘　要：　2000~2018年，山西文化投入总量由6.50亿元增至92.85亿元，年均增长15.92%，较明显高于全国平均增长1.23个百分点。山西综合评价排行：在省域横向测评中，处于2018年文化投入指数排名第8位；在自身纵向测评中，处于2000~2018年文化投入指数提升度第11位、2005~2018年文化投入指数提升度第15位、2010~2018年文化投入指数提升度第4位、2017~2018年文化投入指数提升度第1位。

关键词：　山西　文化投入　综合评价

一　文化投入及其相关背景基本态势

（一）经济财政基本面背景状况

2000年以来山西文化投入总量增长及相关背景关系态势见图1。

2000~2018年，山西产值总量增长811.20%，年均增长13.06%；财政收入总量增长1902.87%，年均增长18.12%；财政支出总量增长

---

* 付丙峰，云南省社会科学院科研处研究实习员，主要从事国际问题、安全问题研究。

图 1 2000 年以来山西文化投入总量增长及相关背景关系态势

左轴面积: 本级财政预算赤字 (中央财政税收返还和转移支付等, "财政包干"地区可为国债份额)、教科卫投入、文化投入、其他支出总量 (亿元转换为%), (2) + (3) + (4) = 财政支出总量, (2) + (3) + (4) - (1) = 财政收入总量, 各项数值呈直观比例。右轴柱形: 产值总量 (10 亿元, 增长演算取亿元)。

1803.45%, 年均增长 17.78%; 教科文卫综合投入 (图 1 中教科卫投入与文化投入之和, 后同) 总量增长 1998.17%, 年均增长 18.42%; 教科文卫综合投入之外财政支出统归为"其他支出", 其总量增长 1738.77%, 年均增长 17.56%。

在此期间, 山西教科文卫综合投入总量年均增长高于产值年增 5.36 个百分点, 高于财政收入年增 0.30 个百分点, 高于财政支出年增 0.64 个百分点, 高于其他支出年增 0.86 个百分点。

"十五"以来, 山西教科文卫建设作为公共服务的一个重要方面, 确实处于一种极为特殊的优先发展地位。"十一五"以来, 山西教科文卫综合投入增长高于其他支出增长的情况更加明显。

（二）文化投入总量增长状况

2000 年以来山西文化投入总量及相邻关系、占全国份额变动态势见图 2。

	2000年	2005年	2010年	2014年	2015年	2016年	2017年	2018年
□ 卫生投入	10.45	28.17	113.86	243.94	290.71	300.86	321.34	358.99
▨ 文化投入	6.50	17.67	31.24	63.95	73.08	72.64	71.92	92.85
▦ 科技投入	1.08	2.09	20.12	54.26	37.47	34.56	50.25	59.08
▩ 教育投入	38.16	102.09	328.58	507.28	602.85	606.97	620.67	668.03
◆ 文化份额	2.16	2.51	2.03	2.38	2.38	2.30	2.12	2.62
■ 文化年增	1.0606	1.2178	1.1169	0.9590	1.1427	0.9940	0.9901	1.2910

图 2　2000 年以来山西文化投入总量及相邻关系、占全国份额变动态势

左轴面积：教、科、文、卫投入总量（亿元转换为%），各项数值呈直观比例。右轴曲线：文化投入年增指数（上年＝1，小于 1 为负增长，保留 4 位小数，正文转换为 2 位小数增长百分比，后同）；文化投入占全国份额（%）。标注历年投入增长、份额省域位次。

2000～2018 年，山西文化投入总量由 6.50 亿元增至 92.85 亿元，总增长 1328.46%，年均增长 15.92%，省域间增长位次排序第 13 位。其中，"十五"期间年增 22.14%，"十一五"期间年增 12.07%，"十二五"以来年均增长 14.59%。最高增长年度为 2011 年，增长 54.19%；最低增长年度为 2014 年，下降 4.10%。

相比之下，山西文化投入总量年均增长高于产值年增 2.86 个百分点，其中"十五"期间高于产值年增 4.38 个百分点，"十一五"期间低于产值年增 5.03 个百分点，"十二五"以来高于产值年增 6.76 个百分点；同时低于财政收入年增 2.20 个百分点，其中"十五"期间低于财政收入年增 4.19 个百分点，"十一五"期间低于财政收入年增 9.29 个百分点，"十二五"以来高于财政收入年增 3.23 个百分点；低于财政支出年增 1.86 个百分点，其中"十五"期间低于财政支出年增 2.19 个百分点，"十一五"期间低于财政支出年增 11.56 个百分点，"十二五"以来高于财政支出年增 4.12 个百分点。

细致对比，山西文化投入总量年均增长低于教科卫三项投入年增 2.77 个百分点，其中"十五"期间高于教科卫投入年增 0.49 个百分点，"十一五"期间低于教科卫投入年增 16.36 个百分点，"十二五"以来高于教科卫投入年增 3.33 个百分点。在 2000 年以来山西教科文卫综合投入优先高增长当中，文化投入增长处于明显失衡状态。从图 2 亦可清楚、直观地看出，文化投入所占面积呈逐渐收窄之势，表明其在教科文卫综合投入中的比例份额持续降低。

与此同时，全国文化投入总量增长 1078.15%，年增 14.69%。2000 年以来，山西文化投入总量年均增长高于全国年增 1.23 个百分点，占全国份额从 2000 年的 2.16% 上升至 2018 年的 2.62%，省域间份额位次从第 20 位上升为第 14 位。

（三）人均值增长及其地区差变动状况

2000 年以来山西文化投入人均值及其地区差变动态势见图 3。

2000～2018 年，山西文化投入人均值由 20.14 元增至 250.28 元，总增长 1142.70%，年均增长 15.03%，省域间增长位次排序第 11 位。其中，"十五"期间年增 21.27%，"十一五"期间年增 11.06%，"十二五"以来年均增长 13.76%。最高增长年度为 2011 年，增长 50.62%；最低增长年度为 2014 年，下降 4.59%。

与此同时，全国文化投入人均值总增长 968.21%，年均增长 14.06%。2000 年以来，山西文化投入人均值年均增长高于全国年增 0.97 个百分点，

	2000年	2005年	2010年	2014年	2015年	2016年	2017年	2018年
全国文化投入人均值	23.78	53.95	115.31	197.28	224.37	229.43	244.66	254.02
本地文化投入人均值	20.14	52.82	89.24	175.75	199.89	197.76	194.80	250.28
本地人均值年增	1.0481	1.2103	1.0909	0.9541	1.1374	0.9894	0.9850	1.2848
本地人均值地区差	1.1530	1.0210	1.2261	1.1092	1.1091	1.1380	1.2038	1.0147

图3　2000年以来山西文化投入人均值及其地区差变动态势

左轴面积：本地、全国文化投入人均值（元转换为%），二者历年变动呈直观比例。右轴曲线：本地人均值年增指数（上年=1，小于1为负增长，由于历年人口增长，人均值年增指数略低于总量年增指数）；本地人均值地区差指数（无差距=1，保留4位小数检测细微差异）。标注人均值及其地区差省域位次。

人均绝对数值从2000年为全国人均值的84.69%上升至2018年为全国人均值的98.53%，省域间人均绝对值高低位次从第20位上升为第15位。

同期，山西文化投入人均值地区差由1.1530缩小至1.0147，缩小11.99%，省域间地区差扩减变化位次排序第5位，地区差指数大小（倒序）位次从第10位上升为第1位。其中，"十五"期间缩小11.45%，"十一五"期间扩大20.09%，"十二五"以来地区差缩小17.24%。最小地区差为2006年的1.0028，最大地区差为2010年的1.2261。

据既往历年动态推演测算，2020年山西公共文化投入人均值地区差将为1.0020，相比当前略微缩减；2035年山西公共文化投入人均值地区差将为1.1365，相比当前较明显扩增。这是长期预测的理论演算值，基于既往增长态势合理推演供参考。

二　文化投入相关协调性态势

（一）相关背景变动状况

2000 年以来山西文化投入相关背景比值变动态势见图 4。

	2000年	2005年	2010年	2014年	2015年	2016年	2017年	2018年
□文化投入与产值比	0.3520	0.4227	0.3396	0.5011	0.5724	0.5566	0.4632	0.5522
▨文化投入占财政收入比	5.6767	4.7968	3.2218	3.5126	4.4497	4.6654	3.8523	4.0500
▮文化投入占财政支出比	2.8875	2.6420	1.6175	2.0728	2.1350	2.1185	1.9146	2.1675

图 4　2000 年以来山西文化投入相关背景比值变动态势

左轴面积：文化投入与产值比、占财政收入和支出比（％），各项比值历年升降呈直观比例。比值过小保留 4 位小数演算，正文按惯例保留 2 位小数。标注各项比值省域位次。

1. 文化投入与产值比

2000～2018 年，山西文化投入总量年均增长高于产值年增 2.86 个百分点，其中"十五"期间年增偏高 4.38 个百分点，"十一五"期间年增偏低 5.03 个百分点，"十二五"以来年均增长偏高 6.76 个百分点。基于二者历年不同增长，山西文化投入与产值比从 0.35％增高至 0.55％，上升 0.20 个百分点，省域间升降变化位次排序第 8 位，比值高低位次从第 11 位上升为第 10 位。最高比值为 2015 年的 0.57％，最低比值为 2010 年的 0.34％。

2. 文化投入占财政收入比

2000~2018 年，山西文化投入总量年均增长低于财政收入年增 2.20 个百分点，其中"十五"期间年增偏低 4.19 个百分点，"十一五"期间年增偏低 9.29 个百分点，"十二五"以来年均增长偏高 3.23 个百分点。基于二者历年不同增长，山西文化投入占财政收入比从 5.68% 降低至 4.05%，下降 1.63 个百分点，省域间升降变化位次排序第 18 位，比值高低位次从第 11 位下降为第 12 位。最高比值为 2002 年的 6.37%，最低比值为 2010 年的 3.22%。

3. 文化投入占财政支出比

2000~2018 年，山西文化投入总量年均增长低于财政支出年增 1.86 个百分点，其中"十五"期间年增偏低 2.19 个百分点，"十一五"期间年增偏低 11.56 个百分点，"十二五"以来年均增长偏高 4.12 个百分点。基于二者历年不同增长，山西文化投入占财政支出比从 2.89% 降低至 2.17%，下降 0.72 个百分点，省域间升降变化位次排序第 9 位，比值高低位次前后保持在第 7 位。最高比值为 2000 年的 2.89%，最低比值为 2010 年的 1.62%。

（二）相邻关系变动状况

2000 年以来山西文化投入相邻关系比值变动态势见图 5。

1. 文化投入与教育投入比

2000~2018 年，山西文化投入总量年均增长低于教育投入年增 1.32 个百分点，其中"十五"期间年增偏高 0.39 个百分点，"十一五"期间年增偏低 14.27 个百分点，"十二五"以来年均增长偏高 5.32 个百分点。基于二者历年不同增长，山西文化投入与教育投入比从 17.03% 降低至 13.90%，下降 3.13 个百分点，省域间升降变化位次排序第 6 位。由于各地不同变动，山西比值高低位次从第 16 位上升为第 8 位。最高比值为 2004 年的 18.08%，最低比值为 2010 年的 9.51%。

2. 文化投入与科技投入比

2000~2018 年，山西文化投入总量年均增长低于科技投入年增 8.98 个

	2000年	2005年	2010年	2014年	2015年	2016年	2017年	2018年
□文化投入与教育投入比	17.03	17.31	9.51	12.61	12.12	11.97	11.59	13.90
▨文化投入与科技投入比	601.32	845.19	155.28	117.85	195.04	210.19	143.14	157.16
▩文化投入与卫生投入比	62.18	62.71	27.44	26.22	25.14	24.14	22.38	25.87

图5　2000 年以来山西文化投入相邻关系比值变动态势

左轴面积: 文化投入与教育、科技、卫生投入比 (%), 各项比值历年升降呈直观比例。
标注各项比值省域位次。

百分点, 其中"十五"期间年增偏高 8.02 个百分点, "十一五"期间年增偏低 45.22 个百分点, "十二五"以来年均增长偏高 0.18 个百分点。基于二者历年不同增长, 山西文化投入与科技投入比从 601.32% 降低至 157.16%, 下降 444.16 个百分点, 省域间升降变化位次排序第 16 位, 比值高低位次从第 4 位下降为第 8 位。最高比值为 2006 年的 864.03%, 最低比值为 2013 年的 107.46%。

3. 文化投入与卫生投入比

2000～2018 年, 山西文化投入总量年均增长低于卫生投入年增 5.79 个百分点, 其中"十五"期间年增偏高 0.20 个百分点, "十一五"期间年增偏低 20.16 个百分点, "十二五"以来年均增长偏低 0.85 个百分点。基于二者历年不同增长, 山西文化投入与卫生投入比从 62.18% 降低为 25.87%, 下降 36.31 个百分点, 省域间升降变化位次排序第 11 位。由于各地不同变动, 山西比值高低位次从第 13 位上升为第 9 位。最高比值为 2004 年的 64.80%, 最低比值为 2017 年的 22.38%。

（三）同构占比变动状况

2000 年以来山西文化消费与投入同构占比倍差变动态势见图 6。

	2000年	2005年	2010年	2014年	2015年	2016年	2017年	2018年
□ 消费占收入比	2.89	3.63	3.71	3.81	3.82	3.92	3.67	3.22
▨ 消费占支出比	3.94	5.25	5.58	5.83	5.85	5.92	5.52	4.82
◆ 占收入比倍差	1.4908	1.2430	1.1506	1.0847	1.1420	1.1606	1.0483	1.2041
■ 占支出比倍差	1.3652	1.9860	3.4514	2.8135	2.7388	2.7963	2.8813	2.2244

图 6　2000 年以来山西文化消费与投入同构占比倍差变动态势

左轴面积：文化消费占居民收入、总消费支出比（％），两项比值历年升降呈直观比例叠加。右轴曲线：文化消费占居民收入比与文化投入占财政收入比、文化消费占居民支出比与文化投入占财政支出比倍差指数（无差距＝1，保留 4 位小数检测细微差异）。标注各项倍差省域位次。

1. 文化消费与投入占收入比

2000～2018 年，山西城乡居民文化消费占居民收入比从 2.89% 增高至 3.22%。逐年比较，最高比值为 2013 年的 4.79%，最低比值为 2001 年的 2.69%。

对照本文图 4，同期，山西文化投入占财政收入比下降 1.63 个百分点，2018 年比值高于文化消费占居民收入比 0.83 个百分点。二者之间占比倍差由 1.4908 减小至 1.2041，减小 19.23%，省域间增减变化位次排序第 10 位，倍差指数高低（倒序）位次从第 20 位上升为第 16 位。

2. 文化消费与投入占支出比

2000~2018 年，山西城乡居民文化消费占居民支出比从 3.94% 增高至 4.82%。逐年比较，最高比值为 2013 年的 7.52%，最低比值为 2001 年的 3.79%。

对照本文图 4，同期，山西文化投入占财政支出比下降 0.72 个百分点，2018 年比值低于文化消费占居民支出比 2.65 个百分点。二者之间占比倍差由 1.3652 增大至 2.2244，增大 62.94%，省域间增减变化位次排序第 16 位，倍差指数高低（倒序）位次从第 9 位下降为第 13 位。

以上分析检测显示，2000 年以来，山西文化消费占居民收入比明显上升，文化投入占财政收入比却显著下降，二者同构占比倍差指数明显减小；文化消费占居民支出比显著上升，文化投入占财政支出比却显著下降，二者同构占比倍差指数极显著增大。这意味着，山西公共文化投入增长占比变动滞后于居民文化消费需求变化态势的差距已有部分缩小。

三　2018年文化投入纵横向双重测评

综合以上分析，2000 年以来山西文化投入总量年均增长 15.92%，较明显高于全国平均增长 1.23 个百分点，人均值地区差缩小 11.99%；当地文化投入增长较明显高于产值增长，但较明显低于财政收入、财政支出增长；同时较明显低于教育投入增长，也显著低于科技投入增长，亦明显低于卫生投入增长；文化投入占财政收入比略微高于文化消费占居民收入比，占财政支出比却较明显低于文化消费占居民支出比。

这些都集中体现在文化投入增长综合指数测评演算之中。2000 年以来山西文化投入增长综合指数变动态势见图 7。

（一）各年度理想值横向检测指数

以文化投入人均值地区无差距、文化消费与投入同构占比无差距状态为"理想值"100，2018 年山西文化投入增长状况此项综合指数为 106.47，处于省域间第 8 位，高于无差距理想值 6.47%，也高于上年测评指数 19.23 个点。

	2000年	2005年	2010年	2014年	2015年	2016年	2017年	2018年
☐ 横向测评	95.68	102.09	86.75	92.18	98.45	95.33	87.24	106.47
▨ 纵向测评（1）	98.35	104.29	99.42	94.87	106.54	98.52	93.60	119.93
◆ 纵向测评（2）	100.00	137.87	158.50	249.47	275.88	270.14	261.40	328.49
■ 纵向测评（3）	—	100.00	99.36	137.82	150.46	146.02	139.55	173.65
▲ 纵向测评（4）	—	—	100.00	127.04	137.04	132.55	124.75	154.15

图 7　2000 年以来山西文化投入增长综合指数变动态势

左轴柱形：左横向测评（无差距理想值＝100）；右纵向测评（1），上年＝100。右轴曲线：纵向测评（起点年基数值＝100），（2）以 2000 年为起点，（3）以 2005 年为起点，（4）以 2010 年为起点。标注横向测评、纵向测评（1）（2）省域排行，纵向测评（2）起点年不计。

（二）2000年以来基数值纵向检测指数

以"九五"末年 2000 年为起点基数值 100，2018 年山西文化投入增长状况此项综合指数为 328.49，处于省域间第 11 位，高出 2000 年起点基数 228.49%，也高出上年测评指数 67.09 个点。

（三）2005年以来基数值纵向检测指数

以"十五"末年 2005 年为起点基数值 100，2018 年山西文化投入增长状况此项综合指数为 173.65，处于省域间第 15 位，高出 2005 年起点基数 73.65%，也高出上年测评指数 34.10 个点。

（四）2010年以来基数值纵向检测指数

以"十一五"末年 2010 年为起点基数值 100，2018 年山西文化投入增长状况此项综合指数为154.15，处于省域间第4位，高出2010年起点基数54.15%，也高出上年测评指数29.40个点。

（五）逐年度基数值纵向检测指数

以上一年2017年为起点基数值100，2018年山西文化投入增长状况此项综合指数为119.93，处于省域间第1位，高出2017年起点基数19.93%，也高出上年基于2016年基数值的测评指数26.33个点。

B.9
北京：2018年文化投入指数排名第2位

李汶娟*

摘　要： 2000~2018 年，北京文化投入总量由 9.26 亿元增至 245.43 亿元，年均增长 19.97%，明显高于全国平均增长 5.28 个百分点。北京综合评价排行：在省域横向测评中，处于 2018 年文化投入指数排名第 2 位；在自身纵向测评中，处于 2000 ~ 2018 年文化投入指数提升度第 4 位、2005 ~ 2018 年文化投入指数提升度第 4 位、2010 ~ 2018 年文化投入指数提升度第 9 位、2017 ~ 2018 年文化投入指数提升度第 5 位。

关键词： 北京　文化投入　综合评价

一　文化投入及其相关背景基本态势

（一）经济财政基本面背景状况

2000 年以来北京文化投入总量增长及相关背景关系态势见图 1。

2000 ~ 2018 年，北京产值总量增长 859.19%，年均增长 13.38%；财政收入总量增长 1577.08%，年均增长 16.96%；财政支出总量增长 1586.55%，年均增长 16.99%；教科文卫综合投入（图 1 中教科卫投入与文化投入之和，后同）总量增长 2001.37%，年均增长 18.43%；教科文卫

---

* 李汶娟，云南省保山市委宣传部部长、原云南省社会科学院研究员，主要从事民族文化研究。

	2000年	2005年	2010年	2014年	2015年	2016年	2017年	2018年
□（1）预算赤字	98.00	139.10	363.39	497.51	1013.84	1325.51	1393.74	1685.52
▢（2）教科卫投入	94.81	227.24	815.96	1347.06	1513.99	1571.10	1754.24	1941.47
▨（3）文化投入	9.26	25.08	79.36	163.90	188.50	198.35	208.96	245.43
▩（4）其他支出	338.93	805.99	1822.00	3013.71	4035.21	4637.32	4861.33	5284.53
■（5）产值总量	316.10	688.63	1411.36	2133.08	2301.46	2566.91	2801.49	3032.00

图1　2000年以来北京文化投入总量增长及相关背景关系态势

左轴面积：本级财政预算赤字（中央财政税收返还和转移支付等，"财政包干"地区可为国债份额）、教科卫投入、文化投入、其他支出总量（亿元转换为%），（2）+（3）+（4）=财政支出总量，（2）+（3）+（4）-（1）=财政收入总量，各项数值呈直观比例。右轴柱形：产值总量（10亿元，增长演算取亿元）。

综合投入之外财政支出统归为"其他支出"，其总量增长1459.18%，年均增长16.49%。

在此期间，北京教科文卫综合投入总量年均增长高于产值年增5.05个百分点，高于财政收入年增1.47个百分点，高于财政支出年增1.44个百分点，高于其他支出年增1.94个百分点。

"十五"以来，北京教科文卫建设作为公共服务的一个重要方面，确实处于一种极为特殊的优先发展地位。"十一五"以来，北京教科文卫综合投入增长高于其他支出增长的情况更加明显。

（二）文化投入总量增长状况

2000年以来北京文化投入总量及相邻关系、占全国份额变动态势见图2。

	2000年	2005年	2010年	2014年	2015年	2016年	2017年	2018年
卫生投入	28.53	65.62	186.82	322.29	370.52	397.95	427.87	490.09
文化投入	9.26	25.08	79.36	163.90	188.50	198.35	208.96	245.43
科技投入	6.21	15.74	178.92	282.71	287.80	285.78	361.76	425.87
教育投入	60.07	145.87	450.22	742.05	855.67	887.37	964.62	1025.51
文化份额	3.08	3.57	5.14	6.09	6.13	6.27	1.66	6.94
文化年增	1.2176	1.2388	1.0617	1.0594	1.1501	1.0523	1.0535	1.1745

图2　2000 年以来北京文化投入总量及相邻关系、
占全国份额变动态势

　　左轴面积：教、科、文、卫投入总量（亿元转换为%），各项数值呈直观比例。右
轴曲线：文化投入年增指数（上年 =1，小于 1 为负增长，保留 4 位小数，正文转换为
2 位小数增长百分比，后同）；文化投入占全国份额（%）。标注历年投入增长、份额
省域位次。

　　2000 ~ 2018 年，北京文化投入总量由 9. 26 亿元增至 245. 43 亿元，总增
长 2550. 43% ，年均增长 19. 97% ，省域间增长位次排序第 2 位。其中，"十
五"期间年增 22. 05% ，"十一五"期间年增 25. 91% ，"十二五"以来年均
增 15. 16% 。最高增长年度为 2007 年，增长 72. 74% ；最低增长年度为
2016 年，增长 5. 23% 。

　　相比之下，北京文化投入总量年均增长高于产值年增 6. 59 个百分点，
其中"十五"期间高于产值年增 5. 20 个百分点，"十一五"期间高于产
值年增 10. 48 个百分点，"十二五"以来高于产值年增 5. 13 个百分点；同
时高于财政收入年增 3. 01 个百分点，其中"十五"期间高于财政收入年

增 0.40 个百分点，"十一五"期间高于财政收入年增 5.22 个百分点，"十二五"以来高于财政收入年增 3.26 个百分点；高于财政支出年增 2.98 个百分点，其中"十五"期间高于财政支出年增 3.02 个百分点，"十一五"期间高于财政支出年增 5.15 个百分点，"十二五"以来高于财政支出年增 1.68 个百分点。

细致对比，北京文化投入总量年均增长高于教科卫三项投入年增 1.71 个百分点，其中"十五"期间高于教科卫投入年增 2.95 个百分点，"十一五"期间低于教科卫投入年增 3.22 个百分点，"十二五"以来高于教科卫投入年增 3.72 个百分点。在 2000 年以来北京教科文卫综合投入优先高增长当中，文化投入增长处于良性平衡状态。从图 2 亦可清楚、直观地看出，文化投入所占面积呈逐渐拓宽之势，表明其在教科文卫综合投入中的比例份额持续增高。

与此同时，全国文化投入总量增长 1078.15%，年增 14.69%。2000 年以来，北京文化投入总量年均增长高于全国年增 5.28 个百分点，占全国份额从 2000 年的 3.08% 上升至 2018 年的 6.94%，省域间份额位次从第 13 位上升为第 2 位。

（三）人均值增长及其地区差变动状况

2000 年以来北京文化投入人均值及其地区差变动态势见图 3。

2000~2018 年，北京文化投入人均值由 70.87 元增至 1135.01 元，总增长 1501.54%，年均增长 16.66%，省域间增长位次排序第 4 位。其中，"十五"期间年增 18.49%，"十一五"期间年增 20.87%，"十二五"以来年均增长 13.00%。最高增长年度为 2007 年，增长 67.63%；最低增长年度为 2010 年，下降 1.46%。

与此同时，全国文化投入人均值总增长 968.21%，年均增长 14.06%。2000 年以来，北京文化投入人均值年均增长高于全国年增 2.60 个百分点，人均绝对数值从 2000 年为全国人均值的 298.02% 上升至 2018 年为全国人均值的 446.82%，省域间人均绝对值高低位次从第 3

	2000年	2005年	2010年	2014年	2015年	2016年	2017年	2018年
全国文化投入人均值	23.78	53.95	115.31	197.28	224.37	229.43	244.66	254.02
本地文化投入人均值	70.87	165.51	427.04	768.34	872.26	913.32	962.11	1135.01
本地人均值年增	1.1659	1.2053	0.9854	1.0390	1.1352	1.0471	1.0534	1.1797
本地人均值地区差	2.9800	3.0676	3.7033	3.8946	3.8876	3.9808	3.9325	4.4682

图3　2000年以来北京文化投入人均值及其地区差变动态势

左轴面积：本地、全国文化投入人均值（元转换为%），二者历年变动呈直观比例。右轴曲线：本地人均值年增指数（上年＝1，小于1为负增长，由于历年人口增长，人均值年增指数略低于总量年增指数）；本地人均值地区差指数（无差距＝1，保留4位小数检测细微差异）。标注人均值及其地区差省域位次。

位上升为第2位。

同期，北京文化投入人均值地区差由2.9800扩大至4.4682，扩大49.94%，省域间地区差扩减变化位次排序第28位，地区差指数大小（倒序）位次从第29位下降为第30位。其中，"十五"期间扩大2.94%，"十一五"期间扩大20.72%，"十二五"以来地区差扩大20.65%。最小地区差为2001年的2.9478，最大地区差为2007年的4.8933。

据既往历年动态推演测算，2020年北京公共文化投入人均值地区差将为4.6738，相比当前明显扩增；2035年北京公共文化投入人均值地区差将为6.5504，相比当前继续极显著扩增。这是长期预测的理论演算值，基于既往增长态势合理推演供参考。

二　文化投入相关协调性态势

（一）相关背景变动状况

2000 年以来北京文化投入相关背景比值变动态势见图 4。

	2000年	2005年	2010年	2014年	2015年	2016年	2017年	2018年
□ 文化投入与产值比	0.2938	0.3642	0.5782	0.7684	0.8190	0.7727	0.7459	0.8095
▨ 文化投入占财政收入比	2.6849	2.7287	3.3715	4.0699	3.9904	3.9036	3.8476	4.2418
▰ 文化投入占财政支出比	2.0909	2.3701	2.9206	3.6224	3.2853	3.0959	3.0618	3.2849

图 4　2000 年以来北京文化投入相关背景比值变动态势

左轴面积：文化投入与产值比、占财政收入和支出比（％），各项比值历年升降呈直观比例。比值过小保留 4 位小数演算，正文按惯例保留 2 位小数。标注各项比值省域位次。

1. 文化投入与产值比

2000 ~ 2018 年，北京文化投入总量年均增长高于产值年增 6.59 个百分点，其中"十五"期间年增偏高 5.20 个百分点，"十一五"期间年增偏高 10.48 个百分点，"十二五"以来年均增长偏高 5.13 个百分点。基于二者历年不同增长，北京文化投入与产值比从 0.29％增高至 0.81％，上升 0.52 个百分点，省域间升降变化位次排序第 2 位，比值高低位次从第 14 位上升为第 5 位。最高比值为 2015 年的 0.82％，最低比值为 2000 年的 0.29％。

2. 文化投入占财政收入比

2000~2018年，北京文化投入总量年均增长高于财政收入年增3.01个百分点，其中"十五"期间年增偏高0.40个百分点，"十一五"期间年增偏高5.22个百分点，"十二五"以来年均增长偏高3.26个百分点。基于二者历年不同增长，北京文化投入占财政收入比从2.68%增高至4.24%，上升1.56个百分点，省域间升降变化位次排序第1位，比值高低位次从第30位上升为第11位。最高比值为2012年的4.26%，最低比值为2001年的2.53%。

3. 文化投入占财政支出比

2000~2018年，北京文化投入总量年均增长高于财政支出年增2.98个百分点，其中"十五"期间年增偏高3.02个百分点，"十一五"期间年增偏高5.15个百分点，"十二五"以来年均增长偏高1.68个百分点。基于二者历年不同增长，北京文化投入占财政支出比从2.09%增高至3.28%，上升1.19个百分点，省域间升降变化位次排序第1位，比值高低位次从第27位上升为第1位。最高比值为2012年的3.84%，最低比值为2001年的2.05%。

（二）相邻关系变动状况

2000年以来北京文化投入相邻关系比值变动态势见图5。

1. 文化投入与教育投入比

2000~2018年，北京文化投入总量年均增长高于教育投入年增2.90个百分点，其中"十五"期间年增偏高2.63个百分点，"十一五"期间年增偏高0.63个百分点，"十二五"以来年均增长偏高4.32个百分点。基于二者历年不同增长，北京文化投入与教育投入比从15.42%增高至23.93%，上升8.51个百分点，省域间升降变化位次排序第1位，比值高低位次从第21位上升为第1位。最高比值为2018年的23.93%，最低比值为2000年的15.42%。

	2000年	2005年	2010年	2014年	2015年	2016年	2017年	2018年
□文化投入与教育投入比	15.42	17.19	17.63	22.09	22.03	22.35	21.66	23.93
▨文化投入与科技投入比	149.23	159.32	44.36	57.98	65.50	69.41	57.76	57.63
▩文化投入与卫生投入比	32.47	38.22	42.48	50.86	50.87	49.84	48.84	50.08

图5　2000年以来北京文化投入相邻关系比值变动态势

左轴面积：文化投入与教育、科技、卫生投入比（％），各项比值历年升降呈直观比例。标注各项比值省域位次。

2. 文化投入与科技投入比

2000～2018年，北京文化投入总量年均增长低于科技投入年增6.51个百分点，其中"十五"期间年增偏高1.61个百分点，"十一五"期间年增偏低36.69个百分点，"十二五"以来年均增长偏高3.71个百分点。基于二者历年不同增长，北京文化投入与科技投入比从149.23％降低至57.63％，下降91.60个百分点，省域间升降变化位次排序第7位。由于各地不同变动，北京比值高低位次从第31位上升为第23位。最高比值为2002年的161.58％，最低比值为2010年的44.36％。

3. 文化投入与卫生投入比

2000～2018年，北京文化投入总量年均增长高于卫生投入年增2.86个百分点，其中"十五"期间年增偏高3.92个百分点，"十一五"期间年增偏高2.63个百分点，"十二五"以来年均增长偏高2.35个百分点。基于二者历年不同增长，北京文化投入与卫生投入比从32.47％增高为50.08％，上升17.61个百分点，省域间升降变化位次排序第1位，比值高低位次从第

31 位上升为第 1 位。最高比值为 2013 年的 56.03%，最低比值为 2000 年的 32.47%。

（三）同构占比变动状况

2000 年以来北京文化消费与投入同构占比倍差变动态势见图 6。

	2000年	2005年	2010年	2014年	2015年	2016年	2017年	2018年
消费占收入比	5.93	6.78	6.14	3.62	3.63	3.29	3.04	2.55
消费占支出比	7.31	9.06	8.95	5.18	5.20	4.88	4.65	3.99
占收入比倍差	2.2102	2.4842	1.8223	1.1102	1.0912	1.1567	1.2103	1.3987
占支出比倍差	3.4964	3.8228	3.0639	1.4299	1.5824	1.5773	1.5175	1.2153

图 6　2000 年以来北京文化消费与投入同构占比倍差变动态势

左轴面积：文化消费占居民收入、总消费支出比（%），两项比值历年升降呈直观比例叠加。右轴曲线：文化消费占居民收入比与文化投入占财政收入比、文化消费占居民支出比与文化投入占财政支出比倍差指数（无差距＝1，保留 4 位小数检测细微差异）。标注各项倍差省域位次。

1. 文化消费与投入占收入比

2000～2018 年，北京城乡居民文化消费占居民收入比从 5.93% 降低至 2.55%。逐年比较，最高比值为 2006 年的 7.33%，最低比值为 2018 年的 2.55%。

对照本文图 4，同期，北京文化投入占财政收入比上升 1.56 个百分点，2018 年比值高于文化消费占居民收入比 1.69 个百分点。二者之间占比倍差由 2.2102 减小至 1.3987，减小 36.72%，省域间增减变化位次排序第 2 位，倍差指数高低（倒序）位次从第 31 位上升为第 25 位。

2. 文化消费与投入占支出比

2000~2018 年，北京城乡居民文化消费占居民支出比从 7.31% 降低至 3.99%。逐年比较，最高比值为 2006 年的 9.92%，最低比值为 2018 年的 3.99%。

对照本文图 4，同期，北京文化投入占财政支出比上升 1.19 个百分点，2018 年比值低于文化消费占居民支出比 0.71 个百分点。二者之间占比倍差由 3.4964 减小至 1.2153，减小 65.24%，省域间增减变化位次排序第 1 位，倍差指数高低（倒序）位次从第 30 位上升为第 1 位。

以上分析检测显示，2000 年以来，北京文化消费占居民收入比极显著下降，文化投入占财政收入比却极显著上升，二者同构占比倍差指数显著减小；文化消费占居民支出比极显著下降，文化投入占财政支出比却极显著上升，二者同构占比倍差指数极显著减小。这意味着，北京公共文化投入增长占比变动滞后于居民文化消费需求变化态势的差距已经明显缩小。

三　2018年文化投入纵横向双重测评

综合以上分析，2000 年以来北京文化投入总量年均增长 19.97%，明显高于全国平均增长 5.28 个百分点，人均值地区差扩大 49.94%；当地文化投入增长显著高于产值增长，也明显高于财政收入增长，亦较明显高于财政支出增长；同时较明显高于教育投入增长，但显著低于科技投入增长，而较明显高于卫生投入增长；文化投入占财政收入比较明显高于文化消费占居民收入比，占财政支出比却略微低于文化消费占居民支出比。

这些都集中体现在文化投入增长综合指数测评演算之中。2000 年以来北京文化投入增长综合指数变动态势见图 7。

图7　2000年以来北京文化投入增长综合指数变动态势

左轴柱形：左横向测评（无差距理想值＝100）；右纵向测评（1），上年＝100。右轴曲线：纵向测评（起点年基数值＝100），（2）以2000年为起点，（3）以2005年为起点，（4）以2010年为起点。标注横向测评、纵向测评（1）（2）省域排行，纵向测评（2）起点年不计。

（一）各年度理想值横向检测指数

以文化投入人均值地区无差距、文化消费与投入同构占比无差距状态为"理想值"100，2018年北京文化投入增长状况此项综合指数为146.29，处于省域间第2位，高于无差距理想值46.29%，也高于上年测评指数14.96个点。

（二）2000年以来基数值纵向检测指数

以"九五"末年2000年为起点基数值100，2018年北京文化投入增长状况此项综合指数为401.93，处于省域间第4位，高出2000年起点基数301.93%，也高出上年测评指数49.74个点。

（三）2005年以来基数值纵向检测指数

以"十五"末年2005年为起点基数值100，2018年北京文化投入增长状况此项综合指数为221.91，处于省域间第4位，高出2005年起点基数121.91%，也高出上年测评指数22.43个点。

（四）2010年以来基数值纵向检测指数

以"十一五"末年2010年为起点基数值100，2018年北京文化投入增长状况此项综合指数为140.10，处于省域间第9位，高出2010年起点基数40.10%，也高出上年测评指数9.32个点。

（五）逐年度基数值纵向检测指数

以上一年2017年为起点基数值100，2018年北京文化投入增长状况此项综合指数为102.98，处于省域间第5位，高出2017年起点基数2.98%，也高出上年基于2016年基数值的测评指数2.44个点。

B.10
青海：2000～2018年文化投入
指数提升度第2位

王国爱*

摘　要： 2000～2018年，青海文化投入总量由1.39亿元增至35.49亿元，年均增长19.72%，明显高于全国平均增长5.03个百分点。青海综合评价排行：在省域横向测评中，处于2018年文化投入指数排名第4位；在自身纵向测评中，处于2000～2018年文化投入指数提升度第2位、2005～2018年文化投入指数提升度第3位、2010～2018年文化投入指数提升度第8位、2017～2018年文化投入指数提升度第19位。

关键词： 青海　文化投入　综合评价

一　文化投入及其相关背景基本态势

（一）经济财政基本面背景状况

2000年以来青海文化投入总量增长及相关背景关系态势见图1。

2000～2018年，青海产值总量增长986.54%，年均增长14.17%；财政收入总量增长1544.91%，年均增长16.84%；财政支出总量增长

---

* 王国爱，云南省社会科学院民族学研究所副研究员，主要从事民族文化研究。

	2000年	2005年	2010年	2014年	2015年	2016年	2017年	2018年
□（1）预算赤字	51.68	135.93	633.19	1095.75	1248.03	1286.29	1284.24	1374.54
▨（2）教科卫投入	10.29	29.66	125.49	246.83	273.84	285.32	324.66	353.50
▨（3）文化投入	1.39	3.56	11.57	34.16	33.60	33.32	37.58	35.49
▨（4）其他支出	56.59	136.54	606.35	1066.44	1207.72	1206.16	1168.20	1258.44
▉（5）产值总量	26.37	54.33	135.04	230.33	241.71	257.25	262.48	286.52

图1　2000年以来青海文化投入总量增长及相关背景关系态势

左轴面积：本级财政预算赤字（中央财政税收返还和转移支付等，"财政包干"地区可为国债份额）、教科卫投入、文化投入、其他支出总量（亿元转换为%），（2）＋（3）＋（4）＝财政支出总量，（2）＋（3）＋（4）－（1）＝财政收入总量，各项数值呈直观比例。右轴柱形：产值总量（10亿元，增长演算取亿元）。

2313.46%，年均增长19.35%；教科文卫综合投入（图1中教科卫投入与文化投入之和，后同）总量增长3230.39%，年均增长21.51%；教科文卫综合投入之外财政支出统归为"其他支出"，其总量增长2123.79%，年均增长18.81%。

在此期间，青海教科文卫综合投入总量年均增长高于产值年增7.34个百分点，高于财政收入年增4.67个百分点，高于财政支出年增2.16个百分点，高于其他支出年增2.70个百分点。

"十五"以来，青海教科文卫建设作为公共服务的一个重要方面，确实处于一种极为特殊的优先发展地位。"十一五"以来，青海教科文卫综合投入增长反超明显高于其他支出增长。

（二）文化投入总量增长状况

2000年以来青海文化投入总量及相邻关系、占全国份额变动态势见图2。

	2000年	2005年	2010年	2014年	2015年	2016年	2017年	2018年
卫生投入	2.82	8.86	38.94	80.13	99.43	103.06	125.21	141.60
文化投入	1.39	3.56	11.57	34.16	33.60	33.32	37.58	35.49
科技投入	0.19	0.48	4.08	10.39	11.22	10.90	11.94	12.80
教育投入	7.27	20.31	82.47	156.31	163.19	171.36	187.51	199.10
文化份额	0.46	0.51	0.75	1.27	1.09	1.05	1.11	1.00
文化年增	1.0220	1.1537	0.7428	1.3221	0.9836	0.9917	1.1278	0.9445

图2　2000年以来青海文化投入总量及相邻关系、占全国份额变动态势

左轴面积：教、科、文、卫投入总量（亿元转换为%），各项数值呈直观比例。右轴曲线：文化投入年增指数（上年=1，小于1为负增长，保留4位小数，正文转换为2位小数增长百分比，后同）；文化投入占全国份额（%）。标注历年投入增长、份额省域位次。

2000~2018年，青海文化投入总量由1.39亿元增至35.49亿元，总增长2453.24%，年均增长19.72%，省域间增长位次排序第3位。其中，"十五"期间年增20.69%，"十一五"期间年增26.58%，"十二五"以来年均增长15.04%。最高增长年度为2009年，增长57.52%；最低增长年度为2010年，下降25.72%。

相比之下，青海文化投入总量年均增长高于产值年增5.55个百分点，其中"十五"期间高于产值年增5.14个百分点，"十一五"期间高于产

214

值年增 6.61 个百分点，"十二五"以来高于产值年增 5.18 个百分点；同时高于财政收入年增 2.88 个百分点，其中"十五"期间高于财政收入年增 5.37 个百分点，"十一五"期间低于财政收入年增 0.07 个百分点，"十二五"以来高于财政收入年增 3.04 个百分点；高于财政支出年增 0.37 个百分点，其中"十五"期间高于财政支出年增 0.70 个百分点，"十一五"期间低于财政支出年增 7.78 个百分点，"十二五"以来高于财政支出年增 4.58 个百分点。

细致对比，青海文化投入总量年均增长低于教科卫三项投入年增 1.99 个百分点，其中"十五"期间低于教科卫投入年增 2.89 个百分点，"十一五"期间低于教科卫投入年增 6.86 个百分点，"十二五"以来高于教科卫投入年增 1.22 个百分点。在 2000 年以来青海教科文卫综合投入优先高增长当中，文化投入增长处于相对失衡状态。从图 2 亦可清楚、直观地看出，文化投入所占面积呈逐渐收窄之势，表明其在教科文卫综合投入中的比例份额持续降低。

与此同时，全国文化投入总量增长 1078.15%，年增 14.69%。2000 年以来，青海文化投入总量年均增长高于全国年增 5.03 个百分点，占全国份额从 2000 年的 0.46% 上升至 2018 年的 1.00%，省域间份额位次从第 31 位上升为第 30 位。

（三）人均值增长及其地区差变动状况

2000 年以来青海文化投入人均值及其地区差变动态势见图 3。

2000～2018 年，青海文化投入人均值由 27.00 元增至 591.04 元，总增长 2089.04%，年均增长 18.70%，省域间增长位次排序第 2 位。其中，"十五"期间年增 19.48%，"十一五"期间年增 25.74%，"十二五"以来年均增长 14.04%。最高增长年度为 2009 年，增长 56.81%；最低增长年度为 2010 年，下降 26.32%。

与此同时，全国文化投入人均值总增长 968.21%，年均增长 14.06%。2000 年以来，青海文化投入人均值年均增长高于全国年增 4.64

	2000年	2005年	2010年	2014年	2015年	2016年	2017年	2018年
全国文化投入人均值	23.78	53.95	115.31	197.28	224.37	229.43	244.66	254.02
本地文化投入人均值	27.00	65.74	206.66	588.36	573.45	564.06	631.04	591.04
本地人均值年增	1.0081	1.1441	0.7368	1.3105	0.9747	0.9836	1.1187	0.9366
本地人均值地区差	1.1355	1.2184	1.7922	2.9823	2.5558	2.4585	2.5793	2.3267

图3　2000年以来青海文化投入人均值及其地区差变动态势

左轴面积：本地、全国文化投入人均值（元转换为%），二者历年变动呈直观比例。右轴曲
线：本地人均值年增指数（上年＝1，小于1为负增长，由于历年人口增长，人均值年增指数略
低于总量年增指数）；本地人均值地区差指数（无差距＝1，保留4位小数检测细微差异）。标注
人均值及其地区差省域位次。

个百分点，人均绝对数值从2000年为全国人均值的113.54%上升至2018
年为全国人均值的232.67%，省域间人均绝对值高低位次从第11位上升
为第4位。

同期，青海文化投入人均值地区差由1.1355扩大至2.3267，扩大
104.91%，省域间地区差扩减变化位次排序第31位，地区差指数大小（倒
序）位次从第9位下降为第28位。其中，"十五"期间扩大7.30%，"十一
五"期间扩大47.09%，"十二五"以来地区差扩大29.82%。最小地区差
为2000年的1.1355，最大地区差为2014年的2.9823。

据既往历年动态推演测算，2020年青海公共文化投入人均值地区差将
为2.5198，相比当前明显扩增；2035年青海公共文化投入人均值地区差将
为4.5814，相比当前继续极显著扩增。这是长期预测的理论演算值，基于
既往增长态势合理推演供参考。

二 文化投入相关协调性态势

（一）相关背景变动状况

2000年以来青海文化投入相关背景比值变动态势见图4。

	2000年	2005年	2010年	2014年	2015年	2016年	2017年	2018年
□文化投入与产值比	0.5256	0.6544	0.8570	1.4831	1.3901	1.2958	1.4326	1.2394
▨文化投入占财政收入比	8.3615	10.5150	10.5004	13.5731	12.5781	13.9701	15.2636	13.0062
▨文化投入占财政支出比	2.0315	2.0950	1.5568	2.5352	2.2176	2.1852	2.4554	2.1544

图4 2000年以来青海文化投入相关背景比值变动态势

左轴面积：文化投入与产值比、占财政收入和支出比（％），各项比值历年升降呈直观比例。比值过小保留4位小数演算，正文按惯例保留2位小数。标注各项比值省域位次。

1. 文化投入与产值比

2000～2018年，青海文化投入总量年均增长高于产值年增5.55个百分点，其中"十五"期间年增偏高5.14个百分点，"十一五"期间年增偏高6.61个百分点，"十二五"以来年均增长偏高5.18个百分点。基于二者历年不同增长，青海文化投入与产值比从0.53%增高至1.24%，上升0.71个百分点，省域间升降变化位次排序第3位，比值高低位次从第6位上升为第2位。最高比值为2014年的1.48%，最低比值为2000年的0.53%。

2. 文化投入占财政收入比

2000～2018 年，青海文化投入总量年均增长高于财政收入年增 2.88 个百分点，其中"十五"期间年增偏高 5.37 个百分点，"十一五"期间年增偏低 0.07 个百分点，"十二五"以来年均增长偏高 3.04 个百分点。基于二者历年不同增长，青海文化投入占财政收入比从 8.36% 增高至 13.01%，上升 4.64 个百分点，省域间升降变化位次排序第 2 位，比值高低位次从第 4 位上升为第 2 位。最高比值为 2009 年的 17.76%，最低比值为 2000 年的 8.36%。

3. 文化投入占财政支出比

2000～2018 年，青海文化投入总量年均增长高于财政支出年增 0.37 个百分点，其中"十五"期间年增偏高 0.70 个百分点，"十一五"期间年增偏低 7.78 个百分点，"十二五"以来年均增长偏高 4.58 个百分点。基于二者历年不同增长，青海文化投入占财政支出比从 2.03% 增高至 2.15%，上升 0.12 个百分点，省域间升降变化位次排序第 4 位，比值高低位次从第 28 位上升为第 8 位。最高比值为 2009 年的 3.20%，最低比值为 2011 年的 1.48%。

（二）相邻关系变动状况

2000 年以来青海文化投入相邻关系比值变动态势见图 5。

1. 文化投入与教育投入比

2000～2018 年，青海文化投入总量年均增长低于教育投入年增 0.47 个百分点，其中"十五"期间年增偏低 2.12 个百分点，"十一五"期间年增偏低 5.77 个百分点，"十二五"以来年均增长偏高 3.39 个百分点。基于二者历年不同增长，青海文化投入与教育投入比从 19.07% 降低至 17.83%，下降 1.24 个百分点，省域间升降变化位次排序第 4 位，比值高低位次前后保持在第 6 位。最高比值为 2009 年的 25.20%，最低比值为 2011 年的 11.01%。

	2000年	2005年	2010年	2014年	2015年	2016年	2017年	2018年
□文化投入与教育投入比	19.07	17.51	14.03	21.85	20.59	19.44	20.04	17.83
▨文化投入与科技投入比	722.99	739.38	283.62	328.82	299.47	305.69	314.85	277.36
▪文化投入与卫生投入比	49.14	40.13	29.72	42.63	33.79	32.33	30.01	25.07

图5　2000年以来青海文化投入相邻关系比值变动态势

左轴面积：文化投入与教育、科技、卫生投入比（％），各项比值历年升降呈直观比例。标注各项比值省域位次。

2. 文化投入与科技投入比

2000～2018年，青海文化投入总量年均增长低于科技投入年增6.63个百分点，其中"十五"期间年增偏高0.33个百分点，"十一五"期间年增偏低26.84个百分点，"十二五"以来年均增长偏低0.32个百分点。基于二者历年不同增长，青海文化投入与科技投入比从722.99％降低至277.36％，下降445.63个百分点，省域间升降变化位次排序第8位，比值高低位次从第2位下降为第5位。最高比值为2006年的846.88％，最低比值为2008年的249.37％。

3. 文化投入与卫生投入比

2000～2018年，青海文化投入总量年均增长低于卫生投入年增4.59个百分点，其中"十五"期间年增偏低5.04个百分点，"十一五"期间年增偏低7.88个百分点，"十二五"以来年均增长偏低2.47个百分点。基于二者历年不同增长，青海文化投入与卫生投入比从49.14％降低为25.07％，下降24.07个百分点，省域间升降变化位次排序第8位。由于各地不同变

动,青海比值高低位次从第 25 位上升为第 11 位。最高比值为 2001 年的
52.51%,最低比值为 2018 年的 25.07%。

(三)同构占比变动状况

2000 年以来青海文化消费与投入同构占比倍差变动态势见图6。

	2000年	2005年	2010年	2014年	2015年	2016年	2017年	2018年
消费占收入比	2.63	4.20	3.39	3.97	3.65	3.78	3.56	2.89
消费占支出比	3.23	5.14	4.38	4.56	4.27	4.46	4.41	3.67
占收入比倍差	1.6859	1.6004	1.6775	1.7074	1.7095	1.7298	1.7668	1.7775
占支出比倍差	1.5915	2.4534	2.8166	1.7968	1.9270	2.0397	1.7966	1.7034

图6 2000 年以来青海文化消费与投入同构占比倍差变动态势

左轴面积:文化消费占居民收入、总消费支出比(%),两项比值历年升降呈直观比例
叠加。右轴曲线:文化消费占居民收入比与文化投入占财政收入比、文化消费占居民支出
比与文化投入占财政支出比倍差指数(无差距 =1,保留 4 位小数检测细微差异)。标注各
项倍差省域位次。

1. 文化消费与投入占收入比

2000 ~ 2018 年,青海城乡居民文化消费占居民收入比从 2.63% 增高至
2.89%。逐年比较,最高比值为 2002 年的 4.25%,最低比值为 2000 年的
2.63%。

对照本文图 4,同期,青海文化投入占财政收入比上升 4.64 个百分点,
2018 年比值高于文化消费占居民收入比 10.12 个百分点。二者之间占比倍

差由 1.6859 增大至 1.7775，增大 5.43%，省域间增减变化位次排序第 29 位，倍差指数高低（倒序）位次从第 28 位下降为第 30 位。

2. 文化消费与投入占支出比

2000～2018 年，青海城乡居民文化消费占居民支出比从 3.23% 增高至 3.67%。逐年比较，最高比值为 2007 年的 5.26%，最低比值为 2000 年的 3.23%。

对照本文图 4，同期，青海文化投入占财政支出比上升 0.12 个百分点，2018 年比值低于文化消费占居民支出比 1.52 个百分点。二者之间占比倍差由 1.5915 增大至 1.7034，增大 7.03%，省域间增减变化位次排序第 5 位。由于各地不同变动，青海倍差指数高低（倒序）位次从第 21 位上升为第 4 位。

以上分析检测显示，2000 年以来，青海文化消费占居民收入比较明显上升，文化投入占财政收入比也极显著上升，二者同构占比倍差指数较明显增大；文化消费占居民支出比明显上升，文化投入占财政支出比也较明显上升，二者同构占比倍差指数较明显增大。青海文化投入占财政收入比远高于文化消费占居民收入比，占支出比则明显相反，公共文化投入与居民文化消费需求同构占比关系严重失衡。

三 2018年文化投入纵横向双重测评

综合以上分析，2000 年以来青海文化投入总量年均增长 19.72%，明显高于全国平均增长 5.03 个百分点，人均值地区差扩大 104.91%；当地文化投入增长明显高于产值增长，也较明显高于财政收入增长，亦略微高于财政支出增长；同时略微低于教育投入增长，也显著低于科技投入增长，亦明显低于卫生投入增长；文化投入占财政收入比极显著高于文化消费占居民收入比，占财政支出比却较明显低于文化消费占居民支出比。

这些都集中体现在文化投入增长综合指数测评演算之中。2000 年以来青海文化投入增长综合指数变动态势见图 7。

	2000年	2005年	2010年	2014年	2015年	2016年	2017年	2018年
☐ 横向测评	102.52	101.02	98.78	134.46	117.47	120.08	126.12	116.52
▨ 纵向测评（1）	99.37	101.96	100.41	105.27	102.07	100.42	102.81	99.42
◆ 纵向测评（2）	100.00	125.28	214.03	504.33	481.75	479.79	529.54	496.45
■ 纵向测评（3）	—	100.00	127.31	253.98	243.61	241.84	264.25	248.72
▲ 纵向测评（4）	—	—	100.00	146.66	139.26	140.70	149.58	141.91

图 7　2000 年以来青海文化投入增长综合指数变动态势

左轴柱形：左横向测评（无差距理想值＝100）；右纵向测评（1），上年＝100。右轴曲线：纵向测评（起点年基数值＝100），（2）以 2000 年为起点，（3）以 2005 年为起点，（4）以 2010 年为起点。标注横向测评、纵向测评（1）（2）省域排行，纵向测评（2）起点年不计。

（一）各年度理想值横向检测指数

以文化投入人均值地区无差距、文化消费与投入同构占比无差距状态为"理想值"100，2018 年青海文化投入增长状况此项综合指数为 116.52，处于省域间第 4 位，高于无差距理想值 16.52%，但低于上年测评指数 9.60 个点。

（二）2000 年以来基数值纵向检测指数

以"九五"末年 2000 年为起点基数值 100，2018 年青海文化投入增长状况此项综合指数为 496.45，处于省域间第 2 位，高出 2000 年起点基数 396.45%，但低于上年测评指数 33.09 个点。

（三）2005年以来基数值纵向检测指数

以"十五"末年2005年为起点基数值100，2018年青海文化投入增长状况此项综合指数为248.72，处于省域间第3位，高出2005年起点基数148.72%，但低于上年测评指数15.53个点。

（四）2010年以来基数值纵向检测指数

以"十一五"末年2010年为起点基数值100，2018年青海文化投入增长状况此项综合指数为141.91，处于省域间第8位，高出2010年起点基数41.91%，但低于上年测评指数7.67个点。

（五）逐年度基数值纵向检测指数

以上一年2017年为起点基数值100，2018年青海文化投入增长状况此项综合指数为99.42，处于省域间第19位，低于2017年起点基数0.58%，也低于上年基于2016年基数值的测评指数3.39个点。

B.11
湖南：2010～2018年文化投入
指数提升度第2位

宫　琺*

摘　要： 2000～2018年，湖南文化投入总量由9.03亿元增至134.54
亿元，年均增长16.19%，较明显高于全国平均增长1.50个
百分点。湖南综合评价排行：在省域横向测评中，处于2018
年文化投入指数排名第20位；在自身纵向测评中，处于2000
～2018年文化投入指数提升度第9位、2005～2018年文化投
入指数提升度第8位、2010～2018年文化投入指数提升度第
2位、2017～2018年文化投入指数提升度第30位。

关键词： 湖南　文化投入　综合评价

一　文化投入及其相关背景基本态势

（一）经济财政基本面背景状况

2000年以来湖南文化投入总量增长及相关背景关系态势见图1。

2000～2018年，湖南产值总量增长925.65%，年均增长13.81%；财
政收入总量增长1515.93%，年均增长16.72%；财政支出总量增长

---

* 宫琺，云南省社会科学院东南亚研究所副研究员，主要从事民族文化、东南亚研究。

	2000年	2005年	2010年	2014年	2015年	2016年	2017年	2018年
□（1）预算赤字	170.79	478.15	1620.79	2754.60	3213.29	3641.28	4111.57	4618.77
□（2）教科卫投入	64.52	150.07	618.57	1315.06	1488.54	1650.08	1792.73	1943.76
□（3）文化投入	9.03	21.92	39.66	80.01	111.74	140.68	148.83	134.54
■（4）其他支出	274.28	701.43	2044.25	3622.32	4128.44	4548.40	4927.83	5401.31
■（5）产值总量	355.15	651.13	1603.80	2703.73	2890.22	3155.14	3390.30	3642.58

图1　2000年以来湖南文化投入总量增长及相关背景关系态势

　　左轴面积：本级财政预算赤字（中央财政税收返还和转移支付等，"财政包干"地区可为国债份额）、教科卫投入、文化投入、其他支出总量（亿元转换为%），（2）+（3）+（4）=财政支出总量，（2）+（3）+（4）-（1）=财政收入总量，各项数值呈直观比例。右轴柱形：产值总量（10亿元，增长演算取亿元）。

2050.36%，年均增长18.58%；教科文卫综合投入（图1中教科卫投入与文化投入之和，后同）总量增长2725.71%，年均增长20.40%；教科文卫综合投入之外财政支出统归为"其他支出"，其总量增长1869.27%，年均增长18.01%。

　　在此期间，湖南教科文卫综合投入总量年均增长高于产值年增6.59个百分点，高于财政收入年增3.68个百分点，高于财政支出年增1.82个百分点，高于其他支出年增2.39个百分点。

　　"十五"以来，湖南教科文卫建设作为公共服务的一个重要方面，确实处于一种极为特殊的优先发展地位。"十一五"以来，湖南教科文卫综合投入增长高于其他支出增长的情况更加明显。

（二）文化投入总量增长状况

2000 年以来湖南文化投入总量及相邻关系、占全国份额变动态势见图 2。

	2000年	2005年	2010年	2014年	2015年	2016年	2017年	2018年
卫生投入	11.88	24.45	180.44	422.40	493.74	546.27	585.98	627.10
文化投入	9.03	21.92	39.66	80.01	111.74	140.68	148.83	134.54
科技投入	1.75	2.61	35.04	59.38	66.26	71.44	91.42	129.94
教育投入	50.88	123.00	403.10	833.27	928.54	1032.37	1115.33	1168.72
文化份额	3.01	3.21	2.57	2.97	3.63	4.45	4.39	3.80
文化年增	1.0609	1.2294	1.1990	1.1604	1.3967	1.2590	1.0579	0.9040

图 2　2000 年以来湖南文化投入总量及相邻关系、占全国份额变动态势

　　左轴面积：教、科、文、卫投入总量（亿元转换为%），各项数值呈直观比例。右轴曲线：文化投入年增指数（上年 = 1，小于 1 为负增长，保留 4 位小数，正文转换为 2 位小数增长百分比，后同）；文化投入占全国份额（％）。标注历年投入增长、份额省域位次。

　　2000~2018 年，湖南文化投入总量由 9.03 亿元增至 134.54 亿元，总增长 1389.92%，年均增长 16.19%，省域间增长位次排序第 8 位。其中，"十五"期间年增 19.41%，"十一五"期间年增 12.59%，"十二五"以来年均增长 16.50%。最高增长年度为 2015 年，增长 39.67%；最低增长年度为 2007 年，下降 22.40%。

　　相比之下，湖南文化投入总量年均增长高于产值年增 2.38 个百分点，其中"十五"期间高于产值年增 6.52 个百分点，"十一五"期间低于产值年增 7.17 个百分点，"十二五"以来高于产值年增 5.70 个百分点；同时低于财政收入年增 0.53 个百分点，其中"十五"期间高于财政收入年增 1.98 个百分点，"十一五"期间低于财政收入年增 9.71 个百分点，"十二五"以来高于财政收入年增 3.57 个百分点；低于财政支出年增 2.39 个百分点，其中"十五"期间低于财政支出年增 0.81 个百分点，"十一五"期间低于财政支出年增 12.76 个百分点，"十二五"以来高于财政支出年增 2.93 个百分点。

细致对比，湖南文化投入总量年均增长低于教科卫三项投入年增 4.64 个百分点，其中"十五"期间高于教科卫投入年增 1.02 个百分点，"十一五"期间低于教科卫投入年增 20.16 个百分点，"十二五"以来高于教科卫投入年增 1.11 个百分点。在 2000 年以来湖南教科文卫综合投入优先高增长当中，文化投入增长处于严重失衡状态。从图 2 亦可清楚、直观地看出，文化投入所占面积呈逐渐收窄之势，表明其在教科文卫综合投入中的比例份额持续降低。

与此同时，全国文化投入总量增长 1078.15%，年增 14.69%。2000 年以来，湖南文化投入总量年均增长高于全国年增 1.50 个百分点，占全国份额从 2000 年的 3.01% 上升至 2018 年的 3.80%，省域间份额位次从第 14 位上升为第 8 位。

（三）人均值增长及其地区差变动状况

2000 年以来湖南文化投入人均值及其地区差变动态势见图 3。

2000～2018 年，湖南文化投入人均值由 13.80 元增至 195.57 元，总增长 1317.17%，年均增长 15.87%，省域间增长位次排序第 9 位。其中，"十五"期间年增 19.52%，"十一五"期间年增 12.68%，"十二五"以来年均增长 15.65%。最高增长年度为 2015 年，增长 38.71；最低增长年度为 2007 年，下降 22.58%。

与此同时，全国文化投入人均值总增长 968.21%，年均增长 14.06%。

	2000年	2005年	2010年	2014年	2015年	2016年	2017年	2018年
全国文化投入人均值	23.78	53.95	115.31	197.28	224.37	229.43	244.66	254.02
本地文化投入人均值	13.80	33.66	61.13	119.16	165.29	206.81	217.55	195.57
本地人均值年增	1.0560	1.2612	1.1815	1.1519	1.3871	1.2512	1.0519	0.8990
本地人均值地区差	1.4199	1.3761	1.4699	1.3960	1.2633	1.0986	1.1108	1.2301

图3 2000年以来湖南文化投入人均值及其地区差变动态势

左轴面积：本地、全国文化投入人均值（元转换为%），二者历年变动呈直观比例。右轴曲线：本地人均值年增指数（上年=1，小于1为负增长，由于历年人口增长，人均值年增指数略低于总量年增指数）；本地人均值地区差指数（无差距=1，保留4位小数检测细微差异）。标注人均值及其地区差省域位次。

2000年以来，湖南文化投入人均值年均增长高于全国年增1.81个百分点，人均绝对数值从2000年为全国人均值的58.03%上升至2018年为全国人均值的76.99%，省域间人均绝对值高低位次从第26位上升为第18位。

同期，湖南文化投入人均值地区差由1.4199缩小至1.2301，缩小13.37%，省域间地区差扩减变化位次排序第4位，地区差指数大小（倒序）位次从第21位上升为第9位。其中，"十五"期间缩小3.08%，"十一五"期间扩大6.82%，"十二五"以来地区差缩小16.31%。最小地区差为2016年的1.0986，最大地区差为2007年的1.5345。

据既往历年动态推演测算，2020年湖南公共文化投入人均值地区差将为1.2055，相比当前略微缩减；2035年湖南公共文化投入人均值地区差将为1.0059，相比当前继续明显缩减。这是长期预测的理论演算值，基于既往增长态势合理推演供参考。

二　文化投入相关协调性态势

（一）相关背景变动状况

2000年以来湖南文化投入相关背景比值变动态势见图4。

	2000年	2005年	2010年	2014年	2015年	2016年	2017年	2018年
□文化投入与产值比	0.2543	0.3229	0.2473	0.2959	0.3866	0.4459	0.4390	0.3694
▨文化投入占财政收入比	5.1014	5.5456	3.6664	3.5357	4.4422	5.2145	5.3965	4.7029
▨文化投入占财政支出比	2.5965	2.5097	1.4675	1.5946	1.9505	2.2192	2.1665	1.7988

图4　2000年以来湖南文化投入相关背景比值变动态势

　　左轴面积：文化投入与产值比、占财政收入和支出比（％），各项比值历年升降呈直观比例。比值过小保留4位小数演算，正文按惯例保留2位小数。标注各项比值省域位次。

1. 文化投入与产值比

2000～2018年，湖南文化投入总量年均增长高于产值年增2.38个百分点，其中"十五"期间年增偏高6.52个百分点，"十一五"期间年增偏低7.17个百分点，"十二五"以来年均增长偏高5.70个百分点。基于二者历年不同增长，湖南文化投入与产值比从0.25％增高至0.37％，上升0.12个百分点，省域间升降变化位次排序第12位，比值高低位次从第22位上升为第16位。最高比值为2016年的0.45％，最低比值为2007年的0.22％。

2. 文化投入占财政收入比

2000~2018 年，湖南文化投入总量年均增长低于财政收入年增 0.53 个百分点，其中"十五"期间年增偏高 1.98 个百分点，"十一五"期间年增偏低 9.71 个百分点，"十二五"以来年均增长偏高 3.57 个百分点。基于二者历年不同增长，湖南文化投入占财政收入比从 5.10% 降低至 4.70%，下降 0.40 个百分点，省域间升降变化位次排序第 6 位。由于各地不同变动，湖南比值高低位次从第 13 位上升为第 10 位。最高比值为 2003 年的 5.77%，最低比值为 2011 年的 2.96%。

3. 文化投入占财政支出比

2000~2018 年，湖南文化投入总量年均增长低于财政支出年增 2.39 个百分点，其中"十五"期间年增偏低 0.81 个百分点，"十一五"期间年增偏低 12.76 个百分点，"十二五"以来年均增长偏高 2.93 个百分点。基于二者历年不同增长，湖南文化投入占财政支出比从 2.60% 降低至 1.80%，下降 0.80 个百分点，省域间升降变化位次排序第 11 位。由于各地不同变动，湖南比值高低位次从第 15 位上升为第 13 位。最高比值为 2003 年的 2.70%，最低比值为 2011 年的 1.27%。

（二）相邻关系变动状况

2000 年以来湖南文化投入相邻关系比值变动态势见图 5。

1. 文化投入与教育投入比

2000~2018 年，湖南文化投入总量年均增长低于教育投入年增 2.93 个百分点，其中"十五"期间年增偏高 0.10 个百分点，"十一五"期间年增偏低 14.20 个百分点，"十二五"以来年均增长偏高 2.05 个百分点。基于二者历年不同增长，湖南文化投入与教育投入比从 17.75% 降低至 11.34%，下降 6.41 个百分点，省域间升降变化位次排序第 14 位，比值高低位次从第 10 位下降为第 14 位。最高比值为 2006 年的 18.25%，最低比值为 2012 年的 6.75%。

	2000年	2005年	2010年	2014年	2015年	2016年	2017年	2018年
□ 文化投入与教育投入比	17.75	17.82	9.84	9.60	12.03	13.63	13.34	11.34
▨ 文化投入与科技投入比	514.89	838.91	113.20	134.73	168.64	196.92	162.79	103.54
▪ 文化投入与卫生投入比	76.03	89.65	21.98	18.94	22.63	25.75	25.40	21.45

图5 2000年以来湖南文化投入相邻关系比值变动态势

左轴面积: 文化投入与教育、科技、卫生投入比 (%), 各项比值历年升降呈直观比例。标注各项比值省域位次。

2. 文化投入与科技投入比

2000~2018年, 湖南文化投入总量年均增长低于科技投入年增10.85个百分点, 其中"十五"期间年增偏高11.09个百分点, "十一五"期间年增偏低55.52个百分点, "十二五"以来年均增长偏低1.30个百分点。基于二者历年不同增长, 湖南文化投入与科技投入比从514.89%降低至103.54%, 下降411.35个百分点, 省域间升降变化位次排序第19位, 比值高低位次从第8位下降为第14位。最高比值为2006年的850.81%, 最低比值为2008年的95.32%。

3. 文化投入与卫生投入比

2000~2018年, 湖南文化投入总量年均增长低于卫生投入年增8.46个百分点, 其中"十五"期间年增偏高3.88个百分点, "十一五"期间年增偏低36.56个百分点, "十二五"以来年均增长偏低0.35个百分点。基于二者历年不同增长, 湖南文化投入与卫生投入比从76.03%降低为21.45%, 下降54.58个百分点, 省域间升降变化位次排序第22位, 比值高低位次从第3位下降为第17位。最高比值为2003年的92.16%，最低比值为2011年的17.48%。

（三）同构占比变动状况

2000年以来湖南文化消费与投入同构占比倍差变动态势见图6。

	2000年	2005年	2010年	2014年	2015年	2016年	2017年	2018年
消费占收入比	3.32	4.57	3.99	4.18	4.38	4.63	4.79	4.00
消费占支出比	3.86	5.55	5.47	5.57	5.98	6.27	6.52	5.45
占收入比倍差	1.3484	1.1757	1.0884	1.1809	1.0131	1.1120	1.1126	1.1484
占支出比倍差	1.4885	2.2129	3.7262	3.4949	3.0672	2.8245	3.0110	3.0292

图6　2000年以来湖南文化消费与投入同构占比倍差变动态势

左轴面积：文化消费占居民收入、总消费支出比（%），两项比值历年升降呈直观比例叠加。右轴曲线：文化消费占居民收入比与文化投入占财政收入比、文化消费占居民支出比与文化投入占财政支出比倍差指数（无差距＝1，保留4位小数检测细微差异）。标注各项倍差省域位次。

1. 文化消费与投入占收入比

2000~2018年，湖南城乡居民文化消费占居民收入比从3.32%增高至4.00%。逐年比较，最高比值为2017年的4.79%，最低比值为2001年的3.10%。

对照本文图4，同期，湖南文化投入占财政收入比下降0.40个百分点，2018年比值高于文化消费占居民收入比0.70个百分点。二者之间占比倍差由1.3484减小至1.1484，减小14.83%，省域间增减变化位次排序第14

位。由于各地不同变动，湖南倍差指数高低（倒序）位次从第9位下降为第10位。

2. 文化消费与投入占支出比

2000～2018年，湖南城乡居民文化消费占居民支出比从3.86%增高至5.45%。逐年比较，最高比值为2017年的6.52%，最低比值为2001年的3.69%。

对照本文图4，同期，湖南文化投入占财政支出比下降0.80个百分点，2018年比值低于文化消费占居民支出比3.65个百分点。二者之间占比倍差由1.4885增大至3.0292，增大103.51%，省域间增减变化位次排序第23位，倍差指数高低（倒序）位次从第14位下降为第23位。

以上分析检测显示，2000年以来，湖南文化消费占居民收入比显著上升，文化投入占财政收入比却较明显下降，二者同构占比倍差指数明显减小；文化消费占居民支出比极显著上升，文化投入占财政支出比却显著下降，二者同构占比倍差指数极显著增大。这意味着，湖南公共文化投入增长占比变动滞后于居民文化消费需求变化态势的差距已有部分缩小。

三　2018年文化投入纵横向双重测评

综合以上分析，2000年以来湖南文化投入总量年均增长16.19%，较明显高于全国平均增长1.50个百分点，人均值地区差缩小13.37%；当地文化投入增长较明显高于产值增长，但略微低于财政收入增长，也较明显低于财政支出增长；同时较明显低于教育投入增长，也极显著低于科技投入增长，亦显著低于卫生投入增长；文化投入占财政收入比略微高于文化消费占居民收入比，占财政支出比却明显低于文化消费占居民支出比。

这些都集中体现在文化投入增长综合指数测评演算之中。2000年以来湖南文化投入增长综合指数变动态势见图7。

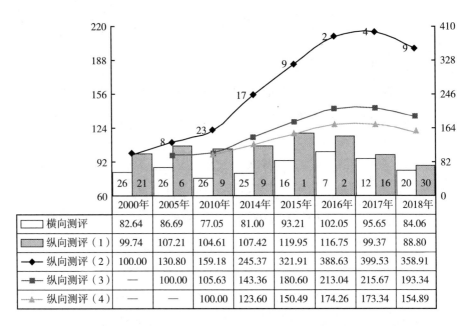

图7 2000年以来湖南文化投入增长综合指数变动态势

左轴柱形：左横向测评（无差距理想值=100）；右纵向测评（1），上年=100。右轴曲线：纵向测评（起点年基数值=100），（2）以2000年为起点，（3）以2005年为起点，（4）以2010年为起点。标注横向测评、纵向测评（1）（2）省域排行，纵向测评（2）起点年不计。

（一）各年度理想值横向检测指数

以文化投入人均值地区无差距、文化消费与投入同构占比无差距状态为"理想值"100，2018年湖南文化投入增长状况此项综合指数为84.06，处于省域间第20位，低于无差距理想值15.94%，也低于上年测评指数11.59个点。

（二）2000年以来基数值纵向检测指数

以"九五"末年2000年为起点基数值100，2018年湖南文化投入增长状况此项综合指数为358.91，处于省域间第9位，高出2000年起点基数258.91%，但低于上年测评指数40.62个点。

（三）2005年以来基数值纵向检测指数

以"十五"末年2005年为起点基数值100，2018年湖南文化投入增长状况此项综合指数为193.34，处于省域间第8位，高出2005年起点基数93.34%，但低于上年测评指数22.33个点。

（四）2010年以来基数值纵向检测指数

以"十一五"末年2010年为起点基数值100，2018年湖南文化投入增长状况此项综合指数为154.89，处于省域间第2位，高出2010年起点基数54.89%，但低于上年测评指数18.45个点。

（五）逐年度基数值纵向检测指数

以上一年2017年为起点基数值100，2018年湖南文化投入增长状况此项综合指数为88.80，处于省域间第30位，低于2017年起点基数11.20%，也低于上年基于2016年基数值的测评指数10.57个点。

B.12
湖北：2010～2018年文化投入
指数提升度第3位

李　雪*

摘　要：　2000～2018年，湖北文化投入总量由9.88亿元增至113.15
　　　　　亿元，年均增长14.51%，略微低于全国平均增长0.18个百
　　　　　分点。湖北综合评价排行：在省域横向测评中，处于2018年
　　　　　文化投入指数排名第17位；在自身纵向测评中，处于2000～
　　　　　2018年文化投入指数提升度第13位、2005～2018年文化投
　　　　　入指数提升度第7位、2010～2018年文化投入指数提升度第
　　　　　3位、2017～2018年文化投入指数提升度第3位。

关键词：　湖北　文化投入　综合评价

一　文化投入及其相关背景基本态势

（一）经济财政基本面背景状况

2000年以来湖北文化投入总量增长及相关背景关系态势见图1。

2000～2018年，湖北产值总量增长1010.36%，年均增长14.31%；财
政收入总量增长1442.84%，年均增长16.42%；财政支出总量增长

---

* 李雪，云南省社会科学院哲学研究所助理研究员，主要从事文学、伦理学研究。

	2000年	2005年	2010年	2014年	2015年	2016年	2017年	2018年
□（1）预算赤字	154.43	403.19	1490.17	2367.25	3127.31	3320.92	3552.94	3951.19
□（2）教科卫投入	78.29	152.58	575.78	1309.13	1585.66	1826.38	1950.32	1909.86
▨（3）文化投入	9.88	19.18	36.67	76.65	84.03	96.61	95.26	113.15
▨（4）其他支出	280.60	606.96	1888.95	3548.37	4463.15	4499.99	4755.69	5235.25
■（5）产值总量	354.54	652.01	1596.76	2737.92	2955.02	3266.54	3547.81	3936.66

图1　2000年以来湖北文化投入总量增长及相关背景关系态势

左轴面积：本级财政预算赤字（中央财政税收返还和转移支付等，"财政包干"地区可为国债份额）、教科卫投入、文化投入、其他支出总量（亿元转换为%），（2）+（3）+（4）=财政支出总量，（2）+（3）+（4）-（1）=财政收入总量，各项数值呈直观比例。右轴柱形：产值总量（10亿元，增长演算取亿元）。

1868.24%，年均增长18.00%；教科文卫综合投入（图1中教科卫投入与文化投入之和，后同）总量增长2194.44%，年均增长19.01%；教科文卫综合投入之外财政支出统归为"其他支出"，其总量增长1765.73%，年均增长17.65%。

在此期间，湖北教科文卫综合投入总量年均增长高于产值年增4.70个百分点，高于财政收入年增2.59个百分点，高于财政支出年增1.01个百分点，高于其他支出年增1.36个百分点。

"十五"以来，湖北教科文卫建设作为公共服务的一个重要方面，确实处于一种极为特殊的优先发展地位。"十一五"以来，湖北教科文卫综合投入增长高于其他支出增长的情况更加明显。

（二）文化投入总量增长状况

2000年以来湖北文化投入总量及相邻关系、占全国份额变动态势见图2。

	2000年	2005年	2010年	2014年	2015年	2016年	2017年	2018年
□ 卫生投入	19.09	31.16	179.13	401.32	515.25	588.90	614.69	575.74
▨ 文化投入	9.88	19.18	36.67	76.65	84.03	96.61	95.26	113.15
▨ 科技投入	1.54	2.58	30.09	134.46	157.36	190.11	234.27	268.49
■ 教育投入	57.66	118.85	366.57	773.35	913.05	1047.37	1101.35	1065.64
◆ 文化份额	3.29	2.73	2.38	2.85	2.73	3.05	2.81	3.20
▲ 文化年增	1.0825	1.2333	1.0177	1.0581	1.0963	1.1497	0.9860	1.1879

图2 2000年以来湖北文化投入总量及相邻关系、占全国份额变动态势

左轴面积：教、科、文、卫投入总量（亿元转换为％），各项数值呈直观比例。右轴曲线：文化投入年增指数（上年＝1，小于1为负增长，保留4位小数，正文转换为2位小数增长百分比，后同）；文化投入占全国份额（％）。标注历年投入增长、份额省域位次。

2000~2018年，湖北文化投入总量由9.88亿元增至113.15亿元，总增长1045.24％，年均增长14.51％，省域间增长位次排序第20位。其中，"十五"期间年增14.19％，"十一五"期间年增13.84％，"十二五"以来年均增长15.12％。最高增长年度为2009年，增长42.71％；最低增长年度为2017年，下降1.40％。

相比之下，湖北文化投入总量年均增长高于产值年增0.20个百分点，其中"十五"期间高于产值年增1.23个百分点，"十一五"期间低于产值年增5.78个百分点，"十二五"以来高于产值年增3.18个百分点；同时低于财政收入年增1.91个百分点，其中"十五"期间高于财政收入年增2.32个百分点，"十一五"期间低于财政收入年增8.07个百分点，"十二五"以来低于财政收入年增0.84个百分点；低于财政支出年增3.49个百分点，其中"十五"期间低于财政支出年增1.93个百分点，"十一五"期间低于财政支出年增12.45个百分点，"十二五"以来高于财政支出年增0.88个百分点。

细致对比，湖北文化投入总量年均增长低于教科卫三项投入年增4.91个百分点，其中"十五"期间低于教科卫投入年增0.09个百分点，"十一五"期间低于教科卫投入年增16.58个百分点，"十二五"以来低于教科卫投入年增1.05个百分点。在2000年以来湖北教科文卫综合投入优先高增长当中，文化投入增长处于严重失衡状态。从图2亦可清楚、直观地看出，文化投入所占面积呈逐渐收窄之势，表明其在教科文卫综合投入中的比例份额持续降低。

与此同时，全国文化投入总量增长1078.15%，年增14.69%。2000年以来，湖北文化投入总量年均增长低于全国年增0.18个百分点，占全国份额从2000年的3.29%下降至2018年的3.20%。由于各地不同变动，湖北份额位次从第12位上升为第11位。

（三）人均值增长及其地区差变动状况

2000年以来湖北文化投入人均值及其地区差变动态势见图3。

2000~2018年，湖北文化投入人均值由16.61元增至191.47元，总增长1052.74%，年均增长14.55%，省域间增长位次排序第13位。其中，"十五"期间年增14.51%，"十一五"期间年增14.39%，"十二五"以来年均增长14.67%。最高增长年度为2009年，增长42.44%；最低增长年度为2017年，下降1.82%。

与此同时，全国文化投入人均值总增长968.21%，年均增长14.06%。2000年以来，湖北文化投入人均值年均增长高于全国年增0.49个百分点，

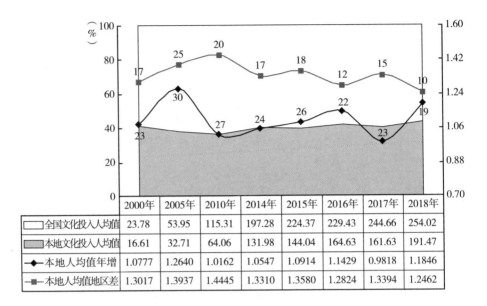

	2000年	2005年	2010年	2014年	2015年	2016年	2017年	2018年
全国文化投入人均值	23.78	53.95	115.31	197.28	224.37	229.43	244.66	254.02
本地文化投入人均值	16.61	32.71	64.06	131.98	144.04	164.63	161.63	191.47
本地人均值年增	1.0777	1.2640	1.0162	1.0547	1.0914	1.1429	0.9818	1.1846
本地人均值地区差	1.3017	1.3937	1.4445	1.3310	1.3580	1.2824	1.3394	1.2462

图3 2000年以来湖北文化投入人均值及其地区差变动态势

左轴面积：本地、全国文化投入人均值（元转换为%），二者历年变动呈直观比例。右轴曲线：本地人均值年增指数（上年=1，小于1为负增长，由于历年人口增长，人均值年增指数略低于总量年增指数）；本地人均值地区差指数（无差距=1，保留4位小数检测细微差异）。标注人均值及其地区差省域位次。

人均绝对数值从2000年为全国人均值的69.85%上升至2018年为全国人均值的75.38%，省域间人均绝对值高低位次从第23位上升为第19位。

同期，湖北文化投入人均值地区差由1.3017缩小至1.2462，缩小4.26%，省域间地区差扩减变化位次排序第10位，地区差指数大小（倒序）位次从第17位上升为第10位。其中，"十五"期间扩大7.07%，"十一五"期间扩大3.64%，"十二五"以来地区差缩小13.73%。最小地区差为2018年的1.2462，最大地区差为2008年的1.4650。

据既往历年动态推演测算，2020年湖北公共文化投入人均值地区差将为1.2398，相比当前略微缩减；2035年湖北公共文化投入人均值地区差将为1.1899，相比当前继续较明显缩减。这是长期预测的理论演算值，基于既往增长态势合理推演供参考。

二 文化投入相关协调性态势

（一）相关背景变动状况

2000年以来湖北文化投入相关背景比值变动态势见图4。

	2000年	2005年	2010年	2014年	2015年	2016年	2017年	2018年
□ 文化投入与产值比	0.2639	0.2862	0.2296	0.2800	0.2844	0.2958	0.2685	0.2874
▨ 文化投入占财政收入比	4.6095	5.1071	3.6262	2.9861	2.7958	3.1144	2.9325	3.4215
▓ 文化投入占财政支出比	2.6793	2.4628	1.4659	1.5535	1.3702	1.5041	1.4006	1.5589

图4 2000年以来湖北文化投入相关背景比值变动态势

左轴面积：文化投入与产值比、占财政收入和支出比（%），各项比值历年升降呈直观比例。比值过小保留4位小数演算，正文按惯例保留2位小数。标注各项比值省域位次。

1. 文化投入与产值比

2000～2018年，湖北文化投入总量年均增长高于产值年增0.20个百分点，其中"十五"期间年增偏高1.23个百分点，"十一五"期间年增偏低5.78个百分点，"十二五"以来年均增长偏高3.18个百分点。基于二者历年不同增长，湖北文化投入与产值比从0.26%增高至0.29%，上升0.03个百分点，省域间升降变化位次排序第23位。由于各地不同变动，湖北比值高低位次从第21位下降为第22位。最高比值为2006年的0.32%，最低比值为2008年的0.22%。

2. 文化投入占财政收入比

2000～2018 年，湖北文化投入总量年均增长低于财政收入年增 1.91 个百分点，其中"十五"期间年增偏高 2.32 个百分点，"十一五"期间年增偏低 8.07 个百分点，"十二五"以来年均增长偏低 0.84 个百分点。基于二者历年不同增长，湖北文化投入占财政收入比从 4.61% 降低至 3.42%，下降 1.19 个百分点，省域间升降变化位次排序第 15 位，比值高低位次从第 17 位下降为第 18 位。最高比值为 2003 年的 5.36%，最低比值为 2015 年的 2.80%。

3. 文化投入占财政支出比

2000～2018 年，湖北文化投入总量年均增长低于财政支出年增 3.49 个百分点，其中"十五"期间年增偏低 1.93 个百分点，"十一五"期间年增偏低 12.45 个百分点，"十二五"以来年均增长偏高 0.88 个百分点。基于二者历年不同增长，湖北文化投入占财政支出比从 2.68% 降低至 1.56%，下降 1.12 个百分点，省域间升降变化位次排序第 19 位，比值高低位次从第 13 位下降为第 19 位。最高比值为 2000 年的 2.68%，最低比值为 2015 年的 1.37%。

（二）相邻关系变动状况

2000 年以来湖北文化投入相邻关系比值变动态势见图 5。

1. 文化投入与教育投入比

2000～2018 年，湖北文化投入总量年均增长低于教育投入年增 3.08 个百分点，其中"十五"期间年增偏低 1.37 个百分点，"十一五"期间年增偏低 11.43 个百分点，"十二五"以来年均增长偏高 0.85 个百分点。基于二者历年不同增长，湖北文化投入与教育投入比从 17.14% 降低至 10.62%，下降 6.52 个百分点，省域间升降变化位次排序第 17 位，比值高低位次从第 14 位下降为第 17 位。最高比值为 2000 年的 17.14%，最低比值为 2012 年的 8.53%。

	2000年	2005年	2010年	2014年	2015年	2016年	2017年	2018年
□ 文化投入与教育投入比	17.14	16.14	10.00	9.91	9.20	9.22	8.65	10.62
▨ 文化投入与科技投入比	640.79	744.50	121.87	57.01	53.40	50.82	40.66	42.14
▩ 文化投入与卫生投入比	51.76	61.55	20.47	19.10	16.31	16.41	15.50	19.65

图5　2000年以来湖北文化投入相邻关系比值变动态势

左轴面积: 文化投入与教育、科技、卫生投入比 (%), 各项比值历年升降呈直观比例。标注各项比值省域位次。

2. 文化投入与科技投入比

2000～2018年, 湖北文化投入总量年均增长低于科技投入年增18.70个百分点, 其中"十五"期间年增偏高3.32个百分点, "十一五"期间年增偏低49.60个百分点, "十二五"以来年均增长偏低16.35个百分点。基于二者历年不同增长, 湖北文化投入与科技投入比从640.79%降低至42.14%, 下降598.65个百分点, 省域间升降变化位次排序第30位, 比值高低位次从第3位下降为第28位。最高比值为2006年的828.14%, 最低比值为2017年的40.66%。

3. 文化投入与卫生投入比

2000～2018年, 湖北文化投入总量年均增长低于卫生投入年增6.32个百分点, 其中"十五"期间年增偏高3.89个百分点, "十一五"期间年增偏低28.04个百分点, "十二五"以来年均增长偏低0.59个百分点。基于二者历年不同增长, 湖北文化投入与卫生投入比从51.76%降低为19.65%, 下降32.11个百分点, 省域间升降变化位次排序第14位。由于各地不同变动，湖北比值高低位次从第 23 位上升为第 19 位。最高比值为 2005 年的 61.55%，最低比值为 2017 年的 15.50%。

（三）同构占比变动状况

2000 年以来湖北文化消费与投入同构占比倍差变动态势见图6。

	2000年	2005年	2010年	2014年	2015年	2016年	2017年	2018年
消费占收入比	2.79	3.63	3.36	3.41	3.24	3.28	3.19	3.03
消费占支出比	3.58	4.70	4.73	4.83	4.56	4.53	4.50	4.04
占收入比倍差	1.3937	1.2895	1.0734	1.1403	1.1599	1.0539	1.0862	1.1140
占支出比倍差	1.3364	1.9077	3.2299	3.1089	3.3245	3.0097	3.2119	2.5945

图6 2000 年以来湖北文化消费与投入同构占比倍差变动态势

左轴面积：文化消费占居民收入、总消费支出比（%），两项比值历年升降呈直观比例叠加。右轴曲线：文化消费占居民收入比与文化投入占财政收入比、文化消费占居民支出比与文化投入占财政支出比倍差指数（无差距＝1，保留4位小数检测细微差异）。标注各项倍差省域位次。

1. 文化消费与投入占收入比

2000~2018 年，湖北城乡居民文化消费占居民收入比从 2.79% 增高至 3.03%。逐年比较，最高比值为 2013 年的 4.16%，最低比值为 2000 年的 2.79%。

对照本文图4，同期，湖北文化投入占财政收入比下降 1.19 个百分点，2018 年比值高于文化消费占居民收入比 0.39 个百分点。二者之间占比倍差由 1.3937 减小至 1.1140，减小 20.07%，省域间增减变化位次排序第 8 位，倍差指数高低（倒序）位次从第 11 位上升为第 6 位。

2. 文化消费与投入占支出比

2000～2018 年，湖北城乡居民文化消费占居民支出比从 3.58% 增高至 4.04%。逐年比较，最高比值为 2013 年的 6.00%，最低比值为 2000 年的 3.58%。

对照本文图 4，同期，湖北文化投入占财政支出比下降 1.12 个百分点，2018 年比值低于文化消费占居民支出比 2.48 个百分点。二者之间占比倍差由 1.3364 增大至 2.5945，增大 94.14%，省域间增减变化位次排序第 22 位，倍差指数高低（倒序）位次从第 8 位下降为第 18 位。

以上分析检测显示，2000 年以来，湖北文化消费占居民收入比较明显上升，文化投入占财政收入比却显著下降，二者同构占比倍差指数显著减小；文化消费占居民支出比明显上升，文化投入占财政支出比却极显著下降，二者同构占比倍差指数极显著增大。这意味着，湖北公共文化投入增长占比变动滞后于居民文化消费需求变化态势的差距已有部分缩小。

三　2018年文化投入纵横向双重测评

综合以上分析，2000 年以来湖北文化投入总量年均增长 14.51%，略微低于全国平均增长 0.18 个百分点，人均值地区差缩小 4.26%；当地文化投入增长略微高于产值增长，但较明显低于财政收入增长，也明显低于财政支出增长；同时明显低于教育投入增长，也极显著低于科技投入增长，亦显著低于卫生投入增长；文化投入占财政收入比略微高于文化消费占居民收入比，占财政支出比却较明显低于文化消费占居民支出比。

这些都集中体现在文化投入增长综合指数测评演算之中。2000 年以来湖北文化投入增长综合指数变动态势见图 7。

（一）各年度理想值横向检测指数

以文化投入人均值地区无差距、文化消费与投入同构占比无差距状态为

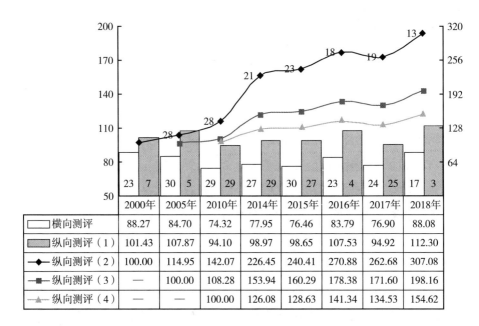

图7 2000年以来湖北文化投入增长综合指数变动态势

左轴柱形：左横向测评（无差距理想值＝100）；右纵向测评（1），上年＝100。右轴曲线：
纵向测评（起点年基数值＝100），（2）以2000年为起点，（3）以2005年为起点，（4）以2010
年为起点。标注横向测评、纵向测评（1）（2）省域排行，纵向测评（2）起点年不计。

"理想值"100，2018年湖北文化投入增长状况此项综合指数为88.08，处
于省域间第17位，低于无差距理想值11.92%，但高于上年测评指数11.18
个点。

（二）2000年以来基数值纵向检测指数

以"九五"末年2000年为起点基数值100，2018年湖北文化投入增长
状况此项综合指数为307.08，处于省域间第13位，高出2000年起点基数
207.08%，也高出上年测评指数44.40个点。

（三）2005年以来基数值纵向检测指数

以"十五"末年2005年为起点基数值100，2018年湖北文化投入增长

状况此项综合指数为198.16，处于省域间第7位，高出2005年起点基数98.16%，也高出上年测评指数26.56个点。

（四）2010年以来基数值纵向检测指数

以"十一五"末年2010年为起点基数值100，2018年湖北文化投入增长状况此项综合指数为154.62，处于省域间第3位，高出2010年起点基数54.62%，也高出上年测评指数20.09个点。

（五）逐年度基数值纵向检测指数

以上一年2017年为起点基数值100，2018年湖北文化投入增长状况此项综合指数为112.30，处于省域间第3位，高出2017年起点基数12.30%，也高出上年基于2016年基数值的测评指数17.38个点。

B.13
河北：2017~2018年文化投入
指数提升度第4位

代 丽[*]

摘　要：　2000~2018年，河北文化投入总量由10.73亿元增至
115.17亿元，年均增长14.09%，略微低于全国平均增长
0.60个百分点。河北综合评价排行：在省域横向测评中，
处于2018年文化投入指数排名第21位；在自身纵向测评
中，处于2000~2018年文化投入指数提升度第22位、
2005~2018年文化投入指数提升度第23位、2010~2018
年文化投入指数提升度第6位、2017~2018年文化投入指
数提升度第4位。

关键词：　河北　文化投入　综合评价

一　文化投入及其相关背景基本态势

（一）经济财政基本面背景状况

2000年以来河北文化投入总量增长及相关背景关系态势见图1。

2000~2018年，河北产值总量增长613.92%，年均增长11.54%；财政

* 代丽，云南省社会科学院信息中心网站编辑部主任、助理研究员，主要从事发展社会学、社
会福利与社会保障、文化消费研究。

收入总量增长 1312.55%，年均增长 15.85%；财政支出总量增长 1759.32%，年均增长 17.63%；教科文卫综合投入（图 1 中教科卫投入与文化投入之和，后同）总量增长 2083.33%，年均增长 18.69%；教科文卫综合投入之外财政支出统归为"其他支出"，其总量增长 1651.19%，年均增长 17.24%。

在此期间，河北教科文卫综合投入总量年均增长高于产值年增 7.15 个百分点，高于财政收入年增 2.84 个百分点，高于财政支出年增 1.06 个百分点，高于其他支出年增 1.45 个百分点。

"十五"以来，河北教科文卫建设作为公共服务的一个重要方面，确实处于一种极为特殊的优先发展地位。"十一五"以来，河北教科文卫综合投入增长高于其他支出增长的情况更加明显。

	2000年	2005年	2010年	2014年	2015年	2016年	2017年	2018年
□（1）预算赤字	166.78	463.46	1488.39	2230.68	2983.01	3199.66	3405.35	4212.34
▨（2）教科卫投入	93.20	219.14	779.43	1366.98	1621.75	1755.94	1950.74	2153.97
▨（3）文化投入	10.73	25.22	37.09	82.66	88.34	87.54	103.19	115.17
▨（4）其他支出	311.62	734.80	2003.72	3227.66	3922.10	4206.05	4585.26	5457.07
▨（5）产值总量	504.40	1009.61	2039.43	2942.12	2980.61	3207.05	3401.63	3601.03

图 1 2000 年以来河北文化投入总量增长及相关背景关系态势

左轴面积：本级财政预算赤字（中央财政税收返还和转移支付等，"财政包干"地区可为国债份额）、教科卫投入、文化投入、其他支出总量（亿元转换为%），（2）+（3）+（4）=财政支出总量，（2）+（3）+（4）-（1）=财政收入总量，各项数值呈直观比例。右轴柱形：产值总量（10 亿元，增长演算取亿元）。

（二）文化投入总量增长状况

2000 年以来河北文化投入总量及相邻关系、占全国份额变动态势见图 2。

图 2　2000 年以来河北文化投入总量及相邻关系、占全国份额变动态势

左轴面积：教、科、文、卫投入总量（亿元转换为%），各项数值呈直观比例。右轴曲线：文化投入年增指数（上年 = 1，小于 1 为负增长，保留 4 位小数，正文转换为 2 位小数增长百分比，后同）；文化投入占全国份额（%）。标注历年投入增长、份额省域位次。

2000～2018 年，河北文化投入总量由 10.73 亿元增至 115.17 亿元，总增长 973.35%，年均增长 14.09%，省域间增长位次排序第 22 位。其中，"十五"期间年增 18.64%，"十一五"期间年增 8.02%，"十二五"以来年均增长 15.22%。最高增长年度为 2008 年，增长 39.74%；最低增长年度为 2007 年，下降 27.95%。

相比之下，河北文化投入总量年均增长高于产值年增 2.55 个百分点，其中"十五"期间高于产值年增 3.75 个百分点，"十一五"期间低于产值年增 7.08 个百分点,"十二五"以来高于产值年增 7.85 个百分点;同时低于财政收入年增 1.76 个百分点,其中"十五"期间高于财政收入年增 2.94 个百分点,"十一五"期间低于财政收入年增 12.88 个百分点,"十二五"以来高于财政收入年增 2.33 个百分点;低于财政支出年增 3.54 个百分点,其中"十五"期间低于财政支出年增 0.06 个百分点,"十一五"期间低于财政支出年增 15.54 个百分点,"十二五"以来高于财政支出年增 1.79 个百分点。

细致对比,河北文化投入总量年均增长低于教科卫三项投入年增 4.97 个百分点,其中"十五"期间低于教科卫投入年增 0.01 个百分点,"十一五"期间低于教科卫投入年增 20.87 个百分点,"十二五"以来高于教科卫投入年增 1.67 个百分点。在 2000 年以来河北教科文卫综合投入优先高增长当中,文化投入增长处于严重失衡状态。从图 2 亦可清楚、直观地看出,文化投入所占面积呈逐渐收窄之势,表明其在教科文卫综合投入中的比例份额持续降低。

与此同时,全国文化投入总量增长 1078.15%,年增 14.69%。2000 年以来,河北文化投入总量年均增长低于全国年增 0.60 个百分点,占全国份额从 2000 年的 3.57% 下降至 2018 年的 3.26%,省域间份额位次从第 7 位下降为第 10 位。

(三)人均值增长及其地区差变动状况

2000 年以来河北文化投入人均值及其地区差变动态势见图 3。

2000~2018 年,河北文化投入人均值由 16.14 元增至 152.79 元,总增长 846.65%,年均增长 13.30%,省域间增长位次排序第 22 位。其中,"十五"期间年增 18.00%,"十一五"期间年增 7.15%,"十二五"以来年均增长 14.38%。最高增长年度为 2008 年,增长 38.83%;最低增长年度为 2007 年,下降 28.43%。

与此同时,全国文化投入人均值总增长 968.21%,年均增长 14.06%。2000 年以来,河北文化投入人均值年均增长低于全国年增 0.76

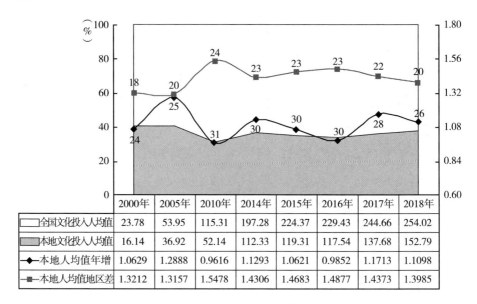

图3　2000年以来河北文化投入人均值及其地区差变动态势

左轴面积：本地、全国文化投入人均值（元转换为%），二者历年变动呈直观比例。右轴曲线：本地人均值年增指数（上年＝1，小于1为负增长，由于历年人口增长，人均值年增指数略低于总量年增指数）；本地人均值地区差指数（无差距＝1，保留4位小数检测细微差异）。标注人均值及其地区差省域位次。

个百分点，人均绝对数值从2000年为全国人均值的67.87%下降至2018年为全国人均值的60.15%，省域间人均绝对值高低位次从第24位下降为第26位。

同期，河北文化投入人均值地区差由1.3212扩大至1.3985，扩大5.85%，省域间地区差扩减变化位次排序第19位，地区差指数大小（倒序）位次从第18位下降为第20位。其中，"十五"期间缩小0.42%，"十一五"期间扩大17.64%，"十二五"以来地区差缩小9.65%。最小地区差为2005年的1.3157，最大地区差为2007年的1.5602。

据既往历年动态推演测算，2020年河北公共文化投入人均值地区差将为1.4065，相比当前略微扩增；2035年河北公共文化投入人均值地区差将为1.4634，相比当前继续较明显扩增。这是长期预测的理论演算值，基于既往增长态势合理推演供参考。

二 文化投入相关协调性态势

（一）相关背景变动状况

2000年以来河北文化投入相关背景比值变动态势见图4。

	2000年	2005年	2010年	2014年	2015年	2016年	2017年	2018年
□文化投入与产值比	0.2126	0.2498	0.1819	0.2809	0.2964	0.2730	0.3033	0.3198
▨文化投入占财政收入比	4.3113	4.8895	2.7851	3.3785	3.3346	3.0717	3.1908	3.2776
▨文化投入占财政支出比	2.5810	2.5752	1.3153	1.7672	1.5685	1.4471	1.5542	1.4906

图4 2000年以来河北文化投入相关背景比值变动态势

　　左轴面积：文化投入与产值比、占财政收入和支出比（％），各项比值历年升降呈直观比例。比值过小保留4位小数演算，正文按惯例保留2位小数。标注各项比值省域位次。

1. 文化投入与产值比

2000～2018年，河北文化投入总量年均增长高于产值年增2.55个百分点，其中"十五"期间年增偏高3.75个百分点，"十一五"期间年增偏低7.08个百分点，"十二五"以来年均增长偏高7.85个百分点。基于二者历年不同增长，河北文化投入与产值比从0.21％增高至0.32％，上升0.11个百分点，省域间升降变化位次排序第9位，比值高低位次从第28位上升为第19位。最高比值为2018年的0.32％，最低比值为2007年的0.15％。

2. 文化投入占财政收入比

2000~2018 年，河北文化投入总量年均增长低于财政收入年增 1.76 个百分点，其中"十五"期间年增偏高 2.94 个百分点，"十一五"期间年增偏低 12.88 个百分点，"十二五"以来年均增长偏高 2.33 个百分点。基于二者历年不同增长，河北文化投入占财政收入比从 4.31% 降低至 3.28%，下降 1.03 个百分点，省域间升降变化位次排序第 14 位，比值高低位次前后保持在第 20 位。最高比值为 2003 年的 5.07%，最低比值为 2007 年的 2.63%。

3. 文化投入占财政支出比

2000~2018 年，河北文化投入总量年均增长低于财政支出年增 3.54 个百分点，其中"十五"期间年增偏低 0.06 个百分点，"十一五"期间年增偏低 15.54 个百分点，"十二五"以来年均增长偏高 1.79 个百分点。基于二者历年不同增长，河北文化投入占财政支出比从 2.58% 降低至 1.49%，下降 1.09 个百分点，省域间升降变化位次排序第 20 位，比值高低位次从第 16 位下降为第 21 位。最高比值为 2002 年的 2.64%，最低比值为 2010 年的 1.32%。

（二）相邻关系变动状况

2000 年以来河北文化投入相邻关系比值变动态势见图 5。

1. 文化投入与教育投入比

2000~2018 年，河北文化投入总量年均增长低于教育投入年增 3.62 个百分点，其中"十五"期间年增偏高 0.35 个百分点，"十一五"期间年增偏低 16.68 个百分点，"十二五"以来年均增长偏高 2.03 个百分点。基于二者历年不同增长，河北文化投入与教育投入比从 14.56% 降低至 8.31%，下降 6.25 个百分点，省域间升降变化位次排序第 20 位。由于各地不同变动，河北比值高低位次从第 27 位上升为第 23 位。最高比值为 2006 年的 15.20%，最低比值为 2012 年的 6.85%。

图5　2000年以来河北文化投入相邻关系比值变动态势

左轴面积：文化投入与教育、科技、卫生投入比（%），各项比值历年升降呈直观比例。标注各项比值省域位次。

2. 文化投入与科技投入比

2000～2018年，河北文化投入总量年均增长低于科技投入年增8.13个百分点，其中"十五"期间年增偏高7.54个百分点，"十一五"期间年增偏低45.12个百分点，"十二五"以来年均增长偏高2.54个百分点。基于二者历年不同增长，河北文化投入与科技投入比从515.80%降低至149.49%，下降366.31个百分点，省域间升降变化位次排序第13位，比值高低位次从第7位下降为第9位。最高比值为2006年的724.37%，最低比值为2007年的119.25%。

3. 文化投入与卫生投入比

2000～2018年，河北文化投入总量年均增长低于卫生投入年增8.59个百分点，其中"十五"期间年增偏低2.25个百分点，"十一五"期间年增偏低31.16个百分点，"十二五"以来年均增长偏高0.81个百分点。基于二者历年不同增长，河北文化投入与卫生投入比从61.42%降低为16.66%，下降44.76个百分点，省域间升降变化位次排序第24位，比值高低位次从第 15 位下降为第 23 位。最高比值为 2002 年的 61.72%，最低比值为 2010 年的 15.75%。

（三）同构占比变动状况

2000 年以来河北文化消费与投入同构占比倍差变动态势见图 6。

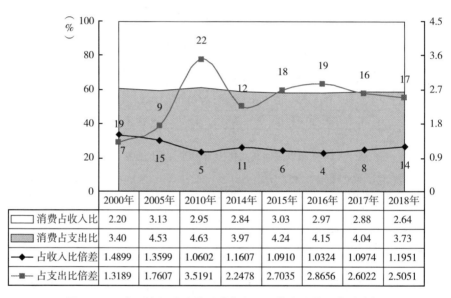

	2000年	2005年	2010年	2014年	2015年	2016年	2017年	2018年
消费占收入比	2.20	3.13	2.95	2.84	3.03	2.97	2.88	2.64
消费占支出比	3.40	4.53	4.63	3.97	4.24	4.15	4.04	3.73
◆ 占收入比倍差	1.4899	1.3599	1.0602	1.1607	1.0910	1.0324	1.0974	1.1951
■ 占支出比倍差	1.3189	1.7607	3.5191	2.2478	2.7035	2.8656	2.6022	2.5051

图 6　2000 年以来河北文化消费与投入同构占比倍差变动态势

左轴面积：文化消费占居民收入、总消费支出比（%），两项比值历年升降呈直观比例叠加。右轴曲线：文化消费占居民收入比与文化投入占财政收入比、文化消费占居民支出比与文化投入占财政支出比倍差指数（无差距 = 1，保留 4 位小数检测细微差异）。标注各项倍差省域位次。

1. 文化消费与投入占收入比

2000~2018 年，河北城乡居民文化消费占居民收入比从 2.20% 增高至 2.64%。逐年比较，最高比值为 2009 年的 3.38%，最低比值为 2001 年的 1.84%。

对照本文图 4，同期，河北文化投入占财政收入比下降 1.03 个百分点，2018 年比值高于文化消费占居民收入比 0.64 个百分点。二者之间占比倍差由 1.4899 减小至 1.1951，减小 19.79%，省域间增减变化位次排序第 9 位，倍差指数高低（倒序）位次从第19位上升为第14位。

2. 文化消费与投入占支出比

2000~2018年，河北城乡居民文化消费占居民支出比从3.40%增高至3.73%。逐年比较，最高比值为2013年的5.29%，最低比值为2001年的2.87%。

对照本文图4，同期，河北文化投入占财政支出比下降1.09个百分点，2018年比值低于文化消费占居民支出比2.24个百分点。二者之间占比倍差由1.3189增大至2.5051，增大89.94%，省域间增减变化位次排序第21位，倍差指数高低（倒序）位次从第7位下降为第17位。

以上分析检测显示，2000年以来，河北文化消费占居民收入比显著上升，文化投入占财政收入比却显著下降，二者同构占比倍差指数明显减小；文化消费占居民支出比较明显上升，文化投入占财政支出比却极显著下降，二者同构占比倍差指数极显著增大。这意味着，河北公共文化投入增长占比变动滞后于居民文化消费需求变化态势的差距已有部分缩小。

三 2018年文化投入纵横向双重测评

综合以上分析，2000年以来河北文化投入总量年均增长14.09%，略微低于全国平均增长0.60个百分点，人均值地区差扩大5.85%；当地文化投入增长较明显高于产值增长，但较明显低于财政收入增长，也明显低于财政支出增长；同时明显低于教育投入增长，也显著低于科技、卫生投入增长；文化投入占财政收入比略微高于文化消费占居民收入比，占财政支出比却较明显低于文化消费占居民支出比。

这些都集中体现在文化投入增长综合指数测评演算之中。2000年以来河北文化投入增长综合指数变动态势见图7。

（一）各年度理想值横向检测指数

以文化投入人均值地区无差距、文化消费与投入同构占比无差距状态为

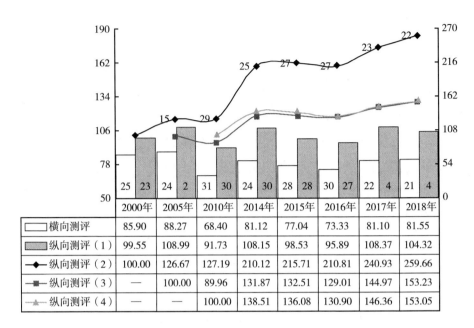

图7 2000年以来河北文化投入增长综合指数变动态势

左轴柱形：左横向测评（无差距理想值=100）；右纵向测评（1），上年=100。右轴曲线：纵向测评（起点年基数值=100），（2）以2000年为起点，（3）以2005年为起点，（4）以2010年为起点。标注横向测评、纵向测评（1）（2）省域排行，纵向测评（2）起点年不计。

"理想值"100，2018年河北文化投入增长状况此项综合指数为81.55，处于省域间第21位，低于无差距理想值18.45%，但高于上年测评指数0.45个点。

（二）2000年以来基数值纵向检测指数

以"九五"末年2000年为起点基数值100，2018年河北文化投入增长状况此项综合指数为259.66，处于省域间第22位，高出2000年起点基数159.66%，也高出上年测评指数18.73个点。

（三）2005年以来基数值纵向检测指数

以"十五"末年2005年为起点基数值100，2018年河北文化投入增长状况此项综合指数为 153.23，处于省域间第 23 位，高出 2005 年起点基数 53.23%，也高出上年测评指数 8.26 个点。

（四）2010 年以来基数值纵向检测指数

以"十一五"末年 2010 年为起点基数值 100，2018 年河北文化投入增长状况此项综合指数为 153.05，处于省域间第 6 位，高出 2010 年起点基数 53.05%，也高出上年测评指数 6.69 个点。

（五）逐年度基数值纵向检测指数

以上一年 2017 年为起点基数值 100，2018 年河北文化投入增长状况此项综合指数为 104.32，处于省域间第 4 位，高出 2017 年起点基数 4.32%，但低于上年基于 2016 年基数值的测评指数 4.05 个点。

B.14
上海：2018年文化投入指数排名第5位

念鹏帆*

摘　要：　2000～2018 年，上海文化投入总量由 11.67 亿元增至 186.52
　　　　　亿元，年均增长 16.65%，较明显高于全国平均增长 1.96 个百
　　　　　分点。上海综合评价排行：在省域横向测评中，处于 2018 年文
　　　　　化投入指数排名第 5 位；在自身纵向测评中，处于 2000～2018
　　　　　年文化投入指数提升度第 15 位、2005～2018 年文化投入指数
　　　　　提升度第 11 位、2010～2018 年文化投入指数提升度第 7 位、
　　　　　2017～2018 年文化投入指数提升度第 21 位。

关键词：　上海　文化投入　综合评价

一　文化投入及其相关背景基本态势

（一）经济财政基本面背景状况

2000 年以来上海文化投入总量增长及相关背景关系态势见图 1。

2000～2018 年，上海产值总量增长 584.94%，年均增长 11.28%；财政收入总量增长 1364.45%，年均增长 16.08%；财政支出总量增长 1272.34%，年均增长 15.66%；教科文卫综合投入（图 1 中教科卫投入与文化投入之和，后同）总量增长 1374.89%，年均增长 16.13%；教科文卫

　*　念鹏帆，云南省社会科学院信息中心研究实习员，主要从事传播与社会研究。

	2000年	2005年	2010年	2014年	2015年	2016年	2017年	2018年
□（1）预算赤字	123.18	228.86	429.30	337.88	672.06	512.81	905.36	1243.39
□（2）教科卫投入	124.00	251.01	779.38	1222.67	1342.63	1565.78	1676.18	1814.47
□（3）文化投入	11.67	26.45	54.95	86.38	108.22	113.34	191.32	186.52
□（4）其他支出	472.89	1368.80	2468.56	3614.39	4740.71	5239.82	5680.12	6350.55
□（5）产值总量	477.12	915.42	1716.60	2356.77	2512.35	2817.87	3063.30	3267.99

图1　2000年以来上海文化投入总量增长及相关背景关系态势

左轴面积：本级财政预算赤字（中央财政税收返还和转移支付等，"财政包干"地区可为国债份额）、教科卫投入、文化投入、其他支出总量（亿元转换为%），（2）＋（3）＋（4）＝财政支出总量，（2）＋（3）＋（4）－（1）＝财政收入总量，各项数值呈直观比例。右轴柱形：产值总量（10亿元，增长演算取亿元）。

综合投入之外财政支出统归为"其他支出"，其总量增长1242.92%，年均增长15.52%。

在此期间，上海教科文卫综合投入总量年均增长高于产值年增4.85个百分点，高于财政收入年增0.05个百分点，高于财政支出年增0.47个百分点，高于其他支出年增0.61个百分点。

"十五"以来，上海教科文卫建设作为公共服务的一个重要方面，确实处于一种极为特殊的优先发展地位。"十一五"以来，上海教科文卫综合投入增长高于其他支出增长的情况更加明显。

（二）文化投入总量增长状况

2000年以来上海文化投入总量及相邻关系、占全国份额变动态势见图2。

	2000年	2005年	2010年	2014年	2015年	2016年	2017年	2018年
卫生投入	32.58	52.15	160.07	264.75	303.46	383.10	412.18	470.12
文化投入	11.67	26.45	54.95	86.38	108.22	113.34	191.32	186.52
科技投入	7.32	15.92	202.03	262.29	271.85	341.71	389.90	426.37
教育投入	84.10	182.94	417.28	695.63	767.32	840.97	874.10	917.99
◆ 文化份额	3.89	3.76	3.56	3.21	3.52	3.58	5.64	5.27
▲ 文化年增	1.0906	1.3263	1.0344	0.9687	1.2529	1.0473	1.6881	0.9749

图2　2000年以来上海文化投入总量及相邻关系、占全国份额变动态势

左轴面积：教、科、文、卫投入总量（亿元转换为%），各项数值呈直观比例。右轴
曲线：文化投入年增指数（上年=1，小于1为负增长，保留4位小数，正文转换为2位小
数增长百分比，后同）；文化投入占全国份额（%）。标注历年投入增长、份额省域位次。

2000～2018年，上海文化投入总量由11.67亿元增至186.52亿元，总
增长1498.29%，年均增长16.65%，省域间增长位次排序第7位。其中，
"十五"期间年增17.78%，"十一五"期间年增15.75%，"十二五"以来
年均增长16.51%。最高增长年度为2017年，增长68.81%；最低增长年度
为2014年，下降3.13%。

相比之下，上海文化投入总量年均增长高于产值年增5.37个百分点，
其中"十五"期间高于产值年增3.86个百分点，"十一五"期间高于产值
年增2.35个百分点，"十二五"以来高于产值年增8.13个百分点；同时高
于财政收入年增0.57个百分点，其中"十五"期间低于财政收入年增6.12
个百分点，"十一五"期间高于财政收入年增0.57个百分点，"十二五"以
来高于财政收入年增4.52个百分点；高于财政支出年增0.99个百分点，其

中"十五"期间低于财政支出年增4.24个百分点，"十一五"期间高于财政支出年增0.81个百分点，"十二五"以来高于财政支出年增4.22个百分点。

细致对比，上海文化投入总量年均增长高于教科卫三项投入年增0.57个百分点，其中"十五"期间高于教科卫投入年增2.63个百分点，"十一五"期间低于教科卫投入年增9.68个百分点，"十二五"以来高于教科卫投入年增5.37个百分点。在2000年以来上海教科文卫综合投入优先高增长当中，文化投入增长处于良性平衡状态。从图2亦可清楚、直观地看出，文化投入所占面积大体上呈保持之势，表明其在教科文卫综合投入中的比例份额基本稳定。

与此同时，全国文化投入总量增长1078.15%，年增14.69%。2000年以来，上海文化投入总量年均增长高于全国年增1.96个百分点，占全国份额从2000年的3.89%上升至2018年的5.27%，省域间份额位次从第5位上升为第4位。

（三）人均值增长及其地区差变动状况

2000年以来上海文化投入人均值及其地区差变动态势见图3。

2000~2018年，上海文化投入人均值由74.94元增至770.41元，总增长928.04%，年均增长13.82%，省域间增长位次排序第19位。其中，"十五"期间年增14.93%，"十一五"期间年增11.61%，"十二五"以来年均增长14.53%。最高增长年度为2017年，增长68.71%；最低增长年度为2010年，下降6.72%。

与此同时，全国文化投入人均值总增长968.21%，年均增长14.06%。2000年以来，上海文化投入人均值年均增长低于全国年增0.24个百分点，人均绝对数值从2000年为全国人均值的315.14%下降至2018年为全国人均值的303.29%，省域间人均绝对值高低位次从第2位下降为第3位。

同期，上海文化投入人均值地区差由3.1510缩小至3.0328，缩小3.75%，省域间地区差扩减变化位次排序第11位，地区差指数大小（倒序）位次从第30位上升为第29位。其中，"十五"期间缩小11.61%，"十

	2000年	2005年	2010年	2014年	2015年	2016年	2017年	2018年
□全国文化投入人均值	23.78	53.95	115.31	197.28	224.37	229.43	244.66	254.02
▨本地文化投入人均值	74.94	150.26	260.20	356.87	447.10	468.81	790.92	770.41
◆本地人均值年增	1.0286	1.3010	0.9328	0.9596	1.2529	1.0485	1.6871	0.9741
■本地人均值地区差	3.1510	2.7851	2.2564	1.8089	1.9927	2.0433	3.2328	3.0328

图3　2000年以来上海文化投入人均值及其地区差变动态势

　　左轴面积：本地、全国文化投入人均值（元转换为%），二者历年变动呈直观比例。右轴曲线：本地人均值年增指数（上年=1，小于1为负增长，由于历年人口增长，人均值年增指数略低于总量年增指数）；本地人均值地区差指数（无差距=1，保留4位小数检测细微差异）。标注人均值及其地区差省域位次。

一五”期间缩小18.98%，“十二五”以来地区差扩大34.41%。最小地区差为2014年的1.8089，最大地区差为2007年的3.4662。

　　据既往历年动态推演测算，2020年上海公共文化投入人均值地区差将为3.0200，相比当前略微缩减；2035年上海公共文化投入人均值地区差将为2.9253，相比当前继续较明显缩减。这是长期预测的理论演算值，基于既往增长态势合理推演供参考。

二　文化投入相关协调性态势

（一）相关背景变动状况

　　2000年以来上海文化投入相关背景比值变动态势见图4。

	2000年	2005年	2010年	2014年	2015年	2016年	2017年	2018年
□文化投入与产值比	0.2526	0.2916	0.3420	0.3665	0.4308	0.4022	0.6246	0.5707
▦文化投入占财政收入比	2.4046	1.8658	1.9122	1.8837	1.9607	1.7692	2.8804	2.6240
▦文化投入占财政支出比	1.9179	1.6065	1.6637	1.7544	1.7479	1.6381	2.5349	2.2333

图4　2000年以来上海文化投入相关背景比值变动态势

左轴面积：文化投入与产值比、占财政收入和支出比（%），各项比值历年升降呈直观比例。比值过小保留4位小数演算，正文按惯例保留2位小数。标注各项比值省域位次。

1. 文化投入与产值比

2000～2018年，上海文化投入总量年均增长高于产值年增5.37个百分点，其中"十五"期间年增偏高3.86个百分点，"十一五"期间年增偏高2.35个百分点，"十二五"以来年均增长偏高8.13个百分点。基于二者历年不同增长，上海文化投入与产值比从0.25%增高至0.57%，上升0.32个百分点，省域间升降变化位次排序第4位，比值高低位次从第23位上升为第9位。最高比值为2017年的0.62%，最低比值为2004年的0.25%。

2. 文化投入占财政收入比

2000～2018年，上海文化投入总量年均增长高于财政收入年增0.57个百分点，其中"十五"期间年增偏低6.12个百分点，"十一五"期间年增偏高0.57个百分点，"十二五"以来年均增长偏高4.52个百分点。基于二者历年不同增长，上海文化投入占财政收入比从2.40%增高至2.62%，上升0.22个百分点，省域间升降变化位次排序第4位，比值高低位次从第31

位上升为第 26 位。最高比值为 2017 年的 2.88%，最低比值为 2016 年的 1.77%。

3. 文化投入占财政支出比

2000~2018 年，上海文化投入总量年均增长高于财政支出年增 0.99 个百分点，其中"十五"期间年增偏低 4.24 个百分点，"十一五"期间年增偏高 0.81 个百分点，"十二五"以来年均增长偏高 4.22 个百分点。基于二者历年不同增长，上海文化投入占财政支出比从 1.92% 增高至 2.23%，上升 0.31 个百分点，省域间升降变化位次排序第 2 位，比值高低位次从第 30 位上升为第 6 位。最高比值为 2017 年的 2.53%，最低比值为 2004 年的 1.44%。

（二）相邻关系变动状况

2000 年以来上海文化投入相邻关系比值变动态势见图 5。

	2000年	2005年	2010年	2014年	2015年	2016年	2017年	2018年
□文化投入与教育投入比	13.88	14.46	13.17	12.42	14.10	13.48	21.89	20.32
▨文化投入与科技投入比	159.52	166.12	27.20	32.93	39.81	33.17	49.07	43.75
▦文化投入与卫生投入比	35.82	50.72	34.33	32.63	35.66	29.58	46.42	39.67

图 5　2000 年以来上海文化投入相邻关系比值变动态势

左轴面积：文化投入与教育、科技、卫生投入比（%），各项比值历年升降呈直观比例。标注各项比值省域位次。

1. 文化投入与教育投入比

2000～2018年，上海文化投入总量年均增长高于教育投入年增2.45个百分点，其中"十五"期间年增偏高0.96个百分点，"十一五"期间年增偏低2.18个百分点，"十二五"以来年均增长偏高6.15个百分点。基于二者历年不同增长，上海文化投入与教育投入比从13.88%增高至20.32%，上升6.44个百分点，省域间升降变化位次排序第2位，比值高低位次从第30位上升为第2位。最高比值为2017年的21.89%，最低比值为2012年的11.17%。

2. 文化投入与科技投入比

2000～2018年，上海文化投入总量年均增长低于科技投入年增8.68个百分点，其中"十五"期间年增偏高0.97个百分点，"十一五"期间年增偏低50.47个百分点，"十二五"以来年均增长偏高6.72个百分点。基于二者历年不同增长，上海文化投入与科技投入比从159.52%降低至43.75%，下降115.77个百分点，省域间升降变化位次排序第15位。由于各地不同变动，上海比值高低位次从第30位上升为第27位。最高比值为2005年的166.12%，最低比值为2009年的24.67%。

3. 文化投入与卫生投入比

2000～2018年，上海文化投入总量年均增长高于卫生投入年增0.66个百分点，其中"十五"期间年增偏高7.91个百分点，"十一五"期间年增偏低9.39个百分点，"十二五"以来年均增长偏高2.09个百分点。基于二者历年不同增长，上海文化投入与卫生投入比从35.82%增高为39.67%，上升3.85个百分点，省域间升降变化位次排序第2位，比值高低位次从第30位上升为第3位。最高比值为2005年的50.72%，最低比值为2016年的29.58%。

（三）同构占比变动状况

2000年以来上海文化消费与投入同构占比倍差变动态势见图6。

	2000年	2005年	2010年	2014年	2015年	2016年	2017年	2018年
消费占收入比	5.26	5.91	6.65	3.59	3.63	3.62	3.53	3.14
消费占支出比	6.96	7.92	9.13	5.00	5.20	5.25	5.24	4.65
占收入比倍差	2.1878	3.1686	3.4784	1.9078	1.8489	2.0467	1.2265	1.1957
占支出比倍差	3.6297	4.9322	5.4859	2.8476	2.9734	3.2056	2.0668	2.0805

图6 2000年以来上海文化消费与投入同构占比倍差变动态势

左轴面积：文化消费占居民收入、总消费支出比（％），两项比值历年升降呈直观比例叠加。右轴曲线：文化消费占居民收入比与文化投入占财政收入比、文化消费占居民支出比与文化投入占财政支出比倍差指数（无差距＝1，保留4位小数检测细微差异）。标注各项倍差省域位次。

1. 文化消费与投入占收入比

2000～2018年，上海城乡居民文化消费占居民收入比从5.26%降低至3.14%。逐年比较，最高比值为2010年的6.65%，最低比值为2018年的3.14%。

对照本文图4，同期，上海文化投入占财政收入比上升0.22个百分点，2018年比值低于文化消费占居民收入比0.52个百分点。二者之间占比倍差由2.1878减小至1.1957，减小45.35%，省域间增减变化位次排序第1位，倍差指数高低（倒序）位次从第30位上升为第15位。

2. 文化消费与投入占支出比

2000～2018年，上海城乡居民文化消费占居民支出比从6.96%降低至4.65%。逐年比较，最高比值为2011年的9.44%，最低比值为2018年的4.65%。

对照本文图 4，同期，上海文化投入占财政支出比上升 0.31 个百分点，2018 年比值低于文化消费占居民支出比 2.42 个百分点。二者之间占比倍差由 3.6297 减小至 2.0805，减小 42.68%，省域间增减变化位次排序第 2 位，倍差指数高低（倒序）位次从第 31 位上升为第 10 位。

以上分析检测显示，2000 年以来，上海文化消费占居民收入比极显著下降，文化投入占财政收入比却较明显上升，二者同构占比倍差指数极显著减小；文化消费占居民支出比显著下降，文化投入占财政支出比却明显上升，二者同构占比倍差指数极显著减小。这意味着，上海公共文化投入增长占比变动滞后于居民文化消费需求变化态势的差距已经明显缩小。

三　2018年文化投入纵横向双重测评

综合以上分析，2000 年以来上海文化投入总量年均增长 16.65%，较明显高于全国平均增长 1.96 个百分点，人均值地区差缩小 3.75%；当地文化投入增长明显高于产值增长，也略微高于财政收入、财政支出增长；同时较明显高于教育投入增长，但显著低于科技投入增长，而略微高于卫生投入增长；文化投入占财政收入比略微低于文化消费占居民收入比，占财政支出比更较明显低于文化消费占居民支出比。

这些都集中体现在文化投入增长综合指数测评演算之中。2000 年以来上海文化投入增长综合指数变动态势见图 7。

（一）各年度理想值横向检测指数

以文化投入人均值地区无差距、文化消费与投入同构占比无差距状态为"理想值" 100，2018 年上海文化投入增长状况此项综合指数为 111.94，处于省域间第 5 位，高于无差距理想值 11.94%，但低于上年测评指数 19.92 个点。

	2000年	2005年	2010年	2014年	2015年	2016年	2017年	2018年
横向测评	109.16	106.15	95.55	91.72	98.71	94.78	131.86	111.94
纵向测评（1）	100.97	107.03	103.41	101.92	104.46	97.60	20.01	99.13
纵向测评（2）	100.00	126.16	160.10	199.98	222.31	223.07	307.45	292.66
纵向测评（3）	—	100.00	118.84	145.76	156.05	153.70	198.34	187.38
纵向测评（4）	—	—	100.00	119.78	127.07	122.93	156.82	144.52

图 7　2000 年以来上海文化投入增长综合指数变动态势

　　左轴柱形：左横向测评（无差距理想值＝100）；右纵向测评（1），上年＝100。右轴曲
线：纵向测评（起点年基数值＝100），（2）以 2000 年为起点，（3）以 2005 年为起点，（4）
以 2010 年为起点。标注横向测评、纵向测评（1）（2）省域排行，纵向测评（2）起点年
不计。

（二）2000年以来基数值纵向检测指数

　　以"九五"末年 2000 年为起点基数值 100，2018 年上海文化投入增长
状况此项综合指数为 292.66，处于省域间第 15 位，高出 2000 年起点基数
192.66%，但低于上年测评指数 14.79 个点。

（三）2005年以来基数值纵向检测指数

　　以"十五"末年 2005 年为起点基数值 100，2018 年上海文化投入增长
状况此项综合指数为 187.38，处于省域间第 11 位，高出 2005 年起点基数
87.38%，但低于上年测评指数 10.96 个点。

（四）2010年以来基数值纵向检测指数

以"十一五"末年2010年为起点基数值100，2018年上海文化投入增长状况此项综合指数为144.52，处于省域间第7位，高出2010年起点基数44.52%，但低于上年测评指数12.30个点。

（五）逐年度基数值纵向检测指数

以上一年2017年为起点基数值100，2018年上海文化投入增长状况此项综合指数为99.13，处于省域间第21位，低于2017年起点基数0.87%，也低于上年基于2016年基数值的测评指数20.88个点。

B.15
陕西：2000～2018年文化投入
指数提升度第5位

殷思华*

摘　要： 2000～2018年，陕西文化投入总量由7.60亿元增至126.11亿元，年均增长16.89%，较明显高于全国平均增长2.20个百分点。陕西综合评价排行：在省域横向测评中，处于2018年文化投入指数排名第10位；在自身纵向测评中，处于2000～2018年文化投入指数提升度第5位、2005～2018年文化投入指数提升度第5位、2010～2018年文化投入指数提升度第14位、2017～2018年文化投入指数提升度第18位。

关键词： 陕西　文化投入　综合评价

一　文化投入及其相关背景基本态势

（一）经济财政基本面背景状况

2000年以来陕西文化投入总量增长及相关背景关系态势见图1。

2000～2018年，陕西产值总量增长1254.67%，年均增长15.58%；财政收入总量增长1851.07%，年均增长17.95%；财政支出总量增长

---

* 殷思华，云南师范大学教育科学与管理学院讲师，主要从事文化教育学研究。

图1 2000年以来陕西文化投入总量增长及相关背景关系态势

左轴面积：本级财政预算赤字（中央财政税收返还和转移支付等，"财政包干"地区可为国债份额）、教科卫投入、文化投入、其他支出总量（亿元转换为%），(2) + (3) + (4) = 财政支出总量，(2) + (3) + (4) - (1) = 财政收入总量，各项数值呈直观比例。右轴柱形：产值总量（10亿元，增长演算取亿元）。

1851.15%，年均增长17.95%；教科文卫综合投入（图1中教科卫投入与文化投入之和，后同）总量增长2658.02%，年均增长20.24%；教科文卫综合投入之外财政支出统归为"其他支出"，其总量增长1642.48%，年均增长17.21%。

在此期间，陕西教科文卫综合投入总量年均增长高于产值年增4.66个百分点，高于财政收入年增2.29个百分点，高于财政支出年增2.29个百分点，高于其他支出年增3.03个百分点。

"十五"以来，陕西教科文卫建设作为公共服务的一个重要方面，确实处于一种极为特殊的优先发展地位。"十一五"以来，陕西教科文卫综合投入增长高于其他支出增长的情况更加明显。

（二）文化投入总量增长状况

2000 年以来陕西文化投入总量及相邻关系、占全国份额变动态势见图 2。

	2000年	2005年	2010年	2014年	2015年	2016年	2017年	2018年
卫生投入	8.29	21.70	156.66	313.45	369.38	381.66	418.27	455.31
文化投入	7.60	16.98	47.86	93.23	103.09	125.85	121.95	126.11
科技投入	1.49	2.40	25.25	44.86	57.28	62.01	79.34	87.22
教育投入	38.46	99.31	377.79	693.83	758.07	777.53	828.25	871.44
◆文化份额	2.53	2.41	3.10	3.46	3.35	3.98	3.60	3.56
文化年增	1.0357	1.2350	1.1705	0.9282	1.1057	1.2208	0.9690	1.0341

图 2 2000 年以来陕西文化投入总量及相邻关系、占全国份额变动态势

左轴面积：教、科、文、卫投入总量（亿元转换为%），各项数值呈直观比例。右轴曲线：文化投入年增指数（上年 = 1，小于 1 为负增长，保留 4 位小数，正文转换为 2 位小数增长百分比，后同）；文化投入占全国份额（%）。标注历年投入增长、份额省域位次。

2000~2018 年，陕西文化投入总量由 7.60 亿元增至 126.11 亿元，总增长 1559.34%，年均增长 16.89%，省域间增长位次排序第 5 位。其中，"十五"期间年增 17.44%，"十一五"期间年增 23.03%，"十二五"以来年均增长 12.87%。最高增长年度为 2012 年，增长 49.84%；最低增长年度为 2007 年，下降 8.40%。

相比之下，陕西文化投入总量年均增长高于产值年增 1.31 个百分点，其中"十五"期间高于产值年增 2.14 个百分点，"十一五"期间高于产值年增 0.57 个百分点，"十二五"以来高于产值年增 1.22 个百分点；同时低于财政收入年增 1.06 个百分点，其中"十五"期间低于财政收入年增 1.64 个百分点，"十一五"期间低于财政收入年增 5.30 个百分点，"十二五"以来高于财政收入年增 1.65 个百分点；低于财政支出年增 1.06 个百分点，其中"十五"期间低于财政支出年增 1.21 个百分点，"十一五"期间低于财政支出年增 5.24 个百分点，"十二五"以来高于财政支出年增 1.37 个百分点。

细致对比，陕西文化投入总量年均增长低于教科卫三项投入年增 3.75 个百分点，其中"十五"期间低于教科卫投入年增 3.23 个百分点，"十一五"期间低于教科卫投入年增 12.27 个百分点，"十二五"以来高于教科卫投入年增 0.59 个百分点。在 2000 年以来陕西教科文卫综合投入优先高增长当中，文化投入增长处于严重失衡状态。从图 2 亦可清楚、直观地看出，文化投入所占面积呈逐渐收窄之势，表明其在教科文卫综合投入中的比例份额持续降低。

与此同时，全国文化投入总量增长 1078.15%，年增 14.69%。2000 年以来，陕西文化投入总量年均增长高于全国年增 2.20 个百分点，占全国份额从 2000 年的 2.53% 上升至 2018 年的 3.56%，省域间份额位次从第 18 位上升为第 9 位。

（三）人均值增长及其地区差变动状况

2000 年以来陕西文化投入人均值及其地区差变动态势见图 3。

2000～2018 年，陕西文化投入人均值由 20.94 元增至 327.60 元，总增长 1464.47%，年均增长 16.51%，省域间增长位次排序第 5 位。其中，"十五"期间年增 16.91%，"十一五"期间年增 22.76%，"十二五"以来年均增长 12.52%。最高增长年度为 2012 年，增长 49.48%；最低增长年度为 2007 年，下降 8.75%。

与此同时，全国文化投入人均值总增长 968.21%，年均增长 14.06%。2000 年以来，陕西文化投入人均值年均增长高于全国年增 2.45

图3 2000年以来陕西文化投入人均值及其地区差变动态势

左轴面积：本地、全国文化投入人均值（元转换为%），二者历年变动呈直观比例。右轴曲线：本地人均值年增指数（上年=1，小于1为负增长，由于历年人口增长，人均值年增指数略低于总量年增指数）；本地人均值地区差指数（无差距=1，保留4位小数检测细微差异）。标注人均值及其地区差省域位次。

个百分点，人均绝对数值从2000年为全国人均值的88.06%上升至2018年为全国人均值的128.97%，省域间人均绝对值高低位次从第19位上升为第9位。

同期，陕西文化投入人均值地区差由1.1194扩大至1.2897，扩大15.21%，省域间地区差扩减变化位次排序第21位，地区差指数大小（倒序）位次从第8位下降为第12位。其中，"十五"期间扩大2.93%，"十一五"期间缩小4.04%，"十二五"以来地区差扩大16.64%。最小地区差为2006年的1.0090，最大地区差为2012年的1.4586。

据既往历年动态推演测算，2020年陕西公共文化投入人均值地区差将为1.3455，相比当前较明显扩增；2035年陕西公共文化投入人均值地区差将为1.8491，相比当前继续极显著扩增。这是长期预测的理论演算值，基于既往增长态势合理推演供参考。

二　文化投入相关协调性态势

（一）相关背景变动状况

2000年以来陕西文化投入相关背景比值变动态势见图4。

	2000年	2005年	2010年	2014年	2015年	2016年	2017年	2018年
□文化投入与产值比	0.4215	0.4502	0.4699	0.5270	0.5720	0.6487	0.5569	0.5161
▨文化投入占财政收入比	6.6139	6.1678	4.9947	4.9319	5.0045	6.8621	6.0771	5.6220
▨文化投入占财政支出比	2.7981	2.6576	2.1570	2.3529	2.3558	2.8672	2.5232	2.3783

图4　2000年以来陕西文化投入相关背景比值变动态势

左轴面积：文化投入与产值比、占财政收入和支出比（％），各项比值历年升降呈直观比例。比值过小保留4位小数演算，正文按惯例保留2位小数。标注各项比值省域位次。

1. 文化投入与产值比

2000～2018年，陕西文化投入总量年均增长高于产值年增1.31个百分点，其中"十五"期间年增偏高2.14个百分点，"十一五"期间年增偏高0.57个百分点，"十二五"以来年均增长偏高1.22个百分点。基于二者历年不同增长，陕西文化投入与产值比从0.42％增高至0.52％，上升0.1个百分点，省域间升降变化位次排序第18位。由于各地不同变动，陕西比值高低位次从第8位下降为第11位。最高比值为2016年的0.65％，最低比值为 2007 年的 0.40%。

2. 文化投入占财政收入比

2000~2018 年，陕西文化投入总量年均增长低于财政收入年增 1.06 个百分点，其中"十五"期间年增偏低 1.64 个百分点，"十一五"期间年增偏低 5.30 个百分点，"十二五"以来年均增长偏高 1.65 个百分点。基于二者历年不同增长，陕西文化投入占财政收入比从 6.61% 降低至 5.62%，下降 0.99 个百分点，省域间升降变化位次排序第 10 位，比值高低位次前后保持在第 7 位。最高比值为 2002 年的 7.34%，最低比值为 2011 年的 4.08%。

3. 文化投入占财政支出比

2000~2018 年，陕西文化投入总量年均增长低于财政支出年增 1.06 个百分点，其中"十五"期间年增偏低 1.21 个百分点，"十一五"期间年增偏低 5.24 个百分点，"十二五"以来年均增长偏高 1.37 个百分点。基于二者历年不同增长，陕西文化投入占财政支出比从 2.80% 降低至 2.38%，下降 0.42 个百分点，省域间升降变化位次排序第 5 位。由于各地不同变动，陕西比值高低位次从第 11 位上升为第 3 位。最高比值为 2003 年的 2.90%，最低比值为 2007 年的 2.06%。

（二）相邻关系变动状况

2000 年以来陕西文化投入相邻关系比值变动态势见图 5。

1. 文化投入与教育投入比

2000~2018 年，陕西文化投入总量年均增长低于教育投入年增 2.04 个百分点，其中"十五"期间年增偏低 3.45 个百分点，"十一五"期间年增偏低 7.60 个百分点，"十二五"以来年均增长偏高 1.86 个百分点。基于二者历年不同增长，陕西文化投入与教育投入比从 19.77% 降低至 14.47%，下降 5.30 个百分点，省域间升降变化位次排序第 9 位，比值高低位次从第 5 位下降为第 7 位。最高比值为 2000 年的 19.77%，最低比值为 2011 年的 11.57%。

图5 2000年以来陕西文化投入相邻关系比值变动态势

左轴面积：文化投入与教育、科技、卫生投入比（％），各项比值历年升降呈直观比例。标注各项比值省域位次。

2. 文化投入与科技投入比

2000～2018年，陕西文化投入总量年均增长低于科技投入年增8.48个百分点，其中"十五"期间年增偏高7.44个百分点，"十一五"期间年增偏低37.08个百分点，"十二五"以来年均增长偏低3.89个百分点。基于二者历年不同增长，陕西文化投入与科技投入比从510.27%降低至144.58%，下降365.69个百分点，省域间升降变化位次排序第14位，比值高低位次从第9位下降为第10位。最高比值为2006年的838.15%，最低比值为2018年的144.58%。

3. 文化投入与卫生投入比

2000～2018年，陕西文化投入总量年均增长低于卫生投入年增8.04个百分点，其中"十五"期间年增偏低3.78个百分点，"十一五"期间年增偏低25.46个百分点，"十二五"以来年均增长偏低1.40个百分点。基于二者历年不同增长，陕西文化投入与卫生投入比从91.74%降低为27.70%，下降64.04个百分点，省域间升降变化位次排序第20位，比值高低位次从

279

第1位下降为第7位。最高比值为2000年的91.74%，最低比值为2018年的27.70%。

（三）同构占比变动状况

2000年以来陕西文化消费与投入同构占比倍差变动态势见图6。

	2000年	2005年	2010年	2014年	2015年	2016年	2017年	2018年
消费占收入比	3.72	4.19	4.84	4.03	3.81	3.88	3.59	3.21
消费占支出比	4.40	4.99	6.08	5.27	5.11	5.31	5.03	4.54
占收入比倍差	1.4370	1.3206	1.0310	1.1831	1.2380	1.4347	1.4099	1.4293
占支出比倍差	1.5718	1.8762	2.8206	2.2382	2.1700	1.8515	1.9949	1.9085

图6　2000年以来陕西文化消费与投入同构占比倍差变动态势

左轴面积：文化消费占居民收入、总消费支出比（%），两项比值历年升降呈直观比例叠加。右轴曲线：文化消费占居民收入比与文化投入占财政收入比、文化消费占居民支出比与文化投入占财政支出比倍差指数（无差距=1，保留4位小数检测细微差异）。标注各项倍差省域位次。

1. 文化消费与投入占收入比

2000～2018年，陕西城乡居民文化消费占居民收入比从3.72%降低至3.21%。逐年比较，最高比值为2013年的5.05%，最低比值为2018年的3.21%。

对照本文图4，同期，陕西文化投入占财政收入比下降0.99个百分点，2018年比值高于文化消费占居民收入比2.41个百分点。二者之间占比倍差由 1.4370 减小至 1.4293，减小 0.54%，省域间增减变化位次排序第 23 位。由于各地不同变动，陕西倍差指数高低（倒序）位次从第 14 位下降为第 26 位。

2. 文化消费与投入占支出比

2000～2018 年，陕西城乡居民文化消费占居民支出比从 4.40% 增高至 4.54%。逐年比较，最高比值为 2013 年的 6.62%，最低比值为 2001 年的 4.11%。

对照本文图 4，同期，陕西文化投入占财政支出比下降 0.42 个百分点，2018 年比值低于文化消费占居民支出比 2.16 个百分点。二者之间占比倍差由 1.5718 增大至 1.9085，增大 21.42%，省域间增减变化位次排序第 8 位。由于各地不同变动，陕西倍差指数高低（倒序）位次从第 18 位上升为第 6 位。

以上分析检测显示，2000 年以来，陕西文化消费占居民收入比明显下降，文化投入占财政收入比也明显下降，二者同构占比倍差指数略微减小；文化消费占居民支出比略微上升，文化投入占财政支出比却明显下降，二者同构占比倍差指数显著增大。这意味着，陕西公共文化投入增长占比变动滞后于居民文化消费需求变化态势的差距已有部分缩小。

三 2018年文化投入纵横向双重测评

综合以上分析，2000 年以来陕西文化投入总量年均增长 16.89%，较明显高于全国平均增长 2.20 个百分点，人均值地区差扩大 15.21%；当地文化投入增长较明显高于产值增长，但较明显低于财政收入、财政支出增长；同时较明显低于教育投入增长，也显著低于科技、卫生投入增长；文化投入占财政收入比较明显高于文化消费占居民收入比，占财政支出比却较明显低于文化消费占居民支出比。

这些都集中体现在文化投入增长综合指数测评演算之中。2000 年以来陕西文化投入增长综合指数变动态势见图 7。

	2000年	2005年	2010年	2014年	2015年	2016年	2017年	2018年
横向测评	96.72	95.91	101.18	97.27	99.56	108.29	98.10	100.20
纵向测评(1)	95.85	106.08	100.23	99.71	102.80	105.39	99.15	99.88
纵向测评(2)	100.00	122.13	198.98	306.08	332.31	388.26	372.82	383.10
纵向测评(3)	—	100.00	135.28	182.21	195.82	222.49	212.89	217.96
纵向测评(4)	—	—	100.00	115.25	122.33	134.73	127.49	130.41

图 7　2000 年以来陕西文化投入增长综合指数变动态势

左轴柱形：左横向测评（无差距理想值＝100）。右纵向测评（1），上年＝100。右轴曲线：纵向测评（起点年基数值＝100），（2）以 2000 年为起点，（3）以 2005 年为起点，（4）以 2010 年为起点。标注横向测评、纵向测评（1）（2）省域排行，纵向测评（2）起点年不计。

（一）各年度理想值横向检测指数

以文化投入人均值地区无差距、文化消费与投入同构占比无差距状态为"理想值"100，2018 年陕西文化投入增长状况此项综合指数为 100.20，处于省域间第 10 位，高于无差距理想值 0.20%，也高于上年测评指数 2.10 个点。

（二）2000 年以来基数值纵向检测指数

以"九五"末年 2000 年为起点基数值 100，2018 年陕西文化投入增长状况此项综合指数为 383.10，处于省域间第 5 位，高出 2000 年起点基数 283.10%，也高出上年测评指数 10.28 个点。

（三）2005年以来基数值纵向检测指数

以"十五"末年2005年为起点基数值100，2018年陕西文化投入增长状况此项综合指数为217.96，处于省域间第5位，高出2005年起点基数117.96%，也高出上年测评指数5.07个点。

（四）2010年以来基数值纵向检测指数

以"十一五"末年2010年为起点基数值100，2018年陕西文化投入增长状况此项综合指数为130.41，处于省域间第14位，高出2010年起点基数30.41%，也高出上年测评指数2.92个点。

（五）逐年度基数值纵向检测指数

以上一年2017年为起点基数值100，2018年陕西文化投入增长状况此项综合指数为99.88，处于省域间第18位，低于2017年起点基数0.12%，但高出上年基于2016年基数值的测评指数0.73个点。

B.16

福建：2010～2018年文化投入
指数提升度第5位

刘娟娟*

摘　要：　2000～2018年，福建文化投入总量由10.05亿元增至84.73亿
元，年均增长12.57%，较明显低于全国平均增长2.12个百分
点。福建综合评价排行：在省域横向测评中，处于2018年文化
投入指数排名第18位；在自身纵向测评中，处于2000～2018
年文化投入指数提升度第26位、2005～2018年文化投入指数
提升度第24位、2010～2018年文化投入指数提升度第5位、
2017～2018年文化投入指数提升度第27位。

关键词：　福建　文化投入　综合评价

一　文化投入及其相关背景基本态势

（一）经济财政基本面背景状况

2000年以来福建文化投入总量增长及相关背景关系态势见图1。

2000～2018年，福建产值总量增长851.10%，年均增长13.33%；财政
收入总量增长1184.61%，年均增长15.24%；财政支出总量增长

---

*　刘娟娟，云南农业职业技术学院工程学院讲师，主要从事民族文化研究。

	2000年	2005年	2010年	2014年	2015年	2016年	2017年	2018年
□ (1)预算赤字	90.08	160.47	543.60	944.48	1457.34	1620,57	1875.12	1825.28
▨ (2)教科卫投入	81.23	142.12	477.66	994.13	1185.30	1246.97	1362.08	1482.01
▩ (3)文化投入	10.05	19.34	27.10	64.18	84.82	81.26	87.34	84.73
■ (4)其他支出	232.91	431.61	1190.33	2248.39	2731.46	2947.17	3234.73	3265.95
⬚ (5)产值总量	376.45	656.89	1473.71	2405.58	2597.98	2881.06	3218.21	3580.40

图1 2000年以来福建文化投入总量增长及相关背景关系态势

左轴面积：本级财政预算赤字（中央财政税收返还和转移支付等，"财政包干"地区可为国债份额）、教科卫投入、文化投入、其他支出总量（亿元转换为%），(2) + (3) + (4) = 财政支出总量，(2) + (3) + (4) - (1) = 财政收入总量，各项数值呈直观比例。右轴柱形：产值总量（10亿元，增长演算取亿元）。

1390.74%，年均增长16.20%；教科文卫综合投入（图1中教科卫投入与文化投入之和，后同）总量增长1616.41%，年均增长17.11%；教科文卫综合投入之外财政支出统归为"其他支出"，其总量增长1302.24%，年均增长15.80%。

在此期间，福建教科文卫综合投入总量年均增长高于产值年增3.78个百分点，高于财政收入年增1.87个百分点，高于财政支出年增0.91个百分点，高于其他支出年增1.31个百分点。

"十五"以来，福建教科文卫建设作为公共服务的一个重要方面，确实处于一种极为特殊的优先发展地位。"十一五"以来，福建教科文卫综合投入增长高于其他支出增长的情况更加明显。

（二）文化投入总量增长状况

2000 年以来福建文化投入总量及相邻关系、占全国份额变动态势见图 2。

	2000年	2005年	2010年	2014年	2015年	2016年	2017年	2018年
■卫生投入	16.14	25.93	117.58	292.14	351.19	377.58	420.44	441.70
■文化投入	10.05	19.34	27.10	64.18	84.82	81.26	87.34	84.73
▨科技投入	3.12	4.68	32.31	67.40	76.60	80.28	99.44	115.25
□教育投入	61.97	111.51	327.77	634.60	757.51	789.11	842.21	925.06
◆文化份额	3.35	2.75	1.76	2.38	2.76	2.57	2.57	2.39
■文化年增	1.0299	1.1991	1.0516	1.1088	1.3216	0.9580	1.0748	0.9701

图 2　2000 年以来福建文化投入总量及相邻关系、占全国份额变动态势

左轴面积：教、科、文、卫投入总量（亿元转换为%），各项数值呈直观比例。右轴曲线：文化投入年增指数（上年 = 1，小于 1 为负增长，保留 4 位小数，正文转换为 2 位小数增长百分比，后同）；文化投入占全国份额（%）。标注历年投入增长、份额省域位次。

2000～2018 年，福建文化投入总量由 10.05 亿元增至 84.73 亿元，总增长 743.08%，年均增长 12.57%，省域间增长位次排序第 27 位。其中，"十五"期间年增 13.99%，"十一五"期间年增 6.98%，"十二五"以来年均增长 15.31%。最高增长年度为 2011 年，增长 32.32%；最低增长年度为 2007 年，下降 23.74%。

相比之下，福建文化投入总量年均增长低于产值年增 0.76 个百分点，其中"十五"期间高于产值年增 2.21 个百分点，"十一五"期间低于产值年增 10.56 个百分点，"十二五"以来高于产值年增 3.57 个百分点；同时低于财政收入年增 2.67 个百分点，其中"十五"期间高于财政收入年增 0.92 个百分点，"十一五"期间低于财政收入年增 14.65 个百分点，"十二五"以来高于财政收入年增 2.56 个百分点；低于财政支出年增 3.63 个百分点，其中"十五"期间高于财政支出年增 1.15 个百分点，"十一五"期间低于财政支出年增 16.39 个百分点，"十二五"以来高于财政支出年增 1.32 个百分点。

细致对比，福建文化投入总量年均增长低于教科卫三项投入年增 4.94 个百分点，其中"十五"期间高于教科卫投入年增 2.15 个百分点，"十一五"期间低于教科卫投入年增 20.46 个百分点，"十二五"以来高于教科卫投入年增 0.11 个百分点。在 2000 年以来福建教科文卫综合投入优先高增长当中，文化投入增长处于严重失衡状态。从图 2 亦可清楚、直观地看出，文化投入所占面积呈逐渐收窄之势，表明其在教科文卫综合投入中的比例份额持续降低。

与此同时，全国文化投入总量增长 1078.15%，年增 14.69%。2000 年以来，福建文化投入总量年均增长低于全国年增 2.12 个百分点，占全国份额从 2000 年的 3.35% 下降至 2018 年的 2.39%，省域间份额位次从第 11 位下降为第 15 位。

（三）人均值增长及其地区差变动状况

2000 年以来福建文化投入人均值及其地区差变动态势见图 3。

2000~2018 年，福建文化投入人均值由 29.88 元增至 215.82 元，总增长 622.29%，年均增长 11.61%，省域间增长位次排序第 27 位。其中，"十五"期间年增 12.93%，"十一五"期间年增 6.17%，"十二五"以来年均增长 14.31%。最高增长年度为 2015 年，增长 31.04%；最低增长年度为 2007 年，下降 24.23%。

与此同时，全国文化投入人均值总增长 968.21%，年均增长 14.06%。

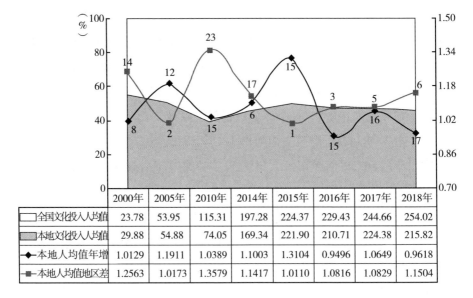

	2000年	2005年	2010年	2014年	2015年	2016年	2017年	2018年
全国文化投入人均值	23.78	53.95	115.31	197.28	224.37	229.43	244.66	254.02
本地文化投入人均值	29.88	54.88	74.05	169.34	221.90	210.71	224.38	215.82
本地人均值年增	1.0129	1.1911	1.0389	1.1003	1.3104	0.9496	1.0649	0.9618
本地人均值地区差	1.2563	1.0173	1.3579	1.1417	1.0110	1.0816	1.0829	1.1504

图3　2000年以来福建文化投入人均值及其地区差变动态势

左轴面积：本地、全国文化投入人均值（元转换为%），二者历年变动呈直观比例。右轴曲线：本地人均值年增指数（上年=1，小于1为负增长，由于历年人口增长，人均值年增指数略低于总量年增指数）；本地人均值地区差指数（无差距=1，保留4位小数检测细微差异）。标注人均值及其地区差省域位次。

2000年以来，福建文化投入人均值年均增长低于全国年增2.45个百分点，人均绝对数值从2000年为全国人均值的125.65%下降至2018年为全国人均值的84.96%，省域间人均绝对值高低位次从第8位下降为第17位。

同期，福建文化投入人均值地区差由1.2563缩小至1.1504，缩小8.43%，省域间地区差扩减变化位次排序第7位，地区差指数大小（倒序）位次从第14位上升为第6位。其中，"十五"期间缩小19.02%，"十一五"期间扩大33.48%，"十二五"以来地区差缩小15.28%。最小地区差为2015年的1.0110，最大地区差为2010年的1.3579。

据既往历年动态推演测算，2020年福建公共文化投入人均值地区差将为1.1865，相比当前略微扩增；2035年福建公共文化投入人均值地区差将为1.4128，相比当前继续显著扩增。这是长期预测的理论演算值，基于既往增长态势合理推演供参考。

二　文化投入相关协调性态势

（一）相关背景变动状况

2000年以来福建文化投入相关背景比值变动态势见图4。

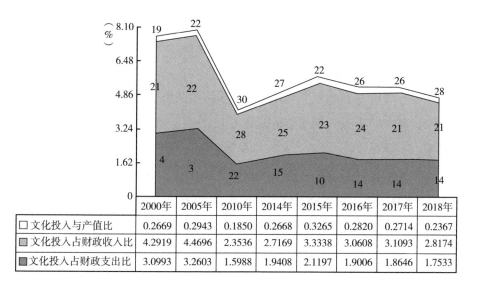

	2000年	2005年	2010年	2014年	2015年	2016年	2017年	2018年
□ 文化投入与产值比	0.2669	0.2943	0.1850	0.2668	0.3265	0.2820	0.2714	0.2367
▨ 文化投入占财政收入比	4.2919	4.4696	2.3536	2.7169	3.3338	3.0608	3.1093	2.8174
▨ 文化投入占财政支出比	3.0993	3.2603	1.5988	1.9408	2.1197	1.9006	1.8646	1.7533

图4　2000年以来福建文化投入相关背景比值变动态势

左轴面积：文化投入与产值比、占财政收入和支出比（％），各项比值历年升降呈直观比例。比值过小保留4位小数演算，正文按惯例保留2位小数。标注各项比值省域位次。

1. 文化投入与产值比

2000～2018年，福建文化投入总量年均增长低于产值年增0.76个百分点，其中"十五"期间年增偏高2.21个百分点，"十一五"期间年增偏低10.56个百分点，"十二五"以来年均增长偏高3.57个百分点。基于二者历年不同增长，福建文化投入与产值比从0.27%降低至0.24%，下降0.03个百分点，省域间升降变化位次排序第28位，比值高低位次从第19位下降为第28位。最高比值为2015年的0.33%，最低比值为2010年的0.19%。

2. 文化投入占财政收入比

2000～2018 年，福建文化投入总量年均增长低于财政收入年增 2.67 个百分点，其中"十五"期间年增偏高 0.92 个百分点，"十一五"期间年增偏低 14.65 个百分点，"十二五"以来年均增长偏高 2.56 个百分点。基于二者历年不同增长，福建文化投入占财政收入比从 4.29% 降低至 2.82%，下降 1.47 个百分点，省域间升降变化位次排序第 22 位，比值高低位次前后保持在第 21 位。最高比值为 2004 年的 4.83%，最低比值为 2010 年的 2.35%。

3. 文化投入占财政支出比

2000～2018 年，福建文化投入总量年均增长低于财政支出年增 3.63 个百分点，其中"十五"期间年增偏高 1.15 个百分点，"十一五"期间年增偏低 16.39 个百分点，"十二五"以来年均增长偏高 1.32 个百分点。基于二者历年不同增长，福建文化投入占财政支出比从 3.10% 降低至 1.75%，下降 1.35 个百分点，省域间升降变化位次排序第 22 位，比值高低位次从第 4 位下降为第 14 位。最高比值为 2006 年的 3.29%，最低比值为 2010 年的 1.60%。

（二）相邻关系变动状况

2000 年以来福建文化投入相邻关系比值变动态势见图 5。

1. 文化投入与教育投入比

2000～2018 年，福建文化投入总量年均增长低于教育投入年增 3.63 个百分点，其中"十五"期间年增偏高 1.52 个百分点，"十一五"期间年增偏低 17.09 个百分点，"十二五"以来年均增长偏高 1.46 个百分点。基于二者历年不同增长，福建文化投入与教育投入比从 16.21% 降低至 9.16%，下降 7.05 个百分点，省域间升降变化位次排序第 21 位，比值高低位次前后保持在第 20 位。最高比值为 2006 年的 17.61%，最低比值为 2012 年的 8.19%。

	2000年	2005年	2010年	2014年	2015年	2016年	2017年	2018年
□ 文化投入与教育投入比	16.21	17.34	8.27	10.11	11.20	10.30	10.37	9.16
▨ 文化投入与科技投入比	321.72	413.27	83.89	95.23	110.73	101.22	87.83	73.52
▩ 文化投入与卫生投入比	62.25	74.57	23.05	21.97	24.15	21.52	20.77	19.18

图5　2000年以来福建文化投入相邻关系比值变动态势

左轴面积：文化投入与教育、科技、卫生投入比（％），各项比值历年升降呈直观比例。标注各项比值省域位次。

2. 文化投入与科技投入比

2000~2018年，福建文化投入总量年均增长低于科技投入年增9.63个百分点，其中"十五"期间年增偏高5.54个百分点，"十一五"期间年增偏低40.19个百分点，"十二五"以来年均增长偏低1.92个百分点。基于二者历年不同增长，福建文化投入与科技投入比从321.72%降低至73.52%，下降248.20个百分点，省域间升降变化位次排序第18位。由于各地不同变动，福建比值高低位次从第25位上升为第17位。最高比值为2006年的458.54%，最低比值为2018年的73.52%。

3. 文化投入与卫生投入比

2000~2018年，福建文化投入总量年均增长低于卫生投入年增7.61个百分点，其中"十五"期间年增偏高4.04个百分点，"十一五"期间年增偏低28.32个百分点，"十二五"以来年均增长偏低2.68个百分点。基于二者历年不同增长，福建文化投入与卫生投入比从62.25%降低为19.18%，下降43.07个百分点，省域间升降变化位次排序第19位，比值高低位次从第 11 位下降为第 20 位。最高比值为 2005 年的 74.57%，最低比值为 2018 年的 19.18%。

（三）同构占比变动状况

2000 年以来福建文化消费与投入同构占比倍差变动态势见图 6。

	2000年	2005年	2010年	2014年	2015年	2016年	2017年	2018年
消费占收入比	2.73	3.83	4.61	3.19	3.09	2.97	2.67	2.49
消费占支出比	3.62	5.31	6.67	4.23	4.17	4.09	3.80	3.56
占收入比倍差	1.3640	1.1426	1.9606	1.1731	1.0745	1.0285	1.1408	1.1166
占支出比倍差	1.1685	1.6294	4.1687	2.1780	1.9694	2.1523	2.0401	2.0295

图 6 2000 年以来福建文化消费与投入同构占比倍差变动态势

左轴面积：文化消费占居民收入、总消费支出比（%），两项比值历年升降呈直观比例叠加。右轴曲线：文化消费占居民收入比与文化投入占财政收入比、文化消费占居民支出比与文化投入占财政支出比倍差指数（无差距 =1，保留 4 位小数检测细微差异）。标注各项倍差省域位次。

1. 文化消费与投入占收入比

2000～2018 年，福建城乡居民文化消费占居民收入比从 2.73% 降低至 2.49%。逐年比较，最高比值为 2010 年的 4.61%，最低比值为 2018 年的 2.49%。

对照本文图 4，同期，福建文化投入占财政收入比下降 1.47 个百分点，2018 年比值高于文化消费占居民收入比 0.33 个百分点。二者之间占比倍差由 1.3640 减小至 1.1166，减小 18.14%，省域间增减变化位次排序第 12 位，倍差指数高低（倒序）位次从第 10 位上升为第 8 位。

2. 文化消费与投入占支出比

2000～2018 年，福建城乡居民文化消费占居民支出比从 3.62% 降低至 3.56%。逐年比较，最高比值为 2010 年的 6.67%，最低比值为 2001 年的 3.42%。

对照本文图 4，同期，福建文化投入占财政支出比下降 1.35 个百分点，2018 年比值低于文化消费占居民支出比 1.81 个百分点。二者之间占比倍差由 1.1685 增大至 2.0295，增大 73.68%，省域间增减变化位次排序第 18 位，倍差指数高低（倒序）位次从第 1 位下降为第 9 位。

以上分析检测显示，2000 年以来，福建文化消费占居民收入比较明显下降，文化投入占财政收入比也显著下降，二者同构占比倍差指数明显减小；文化消费占居民支出比略微下降，文化投入占财政支出比也极显著下降，二者同构占比倍差指数极显著增大。这意味着，福建公共文化投入增长占比变动滞后于居民文化消费需求变化态势的差距已有部分缩小。

三 2018年文化投入纵横向双重测评

综合以上分析，2000 年以来福建文化投入总量年均增长 12.57%，较明显低于全国平均增长 2.12 个百分点，人均值地区差缩小 8.43%；当地文化投入增长略微低于产值增长，也较明显低于财政收入增长，亦明显低于财政支出增长；同时明显低于教育投入增长，也显著低于科技、卫生投入增长；文化投入占财政收入比略微高于文化消费占居民收入比，占财政支出比却较明显低于文化消费占居民支出比。

这些都集中体现在文化投入增长综合指数测评演算之中。2000 年以来福建文化投入增长综合指数变动态势见图 7。

图7 2000年以来福建文化投入增长综合指数变动态势

左轴柱形：左横向测评（无差距理想值＝100）；右纵向测评（1），上年＝100。右轴曲线：纵向测评（起点年基数值＝100），（2）以2000年为起点，（3）以2005年为起点，（4）以2010年为起点。标注横向测评、纵向测评（1）（2）省域排行，纵向测评（2）起点年不计。

（一）各年度理想值横向检测指数

以文化投入人均值地区无差距、文化消费与投入同构占比无差距状态为"理想值"100，2018年福建文化投入增长状况此项综合指数为87.71，处于省域间第18位，低于无差距理想值12.29%，也低于上年测评指数5.74个点。

（二）2000年以来基数值纵向检测指数

以"九五"末年2000年为起点基数值100，2018年福建文化投入增长状况此项综合指数为218.66，处于省域间第26位，高出2000年起点基数118.66%，但低于上年测评指数10.25个点。

（三）2005年以来基数值纵向检测指数

以"十五"末年2005年为起点基数值100，2018年福建文化投入增长状况此项综合指数为144.63，处于省域间第24位，高出2005年起点基数44.63%，但低于上年测评指数7.25个点。

（四）2010年以来基数值纵向检测指数

以"十一五"末年2010年为起点基数值100，2018年福建文化投入增长状况此项综合指数为153.30，处于省域间第5位，高出2010年起点基数53.30%，但低于上年测评指数8.19个点。

（五）逐年度基数值纵向检测指数

以上一年2017年为起点基数值100，2018年福建文化投入增长状况此项综合指数为93.98，处于省域间第27位，低于2017年起点基数6.02%，也低于上年基于2016年基数值的测评指数6.88个点。

B.17
内蒙古：2005~2018年文化投入
指数提升度第6位

喻安纳 *

摘　要： 2000~2018 年，内蒙古文化投入总量由 6.61 亿元增至 109.27 亿元，年均增长 16.86%，较明显高于全国平均增长 2.17 个百分点。内蒙古综合评价排行：在省域横向测评中，处于 2018 年文化投入指数排名第 7 位；在自身纵向测评中，处于 2000~2018 年文化投入指数提升度第 7 位、2005~2018 年文化投入指数提升度第 6 位、2010~2018 年文化投入指数提升度第 15 位、2017~2018 年文化投入指数提升度第 11 位。

关键词： 内蒙古　文化投入　综合评价

一　文化投入及其相关背景基本态势

（一）经济财政基本面背景状况

2000 年以来内蒙古文化投入总量增长及相关背景关系态势见图 1。
2000~2018 年，内蒙古产值总量增长 1023.33%，年均增长 14.38%；

---

* 喻安纳，云南广电网络集团视讯业务事业部总编室主管、助理编辑，主要从事新媒体运维研究。

表格数据：

	2000年	2005年	2010年	2014年	2015年	2016年	2017年	2018年
□（1）预算赤字	152.24	404.42	1203.53	2036.31	2288.48	2496.28	2826.72	2973.81
▨（2）教科卫投入	40.06	101.45	464.22	738.42	829.40	871.98	919.00	918.00
▦（3）文化投入	6.61	14.90	52.96	91.90	95.81	89.25	116.79	109.27
■（4）其他支出	200.60	565.53	1756.33	3049.66	3327.75	3551.48	3494.13	3804.19
⸬（5）产值总量	153.91	389.56	1167.20	1777.02	1783.15	1812.81	1609.62	1728.92

图1　2000年以来内蒙古文化投入总量增长及相关背景关系态势

左轴面积：本级财政预算赤字（中央财政税收返还和转移支付等，"财政包干"地区可为国债份额）、教科卫投入、文化投入、其他支出总量（亿元转换为%），（2）＋（3）＋（4）＝财政支出总量，（2）＋（3）＋（4）－（1）＝财政收入总量，各项数值呈直观比例。右轴柱形：产值总量（10亿元，增长演算取亿元）。

财政收入总量增长1854.80%，年均增长17.96%；财政支出总量增长1853.92%，年均增长17.96%；教科文卫综合投入（图1中教科卫投入与文化投入之和，后同）总量增长2101.14%，年均增长18.74%；教科文卫综合投入之外财政支出统归为"其他支出"，其总量增长1796.41%，年均增长17.76%。

在此期间，内蒙古教科文卫综合投入总量年均增长高于产值年增4.36个百分点，高于财政收入年增0.78个百分点，高于财政支出年增0.78个百分点，高于其他支出年增0.98个百分点。

"十五"以来，内蒙古教科文卫建设作为公共服务的一个重要方面，确实处于一种极为特殊的优先发展地位。"十一五"以来，内蒙古教科文卫综合投入增长高于其他支出增长的情况更加明显。

（二）文化投入总量增长状况

2000 年以来内蒙古文化投入总量及相邻关系、占全国份额变动态势见图 2。

	2000年	2005年	2010年	2014年	2015年	2016年	2017年	2018年
■ 卫生投入	9.11	20.88	120.72	227.78	257.15	284.63	323.48	315.62
▨ 文化投入	6.61	14.90	52.96	91.90	95.81	89.25	1116.79	109.27
▤ 科技投入	1.20	1.90	21.39	32.87	35.72	32.38	33.67	26.05
□ 教育投入	29.75	78.66	322.11	477.77	536.53	554.97	561.85	576.33
◆ 文化份额	2.20	2.12	3.43	3.41	3.11	2.82	3.44	3.09
■ 文化年增	1.0643	1.1655	1.1189	1.0438	1.0425	0.9315	1.3086	0.9356

图 2 2000 年以来内蒙古文化投入总量及相邻关系、占全国份额变动态势

左轴面积：教、科、文、卫投入总量（亿元转换为%），各项数值呈直观比例。右轴曲线：文化投入年增指数（上年＝1，小于 1 为负增长，保留 4 位小数，正文转换为 2 位小数增长百分比，后同）；文化投入占全国份额（%）。标注历年投入增长、份额省域位次。

2000～2018 年，内蒙古文化投入总量由 6.61 亿元增至 109.27 亿元，总增长 1553.10%，年均增长 16.86%，省域间增长位次排序第 6 位。其中，"十五"期间年增 17.65%，"十一五"期间年增 28.87%，"十二五"以来年均增长 9.48%。最高增长年度为 2009 年，增长 49.67%；最低增长年度为 2016 年，下降 6.85%。

相比之下，内蒙古文化投入总量年均增长高于产值年增 2.48 个百分点，其中"十五"期间低于产值年增2.76个百分点，"十一五"期间高于产值年增4.33个百分点，"十二五"以来高于产值年增4.45个百分点；同时低于财政收入年增1.10个百分点，其中"十五"期间低于财政收入年增6.25个百分点，"十一五"期间低于财政收入年增2.12个百分点，"十二五"以来高于财政收入年增2.34个百分点；低于财政支出年增1.10个百分点，其中"十五"期间低于财政支出年增4.84个百分点，"十一五"期间高于财政支出年增1.64个百分点，"十二五"以来低于财政支出年增0.40个百分点。

细致对比，内蒙古文化投入总量年均增长低于教科卫三项投入年增2.14个百分点，其中"十五"期间低于教科卫投入年增2.77个百分点，"十一五"期间低于教科卫投入年增6.68个百分点，"十二五"以来高于教科卫投入年增0.58个百分点。在2000年以来内蒙古教科文卫综合投入优先高增长当中，文化投入增长处于明显失衡状态。从图2亦可清楚、直观地看出，文化投入所占面积呈逐渐收窄之势，表明其在教科文卫综合投入中的比例份额持续降低。

与此同时，全国文化投入总量增长1078.15%，年增14.69%。2000年以来，内蒙古文化投入总量年均增长高于全国年增2.17个百分点，占全国份额从2000年的2.20%上升至2018年的3.09%，省域间份额位次从第19位上升为第12位。

（三）人均值增长及其地区差变动状况

2000年以来内蒙古文化投入人均值及其地区差变动态势见图3。

2000～2018年，内蒙古文化投入人均值由27.92元增至431.64元，总增长1445.99%，年均增长16.43%，省域间增长位次排序第6位。其中，"十五"期间年增17.48%，"十一五"期间年增28.21%，"十二五"以来年均增长9.01%。最高增长年度为2009年，增长49.14%；最低增长年度为2016年，下降7.13%。

与此同时，全国文化投入人均值总增长968.21%，年均增长14.06%。

	2000年	2005年	2010年	2014年	2015年	2016年	2017年	2018年
全国文化投入人均值	23.78	53.95	115.31	197.28	224.37	229.43	244.66	254.02
本地文化投入人均值	27.92	62.47	216.40	367.43	382.03	354.80	462.64	431.64
本地人均值年增	1.0582	1.1640	1.1056	1.0407	1.0397	0.9287	1.3040	0.9330
本地人均值地区差	1.1739	1.1578	1.8766	1.8625	1.7027	1.5464	1.8910	1.6992

图3 2000年以来内蒙古文化投入人均值及其地区差变动态势

左轴面积：本地、全国文化投入人均值（元转换为%），二者历年变动呈直观比例。右轴曲线：本地人均值年增指数（上年=1，小于1为负增长，由于历年人口增长，人均值年增指数略低于总量年增指数）；本地人均值地区差指数（无差距=1，保留4位小数检测细微差异）。标注人均值及其地区差省域位次。

2000年以来，内蒙古文化投入人均值年均增长高于全国年增2.37个百分点，人均绝对数值从2000年为全国人均值的117.41%上升至2018年为全国人均值的169.92%，省域间人均绝对值高低位次从第10位上升为第6位。

同期，内蒙古文化投入人均值地区差由1.1739扩大至1.6992，扩大44.75%，省域间地区差扩减变化位次排序第27位，地区差指数大小（倒序）位次从第12位下降为第26位。其中，"十五"期间缩小1.37%，"十一五"期间扩大62.08%，"十二五"以来地区差缩小9.45%。最小地区差为2005年的1.1578，最大地区差为2012年的2.0889。

据既往历年动态推演测算，2020年内蒙古公共文化投入人均值地区差将为1.7705，相比当前较明显扩增；2035年内蒙古公共文化投入人均值地区差将为2.4095，相比当前继续极显著扩增。这是长期预测的理论演算值，基于既往增长态势合理推演供参考。

二 文化投入相关协调性态势

（一）相关背景变动状况

2000年以来内蒙古文化投入相关背景比值变动态势见图4。

	2000年	2005年	2010年	2014年	2015年	2016年	2017年	2018年
□文化投入与产值比	0.4294	0.3825	0.4571	0.5172	0.5373	0.4923	0.7256	0.6320
■文化投入占财政收入比	6.9539	5.3697	4.9493	4.9848	4.8771	4.4261	6.8573	5.8822
■文化投入占财政支出比	2.6726	2.1849	2.3293	2.3686	2.2528	1.9777	2.5783	2.2616

图4 2000年以来内蒙古文化投入相关背景比值变动态势

左轴面积：文化投入与产值比、占财政收入和支出比（％），各项比值历年升降呈直观比例。比值过小保留4位小数演算，正文按惯例保留2位小数。标注各项比值省域位次。

1. 文化投入与产值比

2000～2018年，内蒙古文化投入总量年均增长高于产值年增2.48个百分点，其中"十五"期间年增偏低2.76个百分点，"十一五"期间年增偏高4.33个百分点，"十二五"以来年均增长偏高4.45个百分点。基于二者历年不同增长，内蒙古文化投入与产值比从0.43％增高至0.63％，上升0.2个百分点，省域间升降变化位次排序第11位，比值高低位次从第7位上升为第6位。最高比值为2017年的0.73％，最低比值为2005年的0.38％。

2. 文化投入占财政收入比

2000～2018 年，内蒙古文化投入总量年均增长低于财政收入年增 1.10 个百分点，其中"十五"期间年增偏低 6.25 个百分点，"十一五"期间年增偏低 2.12 个百分点，"十二五"以来年均增长偏高 2.34 个百分点。基于二者历年不同增长，内蒙古文化投入占财政收入比从 6.95% 降低至 5.88%，下降 1.07 个百分点，省域间升降变化位次排序第 11 位，比值高低位次前后保持在第 5 位。最高比值为 2002 年的 8.47%，最低比值为 2016 年的 4.43%。

3. 文化投入占财政支出比

2000～2018 年，内蒙古文化投入总量年均增长低于财政支出年增 1.10 个百分点，其中"十五"期间年增偏低 4.84 个百分点，"十一五"期间年增偏高 1.64 个百分点，"十二五"以来年均增长偏低 0.40 个百分点。基于二者历年不同增长，内蒙古文化投入占财政支出比从 2.67% 降低至 2.26%，下降 0.41 个百分点，省域间升降变化位次排序第 6 位。由于各地不同变动，内蒙古比值高低位次从第 14 位上升为第 5 位。最高比值为 2000 年的 2.67%，最低比值为 2016 年的 1.98%。

（二）相邻关系变动状况

2000 年以来内蒙古文化投入相邻关系比值变动态势见图 5。

1. 文化投入与教育投入比

2000～2018 年，内蒙古文化投入总量年均增长低于教育投入年增 1.04 个百分点，其中"十五"期间年增偏低 3.82 个百分点，"十一五"期间年增偏低 3.70 个百分点，"十二五"以来年均增长偏高 1.94 个百分点。基于二者历年不同增长，内蒙古文化投入与教育投入比从 22.21% 降低至 18.96%，下降 3.25 个百分点，省域间升降变化位次排序第 5 位，比值高低位次从第 3 位下降为第 5 位。最高比值为 2000 年的 22.21%，最低比值为 2008 年的 15.32%。

	2000年	2005年	2010年	2014年	2015年	2016年	2017年	2018年
□文化投入与教育投入比	22.21	18.94	16.44	19.24	17.86	16.08	20.79	18.96
▨文化投入与科技投入比	549.88	782.60	247.52	279.64	268.23	275.63	346.84	419.43
▩文化投入与卫生投入比	72.56	71.36	43.87	40.35	37.26	31.36	36.11	34.62

图5　2000年以来内蒙古文化投入相邻关系比值变动态势

左轴面积：文化投入与教育、科技、卫生投入比（％），各项比值历年升降呈直观比例。标注各项比值省域位次。

2. 文化投入与科技投入比

2000～2018年，内蒙古文化投入总量年均增长低于科技投入年增1.79个百分点，其中"十五"期间年增偏高8.02个百分点，"十一五"期间年增偏低33.42个百分点，"十二五"以来年均增长偏高6.99个百分点。基于二者历年不同增长，内蒙古文化投入与科技投入比从549.88%降低至419.43%，下降130.45个百分点，省域间升降变化位次排序第1位。由于各地不同变动，内蒙古比值高低位次从第6位上升为第2位。最高比值为2006年的869.16%，最低比值为2008年的205.84%。

3. 文化投入与卫生投入比

2000～2018年，内蒙古文化投入总量年均增长低于卫生投入年增4.91个百分点，其中"十五"期间年增偏低0.39个百分点，"十一五"期间年增偏低13.17个百分点，"十二五"以来年均增长偏低3.28个百分点。基于二者历年不同增长，内蒙古文化投入与卫生投入比从72.56%降低为34.62%，下降37.94个百分点，省域间升降变化位次排序第9位，比值高低位次前后保持在第 4 位。最高比值为 2002 年的 76.95%，最低比值为 2016 年的 31.36%。

（三）同构占比变动状况

2000 年以来内蒙古文化消费与投入同构占比倍差变动态势见图 6。

	2000年	2005年	2010年	2014年	2015年	2016年	2017年	2018年
□ 消费占收入比	3.13	4.33	4.92	3.72	3.87	3.67	3.32	2.81
▨ 消费占支出比	4.04	5.59	6.20	4.72	5.05	4.93	4.62	4.08
◆ 占收入比倍差	1.5500	1.1937	1.0058	1.2541	1.2061	1.1702	1.5161	1.5226
■ 占支出比倍差	1.5104	2.5580	2.6603	1.9917	2.2409	2.4930	1.7930	1.8049

图 6　2000 年以来内蒙古文化消费与投入同构占比倍差变动态势

左轴面积：文化消费占居民收入、总消费支出比（%），两项比值历年升降呈直观比例叠加。右轴曲线：文化消费占居民收入比与文化投入占财政收入比、文化消费占居民支出比与文化投入占财政支出比倍差指数（无差距＝1，保留 4 位小数检测细微差异）。标注各项倍差省域位次。

1. 文化消费与投入占收入比

2000~2018 年，内蒙古城乡居民文化消费占居民收入比从 3.13% 降低至 2.81%。逐年比较，最高比值为 2007 年的 4.94%，最低比值为 2018 年的 2.81%。

对照本文图 4，同期，内蒙古文化投入占财政收入比下降 1.07 个百分点，2018 年比值高于文化消费占居民收入比 3.07 个百分点。二者之间占比倍差由 1.5500 减小至 1.5226，减小 1.77%，省域间增减变化位次排序第 21 位。由于各地不同变动，内蒙古倍差指数高低（倒序）位次从第 25 位下降为第 28 位。

2. 文化消费与投入占支出比

2000～2018 年，内蒙古城乡居民文化消费占居民支出比从 4.04% 增高至 4.08%。逐年比较，最高比值为 2008 年的 6.51%，最低比值为 2000 年的 4.04%。

对照本文图 4，同期，内蒙古文化投入占财政支出比下降 0.41 个百分点，2018 年比值低于文化消费占居民支出比 1.82 个百分点。二者之间占比倍差由 1.5104 增大至 1.8049，增大 19.50%，省域间增减变化位次排序第 7 位。由于各地不同变动，内蒙古倍差指数高低（倒序）位次从第 17 位上升为第 5 位。

以上分析检测显示，2000 年以来，内蒙古文化消费占居民收入比明显下降，文化投入占财政收入比也明显下降，二者同构占比倍差指数略微减小；文化消费占居民支出比略微上升，文化投入占财政支出比却明显下降，二者同构占比倍差指数明显增大。这意味着，内蒙古公共文化投入增长占比变动滞后于居民文化消费需求变化态势的差距已有部分缩小。

三 2018年文化投入纵横向双重测评

综合以上分析，2000 年以来内蒙古文化投入总量年均增长 16.86%，较明显高于全国平均增长 2.17 个百分点，人均值地区差扩大 44.75%；当地文化投入增长较明显高于产值增长，但较明显低于财政收入、财政支出增长；同时较明显低于教育、科技投入增长，亦明显低于卫生投入增长；文化投入占财政收入比明显高于文化消费占居民收入比，占财政支出比却较明显低于文化消费占居民支出比。

这些都集中体现在文化投入增长综合指数测评演算之中。2000 年以来内蒙古文化投入增长综合指数变动态势见图 7。

	2000年	2005年	2010年	2014年	2015年	2016年	2017年	2018年
□ 横向测评	101.92	99.46	103.49	105.08	101.64	99.92	117.84	109.47
▨ 纵向测评（1）	99.89	102.86	100.12	101.72	102.26	99.23	111.19	100.91
◆ 纵向测评（2）	100.00	122.93	219.85	326.44	336.98	317.84	399.76	372.50
■ 纵向测评（3）	—	100.00	137.49	187.51	191.83	182.64	225.53	209.87
▲ 纵向测评（4）	—	—	100.00	117.53	120.15	119.00	134.95	128.73

图7　2000年以来内蒙古文化投入增长综合指数变动态势

左轴柱形：左横向测评（无差距理想值＝100）；右纵向测评（1），上年＝100。右轴曲线：纵向测评（起点年基数值＝100），（2）以2000年为起点，（3）以2005年为起点，（4）以2010年为起点。标注横向测评、纵向测评（1）（2）省域排行，纵向测评（2）起点年不计。

（一）各年度理想值横向检测指数

以文化投入人均值地区无差距、文化消费与投入同构占比无差距状态为"理想值"100，2018年内蒙古文化投入增长状况此项综合指数为109.47，处于省域间第7位，高于无差距理想值9.47%，但低于上年测评指数8.37个点。

（二）2000年以来基数值纵向检测指数

以"九五"末年2000年为起点基数值100，2018年内蒙古文化投入增长状况此项综合指数为372.50，处于省域间第7位，高出2000年起点基数272.50%，但低于上年测评指数27.26个点。

（三）2005年以来基数值纵向检测指数

以"十五"末年2005年为起点基数值100，2018年内蒙古文化投入增长状况此项综合指数为209.87，处于省域间第6位，高出2005年起点基数109.87%，但低于上年测评指数15.66个点。

（四）2010年以来基数值纵向检测指数

以"十一五"末年2010年为起点基数值100，2018年内蒙古文化投入增长状况此项综合指数为128.73，处于省域间第15位，高出2010年起点基数28.73%，但低于上年测评指数6.22个点。

（五）逐年度基数值纵向检测指数

以上一年2017年为起点基数值100，2018年内蒙古文化投入增长状况此项综合指数为100.91，处于省域间第11位，高出2017年起点基数0.91%，但低于上年基于2016年基数值的测评指数10.28个点。

B.18
山东：2017~2018年文化投入
指数提升度第6位

马文慧*

摘　要：　2000~2018年，山东文化投入总量由17.57亿元增至153.52亿元，年均增长12.80%，较明显低于全国平均增长1.89个百分点。山东综合评价排行：在省域横向测评中，处于2018年文化投入指数排名第24位；在自身纵向测评中，处于2000~2018年文化投入指数提升度第27位、2005~2018年文化投入指数提升度第28位、2010~2018年文化投入指数提升度第24位、2017~2018年文化投入指数提升度第6位。

关键词：　山东　文化投入　综合评价

一　文化投入及其相关背景基本态势

（一）经济财政基本面背景状况

2000年以来山东文化投入总量增长及相关背景关系态势见图1。

2000~2018年，山东产值总量增长817.18%，年均增长13.10%；财政

---

* 马文慧，云南民族大学民俗学硕士研究生，参与导师主持相关研究工作，研究方向为中国传统民居建筑研究。

	2000年	2005年	2010年	2014年	2015年	2016年	2017年	2018年
□（1）预算赤字	149.40	393.10	1395.65	2150.49	2720.68	2895.03	3159.77	3615.56
▨（2）教科卫投入	150.22	310.80	1105.59	2213.77	2551.10	2783.18	2915.04	3124.39
▦（3）文化投入	17.57	44.94	74.03	127.75	137.26	137.47	141.90	153.52
■（4）其他支出	445.28	1110.48	2965.42	4835.79	5561.65	5834.56	6201.46	6823.05
▢（5）产值总量	833.75	1851.69	3916.99	5942.66	6300.23	6802.45	7263.41	7646.97

图1　2000年以来山东文化投入总量增长及相关背景关系态势

　　左轴面积：本级财政预算赤字（中央财政税收返还和转移支付等，"财政包干"地区可为国债份额）、教科卫投入、文化投入、其他支出总量（亿元转换为%），（2）+（3）+（4）=财政支出总量，（2）+（3）+（4）-（1）=财政收入总量，各项数值呈直观比例。右轴柱形：产值总量（10亿元，增长演算取亿元）。

收入总量增长 1298.68%，年均增长 15.78%；财政支出总量增长 1547.58%，年均增长 16.84%；教科文卫综合投入（图1中教科卫投入与文化投入之和，后同）总量增长 1853.58%，年均增长 17.95%；教科文卫综合投入之外财政支出统归为"其他支出"，其总量增长 1432.31%，年均增长 16.37%。

　　在此期间，山东教科文卫综合投入总量年均增长高于产值年增 4.85 个百分点，高于财政收入年增 2.17 个百分点，高于财政支出年增 1.11 个百分点，高于其他支出年增 1.58 个百分点。

　　"十五"以来，山东教科文卫建设作为公共服务的一个重要方面，确实处于一种极为特殊的优先发展地位。"十一五"以来，山东教科文卫综合投入增长高于其他支出增长的情况更加明显。

（二）文化投入总量增长状况

2000 年以来山东文化投入总量及相邻关系、占全国份额变动态势见图 2。

	2000年	2005年	2010年	2014年	2015年	2016年	2017年	2018年
卫生投入	28.26	54.41	250.77	605.67	701.43	790.19	829.27	885.15
文化投入	17.57	44.94	74.03	127.75	137.26	137.47	141.90	153.52
科技投入	3.85	7.65	84.36	147.06	159.05	167.00	195.77	232.74
教育投入	118.10	248.75	770.45	1461.05	1690.62	1825.99	1890.00	2006.50
◆ 文化份额	5.85	6.39	4.80	4.75	4.46	4.35	4.18	4.34
■ 文化年增	1.1034	1.2249	1.0515	1.0017	1.0745	1.0015	1.0322	1.0819

图 2　2000 年以来山东文化投入总量及相邻关系、占全国份额变动态势

左轴面积：教、科、文、卫投入总量（亿元转换为%），各项数值呈直观比例。右轴曲线：文化投入年增指数（上年 =1，小于 1 为负增长，保留 4 位小数，正文转换为 2 位小数增长百分比，后同）；文化投入占全国份额（%）。标注历年投入增长、份额省域位次。

2000～2018 年，山东文化投入总量由 17.57 亿元增至 153.52 亿元，总增长 773.76%，年均增长 12.80%，省域间增长位次排序第 26 位。其中，"十五"期间年增 20.66%，"十一五"期间年增 10.50%，"十二五"以来年均增长 9.55%。最高增长年度为 2002 年，增长 32.78%；最低增长年度为 2007 年，下降 15.12%。

相比之下，山东文化投入总量年均增长低于产值年增 0.30 个百分点，其中"十五"期间高于产值年增 3.36 个百分点，"十一五"期间低于产值年增 5.67 个百分点，"十二五"以来高于产值年增 0.83 个百分点；同时低于财政收入年增 2.98 个百分点，其中"十五"期间高于财政收入年增 2.39 个百分点，"十一五"期间低于财政收入年增 10.20 个百分点，"十二五"以来低于财政收入年增 1.77 个百分点；低于财政支出年增 4.04 个百分点，其中"十五"期间高于财政支出年增 1.61 个百分点，"十一五"期间低于财政支出年增 12.60 个百分点，"十二五"以来低于财政支出年增 2.23 个百分点。

细致对比，山东文化投入总量年均增长低于教科卫三项投入年增 5.57 个百分点，其中"十五"期间高于教科卫投入年增 5.01 个百分点，"十一五"期间低于教科卫投入年增 18.39 个百分点，"十二五"以来低于教科卫投入年增 4.32 个百分点。在 2000 年以来山东教科文卫综合投入优先高增长当中，文化投入增长处于严重失衡状态。从图 2 亦可清楚、直观地看出，文化投入所占面积呈逐渐收窄之势，表明其在教科文卫综合投入中的比例份额持续降低。

与此同时，全国文化投入总量增长 1078.15%，年增 14.69%。2000 年以来，山东文化投入总量年均增长低于全国年增 1.89 个百分点，占全国份额从 2000 年的 5.85% 下降至 2018 年的 4.34%，省域间份额位次从第 2 位下降为第 7 位。

（三）人均值增长及其地区差变动状况

2000 年以来山东文化投入人均值及其地区差变动态势见图 3。

2000～2018 年，山东文化投入人均值由 19.66 元增至 153.12 元，总增长 678.84%，年均增长 12.08%，省域间增长位次排序第 25 位。其中，"十五"期间年增 19.93%，"十一五"期间年增 9.76%，"十二五"以来年均增长 8.85%。最高增长年度为 2002 年，增长 32.17%；最低增长年度为 2007 年，下降 15.66%。

与此同时，全国文化投入人均值总增长 968.21%，年均增长 14.06%。

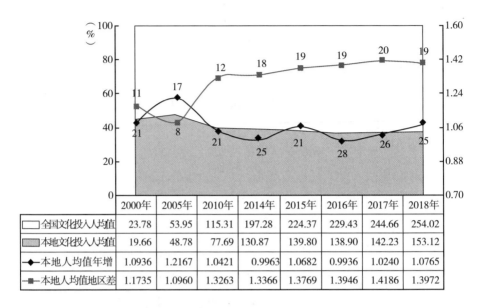

	2000年	2005年	2010年	2014年	2015年	2016年	2017年	2018年
□ 全国文化投入人均值	23.78	53.95	115.31	197.28	224.37	229.43	244.66	254.02
▨ 本地文化投入人均值	19.66	48.78	77.69	130.87	139.80	138.90	142.23	153.12
◆ 本地人均值年增	1.0936	1.2167	1.0421	0.9963	1.0682	0.9936	1.0240	1.0765
■ 本地人均值地区差	1.1735	1.0960	1.3263	1.3366	1.3769	1.3946	1.4186	1.3972

图3 2000年以来山东文化投入人均值及其地区差变动态势

左轴面积：本地、全国文化投入人均值（元转换为%），二者历年变动呈直观比例。右轴曲线：本地人均值年增指数（上年=1，小于1为负增长，由于历年人口增长，人均值年增指数略低于总量年增指数）；本地人均值地区差指数（无差距=1，保留4位小数检测细微差异）。标注人均值及其地区差省域位次。

2000年以来，山东文化投入人均值年均增长低于全国年增1.98个百分点，人均绝对数值从2000年为全国人均值的82.67%下降至2018年为全国人均值的60.28%，省域间人均绝对值高低位次从第21位下降为第25位。

同期，山东文化投入人均值地区差由1.1735扩大至1.3972，扩大19.06%，省域间地区差扩减变化位次排序第23位，地区差指数大小（倒序）位次从第11位下降为第19位。其中，"十五"期间缩小6.60%，"十一五"期间扩大21.01%，"十二五"以来地区差扩大5.35%。最小地区差为2005年的1.0960，最大地区差为2017年的1.4186。

据既往历年动态推演测算，2020年山东公共文化投入人均值地区差将为1.4180，相比当前略微扩增；2035年山东公共文化投入人均值地区差将为1.5526，相比当前继续明显扩增。这是长期预测的理论演算值，基于既往增长态势合理推演供参考。

二 文化投入相关协调性态势

（一）相关背景变动状况

2000年以来山东文化投入相关背景比值变动态势见图4。

图4 2000年以来山东文化投入相关背景比值变动态势

左轴面积：文化投入与产值比、占财政收入和支出比（%），各项比值历年升降呈直观比例。比值过小保留4位小数演算，正文按惯例保留2位小数。标注各项比值省域位次。

1. 文化投入与产值比

2000～2018年，山东文化投入总量年均增长低于产值年增0.30个百分点，其中"十五"期间年增偏高3.36个百分点，"十一五"期间年增偏低5.67个百分点，"十二五"以来年均增长偏高0.83个百分点。基于二者历年不同增长，山东文化投入与产值比从0.21%降低至0.20%，下降0.01个百分点，省域间升降变化位次排序第26位，比值高低位次从第29位下降为第31位。最高比值为2002年的0.27%，最低比值为2007年的0.17%。

2. 文化投入占财政收入比

2000～2018 年，山东文化投入总量年均增长低于财政收入年增 2.98 个百分点，其中"十五"期间年增偏高 2.39 个百分点，"十一五"期间年增偏低 10.20 个百分点，"十二五"以来年均增长偏低 1.77 个百分点。基于二者历年不同增长，山东文化投入占财政收入比从 3.79% 降低至 2.37%，下降 1.42 个百分点，省域间升降变化位次排序第 23 位，比值高低位次从第 26 位下降为第 29 位。最高比值为 2002 年的 4.49%，最低比值为 2017 年的 2.33%。

3. 文化投入占财政支出比

2000～2018 年，山东文化投入总量年均增长低于财政支出年增 4.04 个百分点，其中"十五"期间年增偏高 1.61 个百分点，"十一五"期间年增偏低 12.60 个百分点，"十二五"以来年均增长偏低 2.23 个百分点。基于二者历年不同增长，山东文化投入占财政支出比从 2.87% 降低至 1.52%，下降 1.35 个百分点，省域间升降变化位次排序第 25 位，比值高低位次从第 10 位下降为第 20 位。最高比值为 2002 年的 3.19%，最低比值为 2018 年的 1.52%。

（二）相邻关系变动状况

2000 年以来山东文化投入相邻关系比值变动态势见图 5。

1. 文化投入与教育投入比

2000～2018 年，山东文化投入总量年均增长低于教育投入年增 4.24 个百分点，其中"十五"期间年增偏高 4.59 个百分点，"十一五"期间年增偏低 14.87 个百分点，"十二五"以来年均增长偏低 3.16 个百分点。基于二者历年不同增长，山东文化投入与教育投入比从 14.88% 降低至 7.65%，下降 7.23 个百分点，省域间升降变化位次排序第 25 位，比值高低位次前后保持在第 24 位。最高比值为 2005 年的 18.07%，最低比值为 2017 年的 7.51%。

	2000年	2005年	2010年	2014年	2015年	2016年	2017年	2018年
□文化投入与教育投入比	14.88	18.07	9.61	8.74	8.12	7.53	7.51	7.65
▨文化投入与科技投入比	455.67	587.69	87.75	86.87	86.30	82.32	72.48	65.96
■文化投入与卫生投入比	62.19	82.60	29.52	21.09	19.57	17.40	17.11	17.34

图5　2000年以来山东文化投入相邻关系比值变动态势

左轴面积：文化投入与教育、科技、卫生投入比（％），各项比值历年升降呈直观比例。标注各项比值省域位次。

2. 文化投入与科技投入比

2000～2018年，山东文化投入总量年均增长低于科技投入年增12.79个百分点，其中"十五"期间年增偏高5.94个百分点，"十一五"期间年增偏低51.12个百分点，"十二五"以来年均增长偏低3.98个百分点。基于二者历年不同增长，山东文化投入与科技投入比从455.97%降低至65.96%，下降390.01个百分点，省域间升降变化位次排序第23位，比值高低位次从第14位下降为第21位。最高比值为2005年的587.69%，最低比值为2018年的65.96%。

3. 文化投入与卫生投入比

2000～2018年，山东文化投入总量年均增长低于卫生投入年增8.29个百分点，其中"十五"期间年增偏高6.66个百分点，"十一五"期间年增偏低25.24个百分点，"十二五"以来年均增长偏低7.53个百分点。基于二者历年不同增长，山东文化投入与卫生投入比从62.19%降低为17.34%，下降44.85个百分点，省域间升降变化位次排序第23位，比值高低位次从第 12 位下降为第 22 位。最高比值为 2005 年的 82.60%，最低比值为 2017 年的 17.11%。

（三）同构占比变动状况

2000 年以来山东文化消费与投入同构占比倍差变动态势见图 6。

	2000年	2005年	2010年	2014年	2015年	2016年	2017年	2018年
消费占收入比	3.40	3.82	3.45	2.68	2.94	3.01	2.93	2.75
消费占支出比	4.66	5.50	5.18	4.20	4.58	4.67	4.58	4.30
占收入比倍差	1.1039	1.0874	1.2820	1.0537	1.1826	1.2824	1.2591	1.1632
占支出比倍差	1.6248	1.7950	2.9030	2.3582	2.7534	2.9774	2.9892	2.8285

图 6　2000 年以来山东文化消费与投入同构占比倍差变动态势

左轴面积：文化消费占居民收入、总消费支出比（%），两项比值历年升降呈直观比例叠加。右轴曲线：文化消费占居民收入比与文化投入占财政收入比、文化消费占居民支出比与文化投入占财政支出比倍差指数（无差距 =1，保留 4 位小数检测细微差异）。标注各项倍差省域位次。

1. 文化消费与投入占收入比

2000～2018 年，山东城乡居民文化消费占居民收入比从 3.40% 降低至 2.75%。逐年比较，最高比值为 2002 年的 4.14%，最低比值为 2014 年的 2.68%。

对照本文图 4，同期，山东文化投入占财政收入比下降 1.42 个百分点，2018 年比值低于文化消费占居民收入比 0.38 个百分点。二者之间占比倍差

山东: 2017~2018年文化投入指数提升度第6位

由 1. 1039 增大至 1. 1632，增大 5. 37%，省域间增减变化位次排序第 28 位，
倍差指数高低（倒序）位次从第 1 位下降为第 12 位。

2. 文化消费与投入占支出比

2000~2018 年，山东城乡居民文化消费占居民支出比从 4. 66% 降低至
4. 30%。逐年比较，最高比值为 2002 年的 5. 80%，最低比值为 2014 年的
4. 20%。

对照本文图 4，同期，山东文化投入占财政支出比下降 1. 35 个百分点，
2018 年比值低于文化消费占居民支出比 2. 78 个百分点。二者之间占比倍差
由 1. 6248 增大至 2. 8285，增大 74. 08%，省域间增减变化位次排序第 19
位。由于各地不同变动，山东倍差指数高低（倒序）位次从第 22 位上升为
第 20 位。

以上分析检测显示，2000 年以来，山东文化消费占居民收入比明显下
降，文化投入占财政收入比也显著下降，二者同构占比倍差指数较明显增
大；文化消费占居民支出比较明显下降，文化投入占财政支出比也极显著下
降，二者同构占比倍差指数极显著增大。这意味着，山东公共文化投入增长
占比变动滞后于居民文化消费需求变化态势的差距继续明显扩大。

三 2018年文化投入纵横向双重测评

综合以上分析，2000 年以来山东文化投入总量年均增长 12. 80%，较明
显低于全国平均增长 1. 89 个百分点，人均值地区差扩大 19. 06%；当地文
化投入增长略微低于产值增长，也较明显低于财政收入增长，亦明显低于财
政支出增长；同时明显低于教育投入增长，也极显著低于科技投入增长，亦
显著低于卫生投入增长；文化投入占财政收入比略微低于文化消费占居民收
入比，占财政支出比更较明显低于文化消费占居民支出比。

这些都集中体现在文化投入增长综合指数测评演算之中。2000 年以来
山东文化投入增长综合指数变动态势见图 7。

	2000年	2005年	2010年	2014年	2015年	2016年	2017年	2018年
横向测评	91.73	96.92	77.96	79.17	77.00	75.77	75.04	77.55
纵向测评（1）	101.60	105.01	94.77	97.80	98.06	97.25	98.68	102.67
纵向测评（2）	100.00	133.79	143.72	198.35	205.64	202.26	205.32	217.67
纵向测评（3）	—	100.00	94.23	117.35	119.30	117.34	118.35	124.15
纵向测评（4）	—	—	100.00	115.36	115.46	113.13	113.37	117.19

图7　2000年以来山东文化投入增长综合指数变动态势

左轴柱形：左横向测评（无差距理想值＝100）；右纵向测评（1），上年＝100。右轴曲线：纵向测评（起点年基数值＝100），（2）以2000年为起点，（3）以2005年为起点，（4）以2010年为起点。标注横向测评、纵向测评（1）（2）省域排行，纵向测评（2）起点年不计。

（一）各年度理想值横向检测指数

以文化投入人均值地区无差距、文化消费与投入同构占比无差距状态为"理想值"100，2018年山东文化投入增长状况此项综合指数为77.55，处于省域间第24位，低于无差距理想值22.45%，但高于上年测评指数2.51个点。

（二）2000年以来基数值纵向检测指数

以"九五"末年2000年为起点基数值100，2018年山东文化投入增长状况此项综合指数为217.67，处于省域间第27位，高出2000年起点基数117.67%，也高出上年测评指数12.35个点。

（三）2005年以来基数值纵向检测指数

以"十五"末年2005年为起点基数值100，2018年山东文化投入增长状况此项综合指数为124.15，处于省域间第28位，高出2005年起点基数24.15%，也高出上年测评指数5.80个点。

（四）2010年以来基数值纵向检测指数

以"十一五"末年2010年为起点基数值100，2018年山东文化投入增长状况此项综合指数为117.79，处于省域间第24位，高出2010年起点基数17.79%，也高出上年测评指数4.42个点。

（五）逐年度基数值纵向检测指数

以上一年2017年为起点基数值100，2018年山东文化投入增长状况此项综合指数为102.67，处于省域间第6位，高出2017年起点基数2.67%，也高出上年基于2016年基数值的测评指数3.99个点。

Abstract

From 2000 to 2018, the national total expenditure for public culture increased from 30. 029 billion yuan to 353. 786 billion yuan, with an average annual growth of 14. 69% . The culture investment growth was certainly higher than GDP growth; it was slightly lower than the fiscal revenue growth, and certainly lower than the fiscal expenditure growth; it was certainly lower than the education investment growth, and remarkably lower than the science & technology investment growth, as well as remarkably lower than the health investment growth. The regional disparity of the culture investment was extended by 13. 02% . The ratio of culture expenditure to fiscal revenues was slightly lower than that of the cultural consumption to the residents' income, the ratio of culture expenditure to fiscal expenditure was more certainly lower than that of the cultural consumption to the residents' expenditure. Public cultural expenditure growth remarkably lags behind the demand changes of the residents' cultural consumption.

At the same time, the total culture investment increased with annual average of more than 15% in 16 provinces, in 1 of which by over 20% ; Hainan, Beijing, Qinghai, Tibet and Shaanxi ranked top 5 in the total growth. The per capita value of culture investment increased with annual average of more than 15% in 11 provinces; Hainan, Qinghai, Tibet, Beijing and Shaanxi ranked top 5 in the per capita value growth. The rankings of the comprehensive evaluation of the culture investment growth across the provinces are as follows: In the lateral evaluation of ideal value without urban-rural and regional gaps, Tibet, Beijing, Hainan, Qinghai and Shanghai ranked top five in the "2018 annual culture investment index leaders"; In the vertical evaluation of self-base value throughout the past years, Hainan, Qinghai, Tibet, Beijing and Shaanxi ranked top five in the "2000 – 2018 culture investment index runners-up"; Hainan, Tibet, Qinghai, Beijing and Shaanxi ranked top five in the "2005 – 2018 culture investment index runners-up"; Hainan, Hunan, Hubei, Shanxi and Fujian ranked top five in the "2010 – 2018 culture investment index runners-up"; Shanxi, Hainan, Hubei, Hebei and Beijing ranked top five in the "2017 – 2018 culture investment index runners-up".

With the ultimate goal of resolving the unbalanced and inadequate development, the expected growth target of the countrywide culture investment to 2020 are estimated as follows: Based upon the average growth rate of "natural growth" from 2000 to 2018, the expected target of the countrywide culture investment should be 465. 333 billion yuan; if it should get the ought-to-be growth at the best ratio over the years in terms of the productive value, the fiscal expenditure, the E. S. C. H. (education, science & technology, culture, health) input and the culture investment, it would reach 948. 858 billion yuan; if the balanced isomorphism proportion of culture investment and consumption should come true, it would reach 942. 770 billion yuan; if the ideal growth of the equal culture investment should realize, it would reach 2306. 529 billion yuan. By using the required annual growth rate to 2020 to measure the gap of all kinds of growth target respectively, the rankings of the various provinces are as follows: Hainan, Beijing, Shanghai, Inner Mongolia and Tibet rank top five in the growth target of best ratio; Beijing, Qinghai, Hainan, Inner Mongolia and Gansu rank top five in the growth target of isomorphism proportion; Tibet, Beijing, Shanghai, Qinghai and Hainan rank top five in the growth target of equalization.

Keywords: Countrywide Various Provinces; Culture Investment; Measuring and Ranking; Growth Target

Contents

I General Report

Abstract: From 2000 to 2018, the national total expenditure for public culture increased from 30. 029 billion yuan to 353. 786 billion yuan, with an average annual growth of 14. 69% . The highest values of the composite index of longitudinal evaluation in each Five-Year Plan period mostly appeard in 2018; however it didn't continuously improve but showing ups and downs. In the lateral evaluation, the gap of the ideal value has always been very obvious and the comprehensive index declined slightly from time to time. By in-depth testing the culture investment related to its economic and financial background, the similarities to the expenditure for education, science & technology and health, the coordination with residents' culture consumption, and the regional balance of all kinds of per capita value calculation, we can reveal the headway and the gaps: (1) The culture investment growth was certainly higher than GDP growth; it was slightly lower than the fiscal revenue growth, and certainly lower than the fiscal expenditure growth; it was certainly lower than the education investment growth, and remarkably lower than the science & technology investment growth, as well as remarkably lower than the health investment growth. (2) Besides the culture investment, the regional disparity of all the other kinds of data has narrowed; and except the fiscal revenue, fiscal expenditure, education investment, science & technology investment, health investment, culture investment, all the other kinds of regional disparity index appeared lowest in 2018. The regional disparity of the culture investment was extended by 13.02%. It is gradually becoming a reality, not just a pursuit that the whole country has achieved economic and financial "balanced growth" and "equal growth" in the expenditure for education, science & technology and health. (3) The ratio of culture expenditure to fiscal revenues was slightly lower than that of the cultural consumption to the residents' income, the ratio of culture expenditure to fiscal expenditure was more certainly lower than that of the cultural consumption to the residents' expenditure. Public cultural expenditure growth remarkably lags behind the demand changes of the residents' cultural consumption.

Keywords: Public Culture Investment; Cultural Consumption; Gap Test

II Technical Report and Comprehensive Analysis

B. 2   Technical Report on The Growth Evaluation System of
China's Public Culture Investment
—*Concurring the Analysis of Basic Situation from 2000 to 2018*

Wang Ya'nan, Fang Yu and Wei Haiyan / 029

Abstract: This paper is the technical report on "The Growth Evaluation System of China's Public Culture Investment". Based on the available data from 2000 to 2018, it explains the basic data source, the data deduction method, the related numerical relationship, evaluation system design and the specific index calculation. Thus, it analyses the situation of the cultural investment growth in the whole country and each region reflected by various data facts. By putting the culture investment growth into interrelated background of the economic and financial growth, into the adjacent relation of the E. S. C. H. (education, science & technology, culture, health) expenditure growth, into the isomorphism proportion of public culture investment and residents' cultural consumption, and into the regional differences of the per capita value of culture investment, this evaluation system aims to roundly assess the growth coordination and equalization of culture investment, thus to get the applicable comprehensive evaluation index under the current statistical system meanwhile realizing commensurability, comparability and repeatability.

Keywords: Culture Investment; Growth Trends; Comprehensive Test; Index of Measuring

B. 3   The Gap Measurement for the Ought-to-be Growth of

China's Public Culture Investment

—Analysis of Related Coordination and Balance in 2018

Wang Ya'nan, Zhao Juan and Wei Haiyan / 062

Abstract: In terms of technology and methods, the technical report focuses on the quality assessments of the coordination and balance of the public culture investment growth, the explanation of the method design and calculus technology processing; this paper emphasizes on the gap measurement for the coordination and balance of the public culture investment growth, which measures all the kinds of ought-to-be target and the ideal gap of the growth target. From the data range, the general report and ranking report mainly analyze the dynamic situation since 2000 and the expected growth target to 2020; this paper mainly measures the current annual ought-to-be growth gap and makes comparison among different provinces.

Keywords: Public Culture; Investment Growth; Relativity Test; Gap Measuring

B. 4   Ranking on Comprehensive Evaluation of the Culture

Investment Growth across the Provinces

—The Vertical Measure Since 2000 and the Lateral Measure for 2018

Wang Ya'nan, Fang Yu and Chen Yongqiang / 091

Abstract: From 2000 to 2018, the total culture investment increased with annual average of more than 15% in 16 provinces, in 1 of which by over 20% ; Hainan, Beijing, Qinghai, Tibet and Shaanxi ranked top 5 in the total growth. The per capita value of culture investment increased with annual average of more than 15% in 11 provinces; Hainan, Qinghai, Tibet, Beijing and Shaanxi ranked top 5 in the per capita value growth. The rankings of the comprehensive evaluation of the culture investment growth across the provinces are as follows: In the lateral evaluation of ideal value without urban-rural and regional gaps, Tibet, Beijing, Hainan, Qinghai and Shanghai ranked top five in the "2018 annual culture investment index leaders"; In the vertical evaluation of self-base value throughout the past years, Hainan, Qinghai, Tibet, Beijing and Shaanxi ranked top five in the "2000 – 2018 culture investment index runners-up"; Hainan, Tibet, Qinghai, Beijing and Shaanxi ranked top five in the "2005 – 2018 culture investment index runners-up"; Hainan, Hunan, Hubei, Shanxi and Fujian ranked top five in the "2010 – 2018 culture investment index runners-up"; Shanxi, Hainan, Hubei, Hebei and Beijing ranked top five in the "2017 – 2018 culture investment index runners-up".

Keywords: Across the Provinces; Culture Investment; Test Since 2000; Comprehensive Evaluation; The Index Ranking

B. 5　The Ought-to-be Target of Culture Investment Growth across Various Provinces

—The Expected Growth Measure from 2019 to 2020

Wang Ya'nan, Liu Ting and Feng Rui / 128

Abstract: With the ultimate goal of resolving the unbalanced and inadequate development, the expected growth target of the countrywide culture investment to 2020 are estimated as follows: Based upon the average growth rate of "natural growth" from 2000 to 2018, the expected target of the countrywide culture investment should be 465. 333 billion yuan; if it should get the ought-to-be growth at the best ratio over the years in terms of the productive value, the fiscal expenditure, the E. S. C. H. (education, science & technology, culture, health) input and the culture investment, it would reach 948. 858 billion yuan; if the balanced isomorphism proportion of culture investment and consumption should come true, it would reach 942. 770 billion yuan; if the ideal growth of the equal culture investment should realize, it would reach 2306. 529 billion yuan. By using the required annual growth rate to 2020 to measure the gap of all kinds of growth target respectively, the rankings of the various provinces are as follows: Hainan, Beijing, Shanghai, Inner Mongolia and Tibet rank top five in the growth target of best ratio; Beijing, Qinghai, Hainan, Inner Mongolia and Gansu rank top five in the growth target of isomorphism proportion; Tibet, Beijing, Shanghai, Qinghai and Hainan rank top five in the growth target of equalization.

Keywords: Across the Provinces; Culture Investment; Growth Target; Ranking Measure

Ⅲ   Reports on Provinces

B. 6   Tibet: Ranked the 1st in the 2018 Annual Culture

Investment Index Leaders   *Wang Ya'nan* / 164

Abstract: From 2000 to 2018, Tibet's total expenditure for public culture increased from 0. 201 billion yuan to 4. 602 billion yuan, with an average annual growth of 19. 00% , which was evidently 4. 31 percentage point higher than the national average growth. The comprehensive evaluation of Tibet: In the provincial lateral evaluation, Tibet was ranked 1st in the 2018 annual culture investment index leaders; In the vertical evaluation of self-base value, Tibet was ranked 3rd in the 2000 −2018 culture investment index runners-up, 2nd in the 2005 −2018, 10th in the 2010 −2018 and 15th in the 2017 −2018.

Keywords: Tibet; Culture Investment; Comprehensive Evaluation

B. 7   Hainan: Ranked the 1st in the 2000 −2018 Culture

Investment Index Runners-up   *Kong Zhijian* / 176

Abstract: From 2000 to 2018, Hainan's total expenditure for public culture increased from 0. 165 billion yuan to 4. 737 billion yuan, with an average annual growth of 20. 50% , which was evidently 5. 81 percentage point higher than the national average growth. The comprehensive evaluation of Hainan: In the provincial lateral evaluation, Hainan was ranked 3rd in the 2018 annual culture investment index leaders; In the vertical evaluation of self-base value, Hainan was ranked 1st in the 2000 − 2018 culture investment index runners-up, 1st in the 2005 −2018, 1st in the 2010 −2018 and 2nd in the 2017 −2018.

Keywords: Hainan; Culture Investment; Comprehensive Evaluation

Abstract: From 2000 to 2018, Shanxi's total expenditure for public culture increased from 0. 650 billion yuan to 9. 285 billion yuan, with an average annual growth of 15. 92% , which was certainly 1. 23 percentage point higher than the national average growth. The comprehensive evaluation of Shanxi: In the provincial lateral evaluation, Shanxi was ranked 8th in the 2018 annual culture investment index leaders; In the vertical evaluation of self-base value, Shanxi was ranked 11th in the 2000 −2018 culture investment index runners-up, 15th in the 2005 −2018, 4th in the 2010 −2018 and 1st in the 2017 −2018.

Keywords: Shanxi; Culture Investment; Comprehensive Evaluation

Abstract: From 2000 to 2018, Beijing's total expenditure for public culture increased from 0. 926 billion yuan to 24. 543 billion yuan, with an average annual growth of 19. 97% , which was evidently 5. 28 percentage point higher than the national average growth. The comprehensive evaluation of Beijing: In the provincial lateral evaluation, Beijing was ranked 2nd in the 2018 annual culture investment index leaders; In the vertical evaluation of self-base value, Beijing was ranked 4th in the 2000 −2018 culture investment index runners-up, 4th in the 2005 −2018, 9th in the 2010 −2018 and 5th in the 2017 −2018.

Keywords: Beijing; Culture Investment; Comprehensive Evaluation

B. 10 Qinghai: Ranked the 2nd in the 2000 −2018 Culture Investment Index Runners-up *Wang Guoai* / 212

Abstract: From 2000 to 2018, Qinghai's total expenditure for public culture increased from 0. 139 billion yuan to 3. 549 billion yuan, with an average annual growth of 19. 72% , which was evidently 5. 03 percentage point higher than the national average growth. The comprehensive evaluation of Qinghai: In the provincial lateral evaluation, Qinghai was ranked 4th in the 2018 annual culture investment index leaders; In the vertical evaluation of self-base value, Qinghai was ranked 2nd in the 2000 −2018 culture investment index runners-up, 3rd in the 2005 −2018, 8th in the 2010 −2018 and 19th in the 2017 −2018.

Keywords: Qinghai; Culture Investment; Comprehensive Evaluation

B. 11 Hunan: Ranked the 2nd in the 2010 −2018 Culture Investment Index Runners-up *Gong Jue* / 224

Abstract: From 2000 to 2018, Hunan's total expenditure for public culture increased from 0. 903 billion yuan to 13. 454 billion yuan, with an average annual growth of 16. 19% , which was certainly 1. 50 percentage point higher than the national average growth. The comprehensive evaluation of Hunan: In the provincial lateral evaluation, Hunan was ranked 20th in the 2018 annual culture investment index leaders; In the vertical evaluation of self-base value, Hunan was ranked 9th in the 2000 −2018 culture investment index runners-up, 8th in the 2005 −2018, 2nd in the 2010 −2018 and 30th in the 2017 −2018.

Keywords: Hunan; Culture Investment; Comprehensive Evaluation

B. 12 Hubei: Ranked the 3rd in the 2010 −2018 Culture
Investment Index Runners-up   *Li Xue* / 236

Abstract: From 2000 to 2018, Hubei's total expenditure for public culture increased from 0. 988 billion yuan to 11. 315 billion yuan, with an average annual growth of 14. 51% , which was slightly 0. 18 percentage point lower than the national average growth. The comprehensive evaluation of Hubei: In the provincial lateral evaluation, Hubei was ranked 17th in the 2018 annual culture investment index leaders; In the vertical evaluation of self-base value, Hubei was ranked 13th in the 2000 −2018 culture investment index runners-up, 7th in the 2005 −2018, 3rd in the 2010 −2018 and 3rd in the 2017 −2018.

Keywords: Hubei; Culture Investment; Comprehensive Evaluation

B. 13 Hebei: Ranked the 4th in the 2017 −2018 Culture
Investment Index Runners-up   *Dai li* / 248

Abstract: From 2000 to 2018, Hebei's total expenditure for public culture increased from 1. 073 billion yuan to 11. 517 billion yuan, with an average annual growth of 14. 09% , which was slightly 0. 60 percentage point lower than the national average growth. The comprehensive evaluation of Hebei: In the provincial lateral evaluation, Hebei was ranked 21st in the 2018 annual culture investment index leaders; In the vertical evaluation of self-base value, Hebei was ranked 22nd in the 2000 −2018 culture investment index runners-up, 23rd in the 2005 −2018, 6th in the 2010 −2018 and 4th in the 2017 −2018.

Keywords: Hebei; Culture Investment; Comprehensive Evaluation

B. 14　Shanghai: Ranked the 5th in the 2018 Annual Culture

Investment Index Leaders　　　　　　　　*Nian Pengfan* / 260

Abstract: From 2000 to 2018, Shanghai's total expenditure for public culture increased from 1. 167 billion yuan to 18. 652 billion yuan, with an average annual growth of 16. 65% , which was certainly 1. 96 percentage point higher than the national average growth. The comprehensive evaluation of Shanghai: In the provincial lateral evaluation, Shanghai was ranked 5th in the 2018 annual culture investment index leaders; In the vertical evaluation of self-base value, Shanghai was ranked 15th in the 2000 −2018 culture investment index runners-up, 11th in the 2005 −2018, 7th in the 2010 −2018 and 21st in the 2017 −2018.

Keywords: Shanghai; Culture Investment; Comprehensive Evaluation

B. 15　Shaanxi: Ranked the 5th in the 2000 −2018 Culture

Investment Index Runners-up　　　　　　　*Yin Sihua* / 272

Abstract: From 2000 to 2018, Shaanxi's total expenditure for public culture increased from 0. 760 billion yuan to 12. 611 billion yuan, with an average annual growth of 16. 89% , which was certainly 2. 20 percentage point higher than the national average growth. The comprehensive evaluation of Shaanxi: In the provincial lateral evaluation, Shaanxi was ranked 10th in the 2018 annual culture investment index leaders; In the vertical evaluation of self-base value, Shaanxi was ranked 5th in the 2000 − 2018 culture investment index runners-up, 5th in the 2005 −2018, 14th in the 2010 −2018 and 18th in the 2017 −2018.

Keywords: Shaanxi; Culture Investment; Comprehensive Evaluation

B. 16　Fujian: Ranked the 5th in the 2010 −2018 Culture

　　　　Investment Index Runners-up　　　　　　　*Liu Juanjuan* / 284

Abstract: From 2000 to 2018, Fujian's total expenditure for public culture increased from 1. 005 billion yuan to 8. 473 billion yuan, with an average annual growth of 12. 57% , which was certainly 2. 12 percentage point lower than the national average growth. The comprehensive evaluation of Fujian: In the provincial lateral evaluation, Fujian was ranked 18th in the 2018 annual culture investment index leaders; In the vertical evaluation of self-base value, Fujian was ranked 26th in the 2000 −2018 culture investment index runners-up, 24th in the 2005 −2018, 5th in the 2010 −2018 and 27th in the 2017 −2018.

Keywords: Fujian; Culture Investment; Comprehensive Evaluation

B. 17　Inner Mongolia: Ranked the 6th in the 2005 −2018

　　　　Culture Investment Index Runners-up　　　　*Yu Anna* / 296

Abstract: From 2000 to 2018, Inner Mongolia's total expenditure for public culture increased from 0. 661 billion yuan to 10. 927 billion yuan, with an average annual growth of 16. 86% , which was certainly 2. 17 percentage point higher than the national average growth. The comprehensive evaluation of Inner Mongolia: In the provincial lateral evaluation, Inner Mongolia was ranked 7th in the 2018 annual culture investment index leaders; In the vertical evaluation of self-base value, Inner Mongolia was ranked 7th in the 2000 −2018 culture investment index runners-up, 6th in the 2005 −2018, 15th in the 2010 −2018 and 11th in the 2017 −2018.

Keywords: Inner Mongolia; Culture Investment; Comprehensive Evaluation

B. 18   Shandong: Ranked the 6th in the 2017 −2018 Culture

Investment Index Runners-up   *Ma Wenhui* / 308

Abstract: From 2000 to 2018, Shandong's total expenditure for public culture increased from 1. 757 billion yuan to 15. 352 billion yuan, with an average annual growth of 12. 80% , which was certainly 1. 89 percentage point lower than the national average growth. The comprehensive evaluation of Shandong: In the provincial lateral evaluation, Shandong was ranked 24th in the 2018 annual culture investment index leaders; In the vertical evaluation of self-base value, Shandong was ranked 27th in the 2000 −2018 culture investment index runners-up, 28th in the 2005 −2018, 24th in the 2010 −2018 and 6th in the 2017 −2018.

Keywords: Shandong; Culture Investment; Comprehensive Evaluation

社会科学文献出版社

皮 书

智库报告的主要形式
同一主题智库报告的聚合

❖ 皮书定义 ❖

皮书是对中国与世界发展状况和热点问题进行年度监测，以专业的角度、专家的视野和实证研究方法，针对某一领域或区域现状与发展态势展开分析和预测，具备前沿性、原创性、实证性、连续性、时效性等特点的公开出版物，由一系列权威研究报告组成。

❖ 皮书作者 ❖

皮书系列报告作者以国内外一流研究机构、知名高校等重点智库的研究人员为主，多为相关领域一流专家学者，他们的观点代表了当下学界对中国与世界的现实和未来最高水平的解读与分析。截至2020年，皮书研创机构有近千家，报告作者累计超过7万人。

❖ 皮书荣誉 ❖

皮书系列已成为社会科学文献出版社的著名图书品牌和中国社会科学院的知名学术品牌。2016年皮书系列正式列入"十三五"国家重点出版规划项目；2013~2020年，重点皮书列入中国社会科学院承担的国家哲学社会科学创新工程项目。

权威报告・一手数据・特色资源

皮书数据库
ANNUAL REPORT(YEARBOOK)
DATABASE

分析解读当下中国发展变迁的高端智库平台

所获荣誉

- 2019年，入围国家新闻出版署数字出版精品遴选推荐计划项目
- 2016年，入选"'十三五'国家重点电子出版物出版规划骨干工程"
- 2015年，荣获"搜索中国正能量 点赞2015""创新中国科技创新奖"
- 2013年，荣获"中国出版政府奖・网络出版物奖"提名奖
- 连续多年荣获中国数字出版博览会"数字出版・优秀品牌"奖

成为会员

通过网址www.pishu.com.cn访问皮书数据库网站或下载皮书数据库APP，进行手机号码验证或邮箱验证即可成为皮书数据库会员。

会员福利

- 已注册用户购书后可免费获赠100元皮书数据库充值卡。刮开充值卡涂层获取充值密码，登录并进入"会员中心"—"在线充值"—"充值卡充值"，充值成功即可购买和查看数据库内容。
- 会员福利最终解释权归社会科学文献出版社所有。

数据库服务热线：400-008-6695
数据库服务QQ：2475522410
数据库服务邮箱：database@ssap.cn
图书销售热线：010-59367070/7028
图书服务QQ：1265056568
图书服务邮箱：duzhe@ssap.cn

社会科学文献出版社 皮书系列
SOCIAL SCIENCES ACADEMIC PRESS (CHINA)
卡号：676717357586
密码：

S 基本子库
SUB DATABASE

中国社会发展数据库（下设 12 个子库）

整合国内外中国社会发展研究成果，汇聚独家统计数据、深度分析报告，涉及社会、人口、政治、教育、法律等 12 个领域，为了解中国社会发展动态、跟踪社会核心热点、分析社会发展趋势提供一站式资源搜索和数据服务。

中国经济发展数据库（下设 12 个子库）

围绕国内外中国经济发展主题研究报告、学术资讯、基础数据等资料构建，内容涵盖宏观经济、农业经济、工业经济、产业经济等 12 个重点经济领域，为实时掌控经济运行态势、把握经济发展规律、洞察经济形势、进行经济决策提供参考和依据。

中国行业发展数据库（下设 17 个子库）

以中国国民经济行业分类为依据，覆盖金融业、旅游、医疗卫生、交通运输、能源矿产等 100 多个行业，跟踪分析国民经济相关行业市场运行状况和政策导向，汇集行业发展前沿资讯，为投资、从业及各种经济决策提供理论基础和实践指导。

中国区域发展数据库（下设 6 个子库）

对中国特定区域内的经济、社会、文化等领域现状与发展情况进行深度分析和预测，研究层级至县及县以下行政区，涉及地区、区域经济体、城市、农村等不同维度，为地方经济社会宏观态势研究、发展经验研究、案例分析提供数据服务。

中国文化传媒数据库（下设 18 个子库）

汇聚文化传媒领域专家观点、热点资讯，梳理国内外中国文化发展相关学术研究成果、一手统计数据，涵盖文化产业、新闻传播、电影娱乐、文学艺术、群众文化等 18 个重点研究领域。为文化传媒研究提供相关数据、研究报告和综合分析服务。

世界经济与国际关系数据库（下设 6 个子库）

立足"皮书系列"世界经济、国际关系相关学术资源，整合世界经济、国际政治、世界文化与科技、全球性问题、国际组织与国际法、区域研究 6 大领域研究成果，为世界经济与国际关系研究提供全方位数据分析，为决策和形势研判提供参考。

法律声明